La France
que je connais

La France

GRANDE-BRETAGNE

BELGIQUE

LUXEMBOURG

ALLEMAGNE

SUISSE

ITALIE

ESPAGNE

LA MANCHE

L'OCEAN ATLANTIQUE

MER MÉDITERRANÉE

DUNKERQUE
CALAIS
LILLE
BOULOGNE
ARRAS
CHERBOURG
DIEPPE
AMIENS
SEDAN
LE HAVRE
ROUEN
VERDUN
BAYEUX
CAEN
METZ
ST.-LO
PARIS
NANCY
STRASBOURG
BREST
VERSAILLES
REIMS
COLMAR
ALENÇON
CHARTRES
FONTAINEBLEAU
TROYES
RENNES
LE MANS
ORLÉANS
BESANÇON
BELFORT
LORIENT
ST.-NAZAIRE
ANGERS
BLOIS
DIJON
NANTES
TOURS
BOURGES
POITIERS
LE CREUSOT
LA ROCHELLE
VICHY
ANNECY
LIMOGES
CLERMONT-FERRAND
LYON
CHAMBÉRY
ANGOULÊME
GRENOBLE
BORDEAUX
MASSIF CENTRAL
ORANGE
AVIGNON
NICE
BAYONNE
NÎMES
CANNES
BIARRITZ
ARLES
AIX-EN-PROVENCE
LOURDES
TOULOUSE
TOULON
CARCASSONNE
MARSEILLE

Seine
Rhin
VOSGES
Loire
JURA
Lac Léman
Rhône
ALPES
Rhône
Garonne
PYRÉNÉES

MER MÉDITERRANÉE

BASTIA
CORSE
AJACCIO

Beatrice Braude
University of Massachusetts

Brigitte Coste
Marquette University

La France que je connais

Extraits, avec choix de textes, de **Si je mens** par Françoise Giroud

D. Van Nostrand Company
New York   Cincinnati   Toronto   London   Melbourne

D. Van Nostrand Company Regional Offices;
New York   Cincinnati

D. Van Nostrand Company International Offices:
London   Toronto   Melbourne

Copyright © 1977 by Litton Educational Publishing, Inc.

Library of Congress Catalog Card Number: 76-053184
ISBN: 0-442-21038-8

10 9 8 7 6 5 4 3 2

Preface

In July 1974, the President of France appointed Françoise Giroud to the newly created post of Secretary of State for Women. At the time, Madame Giroud was Editor-in-Chief of *L'Express,* one of the leading French weekly newsmagazines. In August of 1976, Madame Giroud became Secretary of State for Culture in the new Cabinet.

In her autobiography, *Si je mens* (published as *I Give you my Word* in the English-language edition), Françoise Giroud recounts her life and career against the backdrop of France's eventful history during the Third, Fourth, and Fifth Republics. This work, based on a series of conversations with journalist-interviewer Claude Glayman, paints the portrait of a remarkable woman together with the recent history of her country.

For our text, we have selected passages from *Si je mens,* arranging them either chronologically or topically in four parts: Françoise Giroud's life; historical events she lived through; portraits of personalities she met and came to know; and her opinions on contemporary issues. In some units, in order to complement Françoise Giroud's opinions and comments, we have included "choix de texte," documents of historical value and other literary selections related to the events and personalities discussed.

Each unit contains a short introduction to the selected passage, followed by explanatory notes, questions based on the text, and topics for discussion and research. Vocabulary and explanatory on-page glosses in French are provided, and elliptic constructions deriving from the spoken style of the narratives are identified and clarified. Grammatical points and idiomatic uses are explained and frequently expanded in short drills.

La France que je connais is designed for intermediate and advanced language and conversation classes and for Civilization and Women's Studies courses. Françoise Giroud's fascinating life and opinions offer provocative material for oral discussion, while the history section can be emphasized for a program on modern France. There is, furthermore, the possibility of combining units in order to cover the full scope of the materials involved. For instance, the Indochina War can be combined with the portrait of Pierre Mendès France and the latter's recollections of Léon Blum and Charles de Gaulle; or Françoise Giroud's account of the beginning of the magazine *Elle* can be combined with her views on the condition of women and her portrait of Hélène Lazareff.

This flexible structure and the variety of the selections should afford ample opportunity for an imaginative use of the book. It is our hope that *La France que je connais* will appeal to everyone interested in France and in the achievements of her people.

We should like to express our sincerest appreciation to Madame Françoise Giroud and to her publishers, Éditions Stock, for their kind permission to reproduce the selections from *Si je mens* included in this book.

We also thank the following persons for their assistance, critical comments, and information: Madame Monique Polgar, of the French Cultural Services in New York; Madame Nicole Clarens of *Elle;* Mesdames Raymond and Aviron of *L'Express;* Professors Richard Pini and Ronald Tiersky, of Amherst College; Ms. Barbara Schlamel and Ms. Nonny Burack for their dedication in typing the manuscript.

Beatrice Braude

Brigitte Coste

Avant-Propos

Le français est une langue superbe, dont l'usage conduit à comprendre cet esprit dit logique dont nous avons, dit-on, le privilège.

Ainsi: *oh, ho, os, eau* et *aux* se prononcent-ils de la même manière. La logique est évidente, n'est-il pas vrai?

Et ce n'est là que l'un des multiples pièges que réserve le français à ceux qui en pénètrent les subtilités.

Notre vocabulaire est sensiblement moins riche que le vocabulaire anglais. Nous n'avons, par exemple, qu'un mot pour dire: J'aime . . . qu'il s'agisse de la salade ou d'une personne bien-aimée.

Et cependant, la précision du français est incomparable. Chacun sait que si la résolution 242 votée par l'ONU, au sujet d'Israël, avait été rédigée en français, on ne se disputerait pas, aujourd'hui encore, pour savoir si elle recommande de libérer *les* territoires occupés ou *des* territoires occupés.

Encore faut-il avoir quelque chose à dire. Le français habille mieux que l'anglais le discours creux. Je ne suis pas sûre qu'il y ait lieu de s'en féliciter. Mais lorsque la musique de la phrase véhicule la fermeté de la pensée, alors c'est du très joli français que l'on entend là . . .

Françoise Giroud

Table des matières

III

Portraits

IV
Réflexions

Vocabulaire

I

Sa vie

Françoise Giroud est née le 21 septembre 1915. Voici comment elle raconte son enfance.

Françoise Giroud (Roustan, «*L'Express*»)

Chapitre 1

Enfance et adolescence

—Quel genre d'enfance avez-vous eu?

—Le genre bizarre.

—Bizarre? Pourquoi?

—Ce n'est pas facile à expliquer. Et puis je ne suis pas sûre
5   d'en avoir envie. L'enfance, cela vous remonte si vite à la gorge
. . . Il faut la garder pour soi. Comme les larmes. Mon père a été
essentiellement une absence, et une légende. Une absence d'abord
à cause de la guerre, puis d'une mission aux États-Unis dont il a
été chargé par le gouvernement français, ensuite d'une maladie
10 que l'on ne savait pas soigner à l'époque et dont il est mort. Cette
maladie a duré des années pendant lesquelles je ne l'ai jamais vu.
J'ai eu pour lui un amour fou. On parlait de lui, à la maison,
comme d'un héros qui avait tout sacrifié à la France, ce qui
paraissait d'ailleurs la moindre des choses qu'il y avait à faire pour
15 une âme bien née . . . Une âme bien née où est-ce déjà? . . .
Dans Corneille. C'est un vers de Corneille que ma mère me récitait
quand j'avais quatre ans, cinq ans . . . «Aux âmes bien nées la va-

---

1 genre *m.:* sorte
5 envie *f.:* avoir — de: avoir le
   désir
   gorge *f.:* *throat;* cela vous remonte à la —: *that catches
   at your throat*

6 larmes *f.:* verser des —: pleurer
14 moindre: *the least;* la — des
   choses: *the very least he could
   do*

3

leur n'attend pas le nombre des années». Ma mère a été . . . «la» mère, comme tout le monde en voudrait une. Belle, gaie, tendre,
20 moqueuse. Avec une force intérieure irréductible. Souveraine, vraiment. Elle a joué un rôle considérable non seulement dans ma vie, ce qui est normal, mais dans celle de tous les gens qui l'ont approchée, et jusque dans le grand âge. On venait la voir comme on va à une source . . . Quoi encore? J'ai eu une grand-mère arro-
25 gante et dure, qui ne se nourrissait que de côtelettes d'agneau, jouait au bridge et mobilisait une personne pour lui brosser les cheveux pendant une heure chaque après-midi. J'ai eu aussi une gouvernante anglaise, jusqu'à cinq ou six ans, qui m'a enseigné qu'on ne doit jamais élever la voix, parler de soi et aborder des
30 sujets personnels, ce qui ne va pas faciliter notre conversation.

Enfin, j'ai vu se désintégrer l'univers de mon enfance, après la mort de mon père. Tout a été vendu, petit à petit. Les choses disparaissaient. Les bibelots, les tapis, les livres, le piano. Un Bechstein de concert, avec lequel j'avais une relation très af-
35 fectueuse. C'est peut-être pour cela que je n'ai aucun goût de la propriété. Ma seule nostalgie, ce sont les jardins, les grands jardins exubérants. Disparus aussi la gouvernante, bien sûr, la femme de chambre, la cuisinière, un étage de l'appartement qui en avait deux, les bijoux, l'argenterie . . .
40 Ma mère, qui savait tout faire, c'est-à-dire rien, a dilapidé les lambeaux d'un héritage dans quelques-unes de ces entreprises extravagantes de «dame qui a eu des malheurs» . . .

La propriété transformée en hôtel, où l'on ne se résout pas à faire payer les clients . . . La maison de couture où l'on com-
45 mence par s'endetter pour l'installation . . . Sur les dettes, j'en connais un bout. Et sur le clou, donc! Mais ma mère était comme la chèvre de M. Seguin. Elle s'est battue jusqu'à l'aube. Ma sœur et moi, nous avons été mises en pension. Une pension qui était toujours payée avec retard naturellement. La situation de la petite

---

24 source *f.:* eau qui sort de terre
25 agneau *m.:* jeune mouton
33 bibelots *m.:* petits objets d'art
40 dilapider: dépenser sans faire attention
41 lambeaux *m.* (*sg.* lambeau): ce qui reste de la fortune
42 extravagantes: absurdes
43 résout *vb.* se résoudre: se décider

46 bout *m.:* en connaître un —
  fam.: bien connaître quelque chose
  clou *m.:* mettre au —: *to pawn*
47 chèvre *f.: goat*
  aube *f.: dawn*
48 pension *f.:* école où les élèves (les internes) habitent

50 fille interne dans un établissement bien-pensant dont la pension
n'est pas payée, cela vous en apprend. J'ai appris et pour toujours.
Ma sœur en est tombée malade. Moi, j'ai trouvé assez vite la
seule manière de supporter cela. C'était d'être première. Première
en tout, et avec insolence. «Petite effrontée», disait la directrice.
55 Mais j'avais une mémoire de fer. Alors les études ne me posaient
pas de problème. De ce côté-là, les choses m'ont été faciles. Pour
rien d'ailleurs . . . Je me racontais que je ferais du droit . . .
J'avais un oncle avocat. Ou l'École de Sèvres . . . Ou peut-être
médecine. J'avais eu un grand-père médecin. C'est drôle . . . Si
60 j'ai eu une vocation, c'est celle-là. Mais sept ans d'études . . . Huit
même, après le premier bac. A la charge de qui? Alors, à la veille
de mes quinze ans, un jour un peu plus sombre que les autres, j'ai
compris que tout cela était du domaine du rêve, que ma mère
s'enfonçait chaque jour davantage et que je n'avais qu'une chose à
65 faire: travailler. Gagner ma vie. Apporter de l'argent à la maison
au lieu d'en coûter. Je l'ai fait. Voilà pour l'enfance.
    —Et votre mère a accepté?
    —Je crois qu'elle a compris. Elle disait que j'avais une croix
sur le front, une croix qu'elle était seule à voir, et qui était le signe
70 de ce qu'elle appelait un destin. C'était un grand mot. Mais je lui
suis reconnaissante au-delà de toute expression de m'avoir
épargné les ambitions communes aux mères, surtout aux mères de
ce temps-là, qui ne rêvaient pour leurs filles que de beau mariage.
On ne m'a jamais parlé de beau mariage. Je n'ai jamais eu à lutter
75 contre un avenir préconçu, ou à le subir. C'est une chance fantastique.

---

50 bien-pensant: conformiste
    pension *f.:* somme à payer
    pour le logement et la nourri-
    ture
54 effrontée: impudente
57 droit *m.* faire du —: *to go to
    law school*
59 médecine *f.:* faire —: faire
    des études médicales
61 bac *m. abrév.:* baccalauréat,
    examen de fin d'études
    secondaires
    à la charge de qui: *at whose
    expense*

61 veille *f.:* le jour avant
68 croix sur le front: *(lit. cross on
    the forehead) to be marked by
    destiny*
71 suis reconnaissante *vb.* être re-
    connaissant à: avoir de la
    gratitude
    au-delà de toute expression:
    beyond words
72 épargné *vb.* épargner: *to spare*
74 lutter: se battre
75 subir: endurer

Notes

1. **Aux âmes bien nées/La valeur n'attend pas le nombre des années:** Rodrigue dans «Le Cid» (1636) de Pierre Corneille. Citation utilisée comme proverbe pour montrer que le courage est lié au caractère et non à l'expérience.
2. **la chèvre de monsieur Seguin:** Célèbre conte d'Alphonse Daudet dans les «Lettres de mon moulin» (1866). Le personnage principal est une chèvre qui préfère la liberté à la sécurité et s'enfuit dans la montagne. Là, elle se bat courageusement toute la nuit contre un loup *(wolf)* avant d'être mangée.
3. **l'École de Sèvres:** École normale supérieure où sont formées les professeurs femmes de l'enseignement secondaire.

Questions

1. Pourquoi Françoise Giroud n'a-t-elle pas envie de parler de son enfance?
2. Que dit-elle sur son père?
3. Que dit-elle sur sa mère?
4. Quels sont les autres membres de sa famille?
5. Que se passe-t-il après la mort du père?
6. Que fait la mère pour essayer de faire vivre sa famille?
7. Quels souvenirs Françoise Giroud garde-t-elle de cette expérience?
8. Quelle qualité montre la mère?
9. Comment réagissent les deux sœurs quand elles sont en pension?
10. Quelles étaient les ambitions de Françoise Giroud?
11. Quelle décision prend-elle à quinze ans? Pourquoi?
12. Pourquoi sa mère a-t-elle accepté?
13. De quoi Françoise Giroud lui est-elle reconnaissante?
14. Que peut-on déjà dire sur son caractère?

Discussions

1. Racontez votre enfance.
2. Comparez l'enfance de Françoise Giroud à la vôtre ou à celle d'autres personnes que vous connaissez ou dont vous avez lu la biographie.
3. Selon vous, quelle sorte d'enfance serait idéale?
4. L'ambition des mères pour leurs filles dans le passé et aujourd'hui.

Leurs ambitions pour leurs fils. Voyez-vous des changements et croyez-vous que ces ambitions déterminent l'avenir des enfants?

Grammaire

Notez la construction des expressions suivantes qui sont suivies d'un objet indirect:

1. L'enfance cela **vous** remonte à la gorge . . .
   remonter **à**

2. Les études ne **me** posaient pas de problème . . .
   poser **à**

3. Les choses **m'**ont été faciles . . .
   être facile **pour**

4. Je **lui** suis reconnaissante de m'avoir épargné . . .
   être reconnaissant **à**

5. Elle mobilisait une personne pour **lui** brosser les cheveux . . .
   brosser **à**

Faites des phrases sur le même modèle en utilisant ces expressions.

Chapitre 2

Gagner sa vie

L'École Remington

—Vous n'avez pas quinze ans, et vous travaillez. Qu'est-ce que vous faites?

—Les déboires de ma mère m'ont communiqué la haine, que j'ai gardée, de l'amateurisme. Je veux un métier, un vrai, à ap-
5 prendre vite. La décision que j'ai prise ce jour-là, c'est le seul acte de ma vie dont je sois entièrement satisfaite parce qu'il procède du jugement, et que je l'ai accompli dans une absolue solitude. Il me fallait cinq cents francs pour m'inscrire à l'École Remington. Je les ai empruntés à un vieux cousin pédéraste . . . Je ne savais pas
10 qu'il était pédéraste, mais j'avais flairé que, dans la famille ultra-rigoriste de ma mère, il avait une situation de paria. Et on s'arrange toujours avec les parias.

---

3 déboires *m.* ≠ succès
4 métier *m.: profession*
8 m'inscrire *vb.* s'inscrire à: *to enroll*
9 empruntés *vb.* emprunter: *to borrow*
   pédéraste: homosexuel

10 flairé *vb.* flairer: soupçonner
11 ultra-rigoriste: très stricte
   paria *m.:* homme méprisé, au bas de la société en Inde
12 s'arrange *vb.* s'arranger: se mettre d'accord

J'ai eu les cinq cents francs. Et deux mois plus tard, j'étais munie d'un diplôme garantissant que je prenais en sténo cent
15 vingt mots à la minute. J'ai aussi appris autre chose de plus compliqué, dans cette école. L'existence d'un monde que j'ignorais totalement. Un monde où les filles ne lisaient que «Le Film complet» et les faits divers dans «Le Petit Parisien». Elles n'étaient pas plus démunies
20 que moi, au contraire. Elles n'étaient pas moins intelligentes ou moins vives que moi. Elles étaient beaucoup plus averties de ce qui fait pouffer les filles à quinze ans. Mais elles étaient murées dans une sorte d'univers clos où rien de ce qui m'était familier n'avait pénétré. Les livres, la musique, la politique bien sûr, le franc
25 Poincaré, le Mur d'argent, le Cartel des gauches et même un certain cinéma, celui des ciné-clubs de l'époque qui étaient très actifs, des films soviétiques interdits, «Potemkine», «La Ligne générale», tout cela leur était aussi étranger qu'à moi la notion même de classe sociale.
30 Au début, je n'y comprenais rien. Et je ne prétends pas qu'à cette occasion j'ai compris, Mais il s'est passé quelque chose qui a marqué ma vie. Nous étions pareilles et nous n'étions pas pareilles. C'est difficile à imaginer aujourd'hui. C'est même impossible, sans doute. D'abord parce qu'il y a partout une «conscience sociale»
35 beaucoup plus aiguë. Et puis parce que les différences de langage, de vêtements et même de mode de vie, sont devenues beaucoup plus subtiles. «Prisunic», la télévision et l'automobile sont passés par là.
Je n'étais pareille à rien. En perte d'identité. Mais c'est une
40 autre histoire. Ce que je voulais vous dire, c'est que j'ai éprouvé à l'École Remington le privilège de ce qu'on appelle aujourd'hui l'«environnement culturel» d'un enfant dès qu'il s'agit d'assimiler quelque chose de neuf. Comment a-t-on pu mettre si longtemps pour le découvrir?

14 munie *vb.* munir: avoir
18 faits divers *m.:* récits d'accidents, de vols, d'événements mineurs
19 démunies *vb.* être démuni: être pauvre
21 averties *vb.* être averti: savoir
22 pouffer: *to giggle*
murées *vb.* murer: enfermer derrière un mur *to wall up*

30 prétends *vb.* prétendre: *to claim*
39 Je n'étais pareille à rien. En perte d'identité: *I was unlike anything. Going through an identity crisis.*
40 éprouvé *vb.* éprouver: faire l'expérience de

Notes

1. **l'École Remington:** Appelée ainsi d'après l'industriel américain qui perfectionna la machine à écrire et la fabriqua en série (1876).
2. **«Le Film complet»:** Revue de cinéma populaire et bon marché.
3. **«Le Petit Parisien»:** Journal fondé en 1876. Il est vite apprécié d'un vaste public pour ses romans-feuilletons et ses faits divers. En 1915, c'est le journal avec le plus fort tirage du monde (plus de deux millions d'exemplaires). Publié pendant l'Occupation, il n'est pas autorisé à continuer à paraître après la Libération.
4. **le franc Poincaré:** En 1928, Raymond Poincaré, alors Président du Conseil *(Prime Minister)*, stabilise le franc à un cinquième de sa valeur de 1914.
5. **le Mur d'argent:** Expression pour désigner la puissance de l'argent.
6. **le Cartel des gauches:** En 1924, Radicaux et Socialistes s'unissent pour essayer de gagner les élections. Grâce à cette union, ils obtiennent 270 sièges et forment un Cabinet avec Edouard Herriot comme Président du Conseil.
7. **«Potemkine»:** «Le Cuirassé Potemkine» (1925), film muet du cinéaste soviétique Serghei Eisenstein (1891–1948), considéré comme le chef-d'œuvre du cinéma. «La Ligne générale» date de 1929.
8. **«Prisunic»:** Chaîne de magasins bon marché.

Questions

1. Quelle leçon Françoise Giroud a-t-elle tirée de l'expérience de sa mère?
2. Pourquoi est-elle toujours satisfaite de la décision qu'elle a prise?
3. Comment a-t-elle trouvé l'argent dont elle avait besoin?
4. Dans quelle école s'est-elle inscrite? Qu'est-ce qu'elle y apprend?
5. Y a-t-il des garçons dans cette école? Pourquoi?
6. Comment sont les autres élèves?
7. A quel milieu appartiennent-elles?
8. A quoi s'intéressait Françoise Giroud?
9. Comment explique-t-elle les différences entre elle et les autres élèves?
10. Qu'est-ce qui rend son expérience impossible aujourd'hui?
11. A-t-elle compris la situation sur le moment?
12. Quelle a été la valeur de cette expérience pour elle?

Discussions

1. L'environnement culturel joue-t-il un rôle dans l'éducation des enfants?
2. Les goûts et les intérêts artistiques ou culturels diffèrent-ils selon le milieu social autant aujourd'hui qu'à cette époque-là?
3. Dans une université ou un «college» a-t-on la possibilité de rencontrer des gens de milieux sociaux différents? Pensez-vous qu'il y ait une conscience de classe parmi les étudiants? Quelle est votre propre expérience?

Grammaire

1. **autre chose de plus compliqué**
   something else (that was) more complicated

   autre chose, quelque chose, rien + préposition **de** + adjectif au masculin

   Donnez l'équivalent français des expressions suivantes:

   a. something blue
   b. nothing bad
   c. something small
   d. nothing important
   e. something else (that was) less interesting
   f. nothing similar

2. Notez les deux constructions possibles:

   a. il **me** fallait cinq cents francs
      ou
   b. il fallait que j'**aie** cinq cents francs (subjonctif)

   Complétez les phrases avec le vocabulaire suivant:

   a. s'inscrire à l'université
   b. gagner sa vie
   c. lire les petites annonces
   d. être diplômé

      1. il me faut . . .
      2. il faut que je . . .

3. il lui fallait . . .
4. il fallait qu'il . . .
5. il nous faudra . . .
6. il faudra que nous . . .
7. il leur faudrait . . .
8. il faudrait qu'ils . . .

Premier emploi

—Vous voilà diplômée. Que faites-vous?

—Je regarde les petites annonces de «L'Intransigeant». Je ne veux pas être «recommandée»; trouver une place par «relations». J'ai besoin d'être hors du jeu ambigu des relations. Un libraire de-
5 mande une vendeuse sténodactylo . . . J'aime bien les livres. Il s'agit de livres rares, précieux. Je me présente, j'ai mis du rouge à lèvres et des talons hauts pour me vieillir. Je dis que j'ai dix-huit ans. Ça marche.

Aujourd'hui, ça ne marcherait pas. Visite médicale, Sécurité
10 sociale, déclaration obligatoire . . . Rien de tout cela n'existait.

—Et que faisiez-vous dans cette librairie?

—Le courrier. Il y en a beaucoup avec les bibliophiles. Le catalogue . . . Quand le libraire s'absentait, je recevais les clients. Et je lisais . . . Une chance que je ne sois pas tombée chez un
15 marchand de vin, n'est-ce pas?

—Vous aviez un «bon» patron?

—Il n'y a pas de bon patron.

—Vous êtes restée longtemps dans cette librairie?

—Je ne sais plus. Sept mois, huit mois . . .

---

2 petites annonces *f.: classified ads*

3 relations *f.:* personnes influentes qu'on connaît

4 libraire *m.* et *f.:* personne qui vend des livres dans une librairie

7 talons *m.: heels*

8 ça marche: *it works*

12 courrier *m.:* correspondance
bibliophiles *m.* et *f.:* personnes qui aiment les livres rares

14 chance *f.:* circonstances favorables; une — que *fam.: it was a lucky thing that*

16 patron *m.* (*f.* patronne): personne qui dirige les employés

Notes

1. «**L'Intransigeant**»: Quotidien du soir fondé en 1880.
2. **Sécurité sociale:** Système complet d'assurances sociales, familiales, et médicales ainsi que régime de retraite en vigueur depuis 1945.
3. **déclaration obligatoire:** Tout patron doit donner une liste de ses employés à l'État.

Questions

1. Que fait Françoise Giroud quand elle est diplômée?
2. Comment aurait-elle pu trouver un emploi? Pourquoi refuse-t-elle de le faire?
3. Quel emploi trouve-t-elle?
4. Que fait-elle pour se vieillir? Pourquoi doit-elle se vieillir?
5. Pourquoi est-ce que cela ne pourrait pas marcher aujourd'hui?
6. Où trouve-t-elle du travail?
7. Son travail lui plaît-il? Pourquoi?
8. Que pense-t-elle des «patrons» en général?
9. Combien de temps travaille-t-elle dans cette librairie?

Discussions

1. La chance joue-t-elle toujours un rôle quand on cherche un emploi? Quels sont les autres facteurs qui comptent?
2. Est-il vrai qu'il n'y a pas de «bon» patron? Quelle est votre propre expérience?
3. Quel serait l'emploi idéal pour vous et pourquoi?

Le Cinéma

—Comment êtes-vous sortie de cette librairie?

—Parce que Marc Allégret y est entré . . . Il m'avait connue petite fille. Il a été surpris de me trouver là. Il est allé me chercher des gâteaux, il m'a expliqué que je perdais mon temps, et il m'a dit:

5 «Viens travailler avec moi. Le cinéma, tu verras, c'est l'avenir.» J'y

---

1 sortie *vb.* sortir: jeu de mots avec «entrer» (ligne suivante)

5 viens: le tutoiement (*2ᵉ pers. sg.*) est courant dans le milieu du cinéma

suis allée. Le cinéma, c'était magique. Fabuleux. Incertain aussi.
On était engagé à la semaine. Tout pouvait s'arrêter d'un jour à
l'autre.

—Vous n'avez pas hésité?

10 —Qui aurait hésité? Hésité, non. Mais je me souviens avec une
précision parfaite du sentiment fulgurant que j'ai eu de croiser le
destin. C'était le vendredi 13 mai 1932 . . .

—Que faisiez-vous dans le cinéma?

—J'étais script-girl . . . Et je découvrais un monde fou, fou,
15 fou . . . Dingue, vraiment. Le charme du cinéma, c'était, c'est encore à cet égard, l'équipe. Trente, quarante personnes se soudent
pour quelques semaines, quelques mois, vivent ensemble,
voyagent ensemble, travaillent ensemble, s'aiment, se jalousent,
s'entraident, deviennent amis d'enfance. Et puis, le film fini,
20 l'équipe se disloque . . . C'est la fin d'une liaison. Et on recommence, avec d'autres gens, dans d'autres lieux. Le premier film
auquel j'ai travaillé c'était «Fanny», la pièce de Pagnol, avec
Raimu, et Pierre Fresnay.

—Vous êtes restée longtemps dans le cinéma?

25 —Longtemps, oui. Une vie, il me semble. Vous savez que plus
on est jeune, plus le temps vécu semble long. J'ai été script-girl
jusque vers 1937, je crois, puis assistante, la première fille
assistante. C'était un métier d'homme. Puis j'ai écrit des adaptations. Enfin des dialogues.

Notes

1. **Marc Allégret (1910–1973):** Cinéaste français, auteur de
   nombreux films dont «Fanny» (1932) d'après la pièce de Pagnol.
2. **Pagnol:** Marcel Pagnol (1895–1974) écrivain et dramaturge.
   Auteur de la trilogie «Marius» (1929), «Fanny» (1931), «César»
   (1936).
3. **Raimu (1883–1946):** Comédien et acteur. Il interpréta le rôle de
   César dans la trilogie de Pagnol, à la scène et sur l'écran.
4. **Pierre Fresnay (1897–1975):** Un des plus grands comédiens et

11 fulgurant: lumineux et rapide
12 vendredi 13: considéré comme jour de chance en France
15 dingue *fam.:* fou
16 équipe *f.:* groupe de personnes travaillant ensemble

16 se soudent *vb.* se souder:
réunir pour ne former qu'un,
to weld
20 se disloque *vb.* se disloquer: se
disperser
21 lieux *m. pl.* (*sg.* lieu): endroits,
places

acteurs de son époque. Il interpréta à l'écran le rôle de Marius et celui de l'officier français aristocrate dans «La Grande Illusion» de Jean Renoir (voir p. 138).

Questions

1. Quel est le second emploi de Françoise Giroud? Comment le trouve-t-elle?
2. Que pense Marc Allégret du cinéma?
3. Quel sentiment a Françoise Giroud quand elle prend sa décision?
4. Que représentait le cinéma à l'époque?
5. Quelles étaient les conditions de travail?
6. Quel est le charme du cinéma selon Françoise Giroud?
7. Quels sont les différents emplois qu'elle y occupe?
8. Le cinéma était-il une profession habituelle pour les femmes?

Discussions

1. Êtes-vous attiré(e) par le cinéma? Quels sont les avantages et les inconvénients de ce métier?
2. «La Nuit américaine», 1972 («Day for Night») de François Truffaut. De quoi s'agit-il dans ce film?
3. Le travail en équipe: ses avantages et ses inconvénients.

Grammaire

Accord du participe passé avec **avoir**

EXEMPLES:

il **m**'avait connu**e** (objet direct, *f. sg.*)
elle **les** a écrit**s** (objet direct, *m. pl.*)

Il y a accord du participe passé si le complément d'objet direct précède le verbe.

Complétez les phrases au passé composé et faites l'accord si nécessaire:

1. il (chercher) les gâteaux qu'il avait (commander).
2. il les (chercher).
3. le destin qu'elle (croiser).
4. le destin qui l' (croiser).
5. les adaptations qu'elle (écrire).
6. les dialogues qu'elle (écrire).

Chapitre 3

Les Années de guerre

Les Allemands lancent une offensive contre la Belgique et la France le 10 mai 1940. Ils franchissent la Meuse (Ardennes) le 13, et marchent sur Paris. Les populations civiles s'enfuient, mêlées aux soldats français en retraite. Les Parisiens, à leur tour, quittent la capitale où les Allemands entrent le 14 juin. Cette fuite massive s'appelle l'exode. Refusant la défaite, le Général de Gaulle rejoint Londres d'où il lance son appel à la résistance, le 18 juin (voir p. 63). Le 22, l'armistice entre l'Allemagne et la France est signé. Aux termes de cet accord, les armées françaises sont démobilisées et le territoire est divisé en deux zones, la zone nord, occupée, et la zone sud, libre. Après le débarquement allié du 8 novembre 1942, au Maroc et en Algérie, les Allemands décident d'occuper aussi la zone libre (11 novembre).

L'Exode

Le 10 juin 1940, après qu'une nappe de suie fut tombée sur Paris, j'ai pris la route, parmi des milliers et des milliers de gens. L'exode n'a pas été plus affreux pour moi que pour d'autres, au contraire. Je savais où j'allais, et que j'y retrouverais les miens. Je
5   n'emportais rien; une valise. Je n'ai pas traîné dans les rues d'une ville inconnue à la recherche d'une place pour dormir. J'étais

---

1 nappe de suie *f.*:   *layer of soot*   5 traîné   *vb.*   traîner: aller   à
4 les miens: ma famille   l'aventure

jeune, solide. Et j'avais confiance dans ma faculté de faire face à des situations dangereuses ou difficiles.

—Pourquoi êtes-vous partie?

10 —Pourquoi? Pour fuir les Allemands! Et le bombardement, attendu, de Paris. Ce n'était pas original comme réflexe. Qui disposait d'un véhicule . . .

—Et cela a fait un peu vaciller votre foi dans l'invincibilité de l'armée française, je suppose.

15 —Un peu, comme vous dites! Mais tout de même, à ce moment-là, il y a eu encore la bataille sur la Loire. La Loire de 1940, ce pouvait être la Marne de 1914. Il s'est passé quelques jours avant que l'on connaisse l'ampleur proprement inimaginable du désastre. Quelques jours d'incrédulité, puis de stupeur, puis de 20 honte, quand l'armistice a été demandé.

—Où étiez-vous?

—A Clermont. Au milieu de la fabuleuse pagaille de Clermont où se trouvait le Tout-Paris qui n'était pas à Bordeaux sur les talons du gouvernement. Moi j'y étais par hasard, parce que ma 25 sœur habitait la région. Il faisait très beau, très chaud. Pendant que les Allemands ramassaient les prisonniers comme des crevettes au filet, partout où ils passaient, les Parisiens réfugiés se tenaient sur la place Jaude, à la terrasse des cafés. Ou bien ils erraient, désorientés, se cognaient, s'interrogeaient. Le silence 30 dans le vacarme, ni poste, ni téléphone, ni télégraphe, ni train, aucun moyen de communiquer, et se trouver hors de chez soi, ça rend les gens drôles. S'il n'y avait pas eu la dimension de la tragédie, cela aurait même été comique. Le nombre de gens qui sont rentrés, dès qu'ils l'ont pu, parce qu'ils s'inquiétaient pour 35 leur buffet . . . D'autres, qui rêvaient de liberté, de rupture avec femme, mari, famille, bureau, et qui avaient là l'occasion unique de faire un plongeon, de disparaître, se sont mis soudain à

11 qui disposait d'un véhicule = toute personne qui avait à sa disposition un véhicule quittait Paris
13 vaciller *vb.* faire —: *to shake*
18 ampleur *f.*: importance
22 pagaille *f.*: désordre
23 Tout-Paris *m.*: *the upper crust of Paris*
24 talons *m.* être sur les —: suivre de très près
26 ramasser: cueillir

26 crevettes *f.*: *shrimps*
27 filet *m.*: *net*
29 erraient *vb.* errer: aller çà et là, sans but précis
se cognaient *vb.* se cogner: se donner des coups
30 vacarme *m.*: bruit énorme
35 buffet *m.*: meuble de cuisine ou de salle à manger, *sideboard*
37 plongeon *m.*: saut d'un nageur dans l'eau

chercher frénétiquement ceux dont ils se plaignaient d'être esclaves . . . Il y avait là un beau sujet d'observation.

40   —Et vous observiez?

—Je n'étais pas, moi-même, tellement fière! Mais j'ai
enregistré cette impression, comme quelque chose dont il fallait se
souvenir quand on parle de liberté.

—Avez-vous eu l'impression de vivre une catastrophe histo-
45 rique?

—On l'aurait eu à moins. C'était un séisme. J'ai pleuré, j'ai
ragé, j'ai eu le sentiment de l'intolérable, de l'inacceptable . . .
J'ai éprouvé aussi, cruellement, mon impuissance.

Notes

1. **la bataille sur la Loire:** épisode de la campagne de France, le 20
   juin 1940.
2. **la Marne:** la bataille de la Marne (4 septembre 1914), gagnée par
   les généraux Joffre et Gallieni, sauva Paris de l'invasion allemande.
3. **Clermont:** Clermont-Ferrand, chef-lieu du département du Puy-
   de-Dôme et capitale de la région d'Auvergne, au centre de la
   France. Population 154 000 (1975).
4. **Bordeaux:** chef-lieu du département de la Gironde (sud-ouest) sur
   la Garonne. Population 270 000. Le gouvernement s'était installé
   là le 14 juin. Après l'armistice, il se fixera à Vichy.

Questions

1. Pourquoi Françoise Giroud est-elle partie?
2. Savait-elle où elle allait?
3. Où était-elle quand l'armistice a été signé?
4. Quelles contradictions a-t-elle observées dans le comportement des
   gens pendant l'exode?
5. Quelles ont été ses propres réactions?

Discussions

1. Que feriez-vous en cas d'invasion de votre pays?
2. Dans quelles circonstances avez-vous pu observer des contradic-

---

38 se plaignaient *vb.* se plaindre:
    to complain
46 à moins: *for less*

46 séisme *m.:* tremblement de
    terre, *earthquake*

tions dans le comportement des gens? Comment les expliquez-
vous? Avez-vous vous-même réagi de façon inattendue dans une
situation inhabituelle?

3. Quels exemples d'exode de populations civiles connaissez-vous
dans l'histoire? Pour quelles raisons et avec quelles conséquences?

Résistance et arrestation

La Résistance, nom donné aux mouvements de lutte contre l'occupation allemande, se divise en deux groupes: la Résistance extérieure, dirigée de
Londres par le Général de Gaulle; et la Résistance intérieure, organisée en
France et composée de divers réseaux répartis dans les deux zones. Elle est
d'abord composée d'un petit nombre de patriotes sans grands moyens d'action.
En 1942, Jean Moulin, parachuté de Londres, est chargé par de Gaulle d'unifier
les réseaux de la zone libre. En 1943, le Conseil national de la Résistance est
constitué. La Résistance s'est distinguée par ses actes héroïques de sabotage
et ses services de renseignements à l'usage des Alliés. Elle a préparé le
débarquement de juin 1944 et a joué un grand rôle dans la libération de Paris.

Dès 1941, ma sœur avait créé là-bas [Clermont-Ferrand]
l'embryon de l'un des tout premiers réseaux de résistance. En
1943, la Milice a fait sauter sa maison. . . . Puis elle a été arrêtée
par la Gestapo. Alors j'ai fait rentrer les miens. Il y a eu une vague
5   d'arrestations très lourde, à Clermont. Jean Chappat, que ma
sœur a·épousé, qui dirigeait la région, a été pris à son tour. Et
puis j'ai été arrêtée à Paris. Elle a été déportée à Ravensbrück,
puis à Flossenburg. Lui à Neuengamme. Moi, on m'a laissée à Fresnes.
10   Le jour de mon arrestation, il y avait beaucoup de monde,
entassé dans cette salle de la rue des Saussaies, au rez-de-chaussée.
Alors, dans la voiture cellulaire qui nous transportait à la prison,
on m'a laissée dans le couloir. En traversant le pont Alexandre III
j'ai pu voir, par le grillage, un ciel bleu mouillé et, sur le ciel, les
15   lampadaires à boules, ces lampadaires très particuliers qui ourlent
le pont. Et je me suis dit: «Voilà, c'est fini. Ça je ne le reverrai jamais plus.»

2 réseaux *m.* (*sg.* réseau): *network*
3 sauter *vb.* faire —: *to blow up*
11 entassé *vb.* entasser: rassem-
   bler dans un endroit trop
   petit

12 voiture cellulaire *f.*: *police van*
14 mouillé: imprégné d'eau
15 lampadaires à boules *m.*: *three-
   armed lamp post*
   ourlent *vb.* ourler: *to hem*

—Vous n'avez pas eu peur?

—J'ai eu peur, souvent, bien sûr que j'ai eu peur. Surtout
20 après. En entendant hurler les prisonniers qu'on ramenait des in-
terrogatoires. Mais ce soir-là, non. Je ne pouvais plus rien.

Quelque temps après le débarquement de juin 1944, un
message glissé dans un colis m'a appris que j'allais être déportée.
J'ai attendu, en croyant, dans l'ignorance où l'on était de la vérité
25 de la déportation, que j'allais rejoindre ma sœur. Ce à quoi je
trouvais une sorte de douceur.

Un jour, j'ai entendu crier mon nom, parmi cinquante ou cent
autres, et le numéro de ma cellule, on est venu me chercher. Il y
avait beaucoup d'agitation dans la prison. On m'a conduite au
30 greffe, avec quelques autres femmes. Et on m'a dit: «Allez-vous-
en. Vous êtes libre.»

J'ai immédiatement pensé que c'était une erreur. J'étais
faiblarde, ils ne m'avaient pas arrangée, juchée sur des semelles de
bois très hautes. Et les pieds des prisonniers deviennent fragiles
35 parce qu'ils ne s'en servent jamais. J'ai marché le plus vite que j'ai
pu, d'abord dans l'enceinte de la prison qui est grande, pour atteindre la route. Puis sur la route, pour gagner le métro. C'est
assez loin.

J'y étais presque quand j'ai entendu courir derrière moi, et
40 crier mon nom. J'ai compris que c'était fichu. Deux Allemands se
sont approchés. L'un d'eux a mis la main dans sa poche, m'a
tendu quelque chose, et m'a dit: «On avait oublié votre montre.»
Et ils sont repartis.

Je sais que cette histoire n'a pas l'air vraie. Mais elle est vraie.
45 Sur l'honneur! Son côté absurde me plaît. Il est tout à fait allemand.

Je suis arrivée chez moi, j'ai pris un bain, j'ai cherché à rétablir
un contact pour me procurer des papiers à un faux nom, je me
suis planquée. Un mois après, Paris était libéré. Voilà.

---

20 hurler: crier très fort
22 débarquement *m.: The Allied
Landing* (le 6 juin 1944)
23 colis *m.*: paquet
28 cellule *f.: cell*
30 greffe *m.: record office*
33 faiblarde: assez faible
arrangée *vb.* arranger quelqu'un: maltraiter

33 juchée sur des semelles de bois
très hautes: *perched on very
high wooden-soled shoes*
36 enceinte *f.:* espace clos
40 fichu *fam.:* perdu, fini
42 tendu *vb.* tendre: *to hand*
montre *f.: watch*
49 planquée *vb.* se planquer: se
cacher

Notes

1. **la Milice:** Formations militaires françaises créées en 1943 et dirigées par Joseph Darnand qui collaborèrent avec les Allemands contre la Résistance.

2. **Gestapo (Geheime Staatspolizei = Police secrète de l'État):** Police politique du parti national-socialiste devenue, en 1933, celle du IIIᵉ Reich dont l'action s'étendit à tous les territoires occupés par l'Allemagne.

3. **Ravensbrück, Flossenburg, Neuengamme:** Trois camps de concentration allemands; le premier était réservé aux femmes.

4. **Fresnes:** Dans la banlieue sud de Paris, prison où les Allemands ont détenu les prisonniers politiques pendant la guerre.

5. **rue des Saussaies:** Un des centres d'interrogatoire de la Gestapo.

6. **Paris était libéré:** Le 25 juin 1944.

Questions

1. Qu'avait créé la sœur de Françoise Giroud?
2. Qu'a fait la Milice en 1943? Pourquoi?
3. Quels membres de la famille de Françoise Giroud ont été arrêtés?
4. Que leur est-il arrivé ensuite?
5. Où Françoise Giroud a-t-elle été arrêtée?
6. Que s'est-elle dit quand on la conduisait en prison?
7. Décrivez sa libération de prison.
8. Que fait-elle une fois libérée?
9. Que se passe-t-il un mois plus tard?

Discussions

1. Avez-vous été un jour en danger? Décrivez les circonstances et analysez vos réactions.

2. A propos de l'anecdote des deux Allemands et de la montre, Françoise Giroud dit: «Son côté absurde me plaît. Il est tout à fait allemand.» Que révèle cette remarque sur son opinion à l'égard du peuple allemand? Quelle valeur attribue-t-elle à l'incident? A-t-elle tort ou raison d'en tirer des conclusions sur la mentalité allemande?

3. Quelles opinions avez-vous sur d'autres peuples, par exemple: les Français, les Anglais, les Espagnols, les Angolais, les Vietnamiens, etc.? Comment êtes-vous arrivé(e) à porter ces jugements?

Grammaire

1. **Faire** + l'infinitif + objet direct

EXEMPLES:

La Milice **a fait sauter sa maison.**
Alors j'**ai fait rentrer les miens.**

Faites des phrases sur le même modèle avec le vocabulaire suivant:

a. Faire parler les prisonniers
b. Se faire arrêter par la Gestapo
c. Se faire faire de nouveaux papiers

2. Forme passive

Être + participe passé + **par** + objet indirect (complément d'agent)

EXEMPLES:

J'ai été arrêtée à Paris par la Gestapo.
Elle a été déportée à Ravensbrück par les Allemands.
Paris a été libéré par les Alliés en août 1944.

Mettez ces trois phrases à la forme active.

Chapitre 4

« Elle »

Pendant la guerre, Françoise Giroud fait ses débuts dans le journalisme en travaillant pour «Paris-Soir», d'abord à Clermont-Ferrand, puis à Lyon. Après la Libération, elle recommence à faire des films et écrit des chansons. En 1946, c'est la rencontre avec Hélène Lazareff et le début d'une nouvelle carrière dans une revue qui vient d'être créée— «Elle».

Débuts

—Un jour de janvier 1946 j'ai été priée à déjeuner chez Mme Lazareff que je ne connaissais pas. Je me souviens de la date parce que, à peine étais-je chez elle, avenue Kléber, un tout petit homme très laid est entré et a dit: «De Gaulle est parti.» C'était le jour où
5 de Gaulle a quitté le gouvernement, et c'était Pierre Lazareff. J'ai cru le voir dans un état d'extrême agitation. J'ignorais que c'était son état normal.

J'étais là—je l'ai appris plus tard—parce qu'Hervé Mille, dont je vous ai parlé, avait dit aux Lazareff, lorsqu'ils sont rentrés
10 d'Amérique: «Je vais vous faire un cadeau, je vais vous donner un

1 priée *vb.* prier à: inviter
3 à peine: *hardly*
4 laid ≠ beau

6 ignorais *vb.* ignorer: ne pas savoir

23

Couverture de la revue «Elle», décembre 1952 (modèle: Brigitte Bardot) *(Chevalier, «Elle»)*

papier avec trois noms que vous ne connaissez pas.» Il s'agissait de Raymond Cartier, de moi, je ne sais pas qui était le troisième . . . En ce qui me concerne, il fallait vraiment avoir le don de double vue.

15 Hervé Mille était aussi à l'origine de «Elle» dont le premier numéro venait de sortir. Sauf erreur, les capitaux avaient été réunis par un armateur de Marseille, un antiquaire parisien et le fils de Paul Valéry, Claude. Et c'est Hervé Mille qui les avait branchés sur Hélène Lazareff. «Elle» est né de cette singulière

20 conjonction.

Notes

1. **Madame Lazareff:** Hélène Gordon-Lazareff (née en 1909 en Russie), journaliste, créa la revue «Elle» en 1945. Voir p. 199.
2. **avenue Kléber:** Une des avenues qui partent de l'Arc de Triomphe de Napoléon I.
3. **De Gaulle est parti:** De Gaulle, président (élu par l'Assemblée) du premier gouvernement transitoire de la Quatrième République donna sa démission le 20 janvier 1946.
4. **Hervé Mille:** Journaliste et directeur de revues, entre autres «Paris-Soir», «Paris-Match», «Marie-Claire», et «Télé-7-jours».
5. **Raymond Cartier (1904–1975):** Journaliste et directeur-adjoint du Groupe Paris-Match, spécialiste des grands reportages.
6. **Paul Valéry (1871–1945):** Poète, essayiste et dramaturge. Un des grands penseurs de la IIIᵉ République.

Questions

1. Quand et comment Françoise Giroud a-t-elle fait la connaissance d'Hélène Lazareff?
2. Pourquoi se souvient-elle de la date?
3. Comment décrit-elle Pierre Lazareff?
4. Pourquoi avait-elle été invitée?
5. Racontez les débuts de «Elle».

13 avoir le don de double vue: *to have second sight*
16 numéro *m.: issue*
17 armateur *m.: shipowner*
   antiquaire *m.* et *f.:* personne qui vend des objets anciens

19 branchés *vb.* brancher: mettre en relation
20 conjonction *f.:* rencontre, union

Sept ans à «Elle»

Au début, sa collaboration à «Elle» se limite à quelques articles, mais Hélène Lazareff tombe gravement malade et Françoise Giroud prend la revue en charge.

Bref, j'ai commencé à passer mes journées à faire «Elle», et j'ai continué pendant sept ans, avec des échappées vers des films, et vers d'autres journaux. J'ai pris, en somme, le train de travailler douze heures par jour, dimanches et fêtes, ce qui n'est pas
5 particulièrement intelligent.

—Mais «Elle», pourquoi? Qu'est-ce que cela a représenté pour vous?

—Plusieurs choses, L'une, dont on ne parle jamais, c'est ce qui se passe quand on se réveille le matin. A-t-on ou n'a-t-on pas envie
10 de rejoindre le lieu où l'on travaille, et les gens que l'on doit y rencontrer? Cela me paraît prioritaire. La vie n'est pas courte, elle est longue, et les journées aussi. Le lieu de travail a pris, dans notre vie, la place qu'avait autrefois le village. Tout s'y concentre. Et plus la nature du travail est intéressante, absorbante, plus vous êtes
15 mangé. Je ne voudrais pas, rétrospectivement, raconter que je croyais bouleverser le monde en faisant «Elle». Néanmoins, cela a été un instrument, et un instrument de libération. Mais à l'origine, j'y ai vu essentiellement une expérience professionnelle. Peu de gens savent que c'est avant tout un métier de faire un journal, et
20 quand on le possède bien, on peut faire «Elle», on peut faire le journal de la marine marchande, on peut faire «Le Monde», on peut faire «La Vie des animaux». Et le faire proprement à la seule condition que cela vous amuse. Les meilleurs faiseurs de journaux ne sont pas forcément ceux qui écrivent le mieux. C'est encore
25 autre chose. Quand on écrit, on a humainement tendance à attacher plus d'importance à son propre article qu'à ceux des autres. Faire un journal, c'est équilibrer une mosaïque dont vous avez en tête le dessin.

2 échappées *f.: intervals*
3 train *m.* prendre le —: prendre une certaine cadence
15 mangé: *ici, sens fig.*
16 bouleverser: changer profondément
néanmoins: *nevertheless*

21 marine marchande *f.: merchant marine*
22 proprement: avec soin, bien
23 faiseur *m.* (*f.* faiseuse): celui qui fait
24 forcément: nécessairement
26 propre article: *own article*
28 dessin *m.: design*

Note

«**Le Monde**»: Quotidien du soir de dimension nationale fondé en 1944 par Hubert Beuve-Méry.

Questions

1. Qu'a fait Françoise Giroud pendant sept ans?
2. Quelles questions doit-on se poser quand on travaille?
3. Qu'est-ce que le lieu de travail remplace aujourd'hui?
4. Que se passe-t-il quand on a un travail intéressant?
5. Que veut dire «faire» un journal pour Françoise Giroud?
6. Quelle est la différence entre le «faiseur» de journal et le journaliste?

Discussions

1. Pensez-vous qu'aimer son travail soit important? Est-il facile dans la société d'aujourd'hui de trouver un travail qu'on aime? Pour quelles raisons peut-on aimer son travail?
2. Que pensez-vous de la remarque: «Le lieu de travail a pris, dans notre vie, la place qu'avait autrefois le village.»
3. Pour quelles raisons quitte-t-on son travail?

«Elle» :
Instrument de libération

—Vous avez dit tout à l'heure que «Elle» avait été un instrument de libération. En quel sens?

—En apportant une certaine vision, un peu moderne, de la place des femmes dans la société, en disant et en leur disant
5 certaines vérités.

Je m'y suis vraiment employée avec passion. Et j'ai eu entière liberté pour le faire. C'était un problème de vocabulaire. Plus les idées sont subversives, plus il faut les exprimer avec mesure. Et si vous regardez bien la plupart des idées exprimées avec violence,

---

1 tout à l'heure: avant

6 employée *vb.* s'employer à: s'appliquer

10 on s'aperçoit qu'elles sont d'une grande platitude, une fois décapées de leur terminologie.

J'ai été subversive sur plusieurs terrains. Je crois bien avoir été, en particulier, la première à parler de la frigidité dans une revue non spécialisée.

15 Le seul scandale que j'ai involontairement provoqué, c'est avec une enquête intitulée, je crois, «La Française est-elle propre?».

—Pourquoi? Elle ne l'était pas?

—Écoutez. En 1972, il n'y a encore qu'un Français sur quatre 20 qui utilise une brosse à dents. En 1972. Alors, vous vous rendez compte, en 1947! Cette enquête, c'était véritablement de la provocation.

—Est-ce que cela n'avait pas aussi un côté un peu moralisant?

—Moralisant? Non. Je ne crois pas. Je n'ai jamais beaucoup 25 aimé moraliser, et si ça m'est arrivé, c'est une faute, ou une facilité que je regrette. Mais dans une affaire comme celle de la propreté, par exemple, c'était intéressant de dire aux femmes la vérité.

Ce genre de vérité, je crois que c'est utile, provocant en effet, mais utile, là où moraliser ne servirait à rien.

30 C'est la vérité journalistique, celle à laquelle je resterai attachée jusqu'à la fin de mes jours, même si les malheurs de la politique font qu'elle est interdite. La vérité par l'information, et pas par l'opinion. L'information par l'enquête, scrupuleusement menée.

35 —Cela ne se faisait pas à l'époque?

—Dans les journaux féminins, non, ce n'était pas le genre.

La liberté de ton de «Elle» était, à l'époque, révolutionnaire. Pensez qu'avant la guerre «Marie-Claire» ne se permettait pas d'imprimer le mot amant. Les femmes n'avaient que des amis, ou 40 des fiancés. Cette liberté n'a pas facilité le développement du journal, d'ailleurs, car des régions entières lui ont été fermées. Mais elle a fait, en même temps, son originalité et sa réputation. «Elle» n'a jamais crevé le plafond des très gros tirages, que des magazines féminins, dont vous ne connaissez sans doute même pas

---

11 décapées *vb.* décaper: *to take the finish off*

16 enquête *f.*: études et recherches sur une question

17 propre ≠ sale

21 compte *vb.* se rendre —: comprendre

34 menée *vb.* mener: conduire

39 imprimer: *to print*
amant *m.*: *lover*

43 crever le plafond: ici, vendre davantage
tirage *m.*: nombre de numéros imprimés

45 le titre, ont atteint un temps, avec une rédaction de trois sous.
Aujourd'hui ils sont en perte de vitesse.

Mais ça a été un vrai journal, réalisé, au cours des premières
années, par très peu de gens, dans des conditions de folie
intégrale.

50 —Vous avez quitté «Elle» en 1952, c'est ça?

—Oui. C'est étrange que la plupart des gens se souviennent si
mal de cette époque, de l'état dans lequel était encore matériellement le pays.

J'ai quitté «Elle» parce que j'arrivais au bout d'un cycle
55 personnel dont la fin a coïncidé avec la fin d'un certain après-
guerre.

Ces choses ne se passent pas en un jour, naturellement. J'ai
commencé à trouver «Elle» pesant quand le charme de l'aventure
s'est dissipé, parce que le journal avait réussi. De l'artisanat, nous
60 passions à la petite usine, et aux grands bureaux. Aussi, à des servitudes commerciales véritables ou imaginaires. L'horoscope, par
exemple. Je me trouvais confinée dans un cercle d'intérêts
spécifiquement féminins que je ne méprisais pas, pas tous en tout
cas, mais où je commencais à m'ennuyer.

Questions

1. En quel sens la revue «Elle» a-t-elle été un instrument de libération?

2. A quoi faut-il faire attention quand on veut exprimer des idées
subversives?

3. Avec quelle enquête Françoise Giroud a-t-elle provoqué un
scandale?

4. Quelles statistiques donne-t-elle sur la propreté des Français en
1972?

5. Qu'est-ce qui rendait «Elle» révolutionnaire?

6. Comment cela a-t-il affecté le développement de la revue?

45 rédaction *f.:* ensemble des rédacteurs et rédactrices, *edi-tors*
trois sous *m.:* sans grande va-leur (un sou = cinq cen-times), *one cent*
46 vitesse *f.:* en perte de —: *los-ing ground*

58 pesant: lourd
59 artisanat *m.* ≠ travail industriel
60 usine *f.:* *plant, factory*
63 méprisais *vb.* mépriser: dé-daigner
64 m'ennuyer *vb.* s'ennuyer ≠ s'amuser

7. Dans quelles conditions la revue a-t-elle été réalisée au début?
8. Pour quelles raisons a-t-elle quitté «Elle»?

Discussions

1. Faites une enquête sur un sujet de votre choix. Donnez les résultats réels ou imaginaires.
2. Dans la presse d'aujourd'hui, il y a des revues spécifiquement destinées aux femmes ou aux hommes. Quelles sortes d'articles, de photographies, et de publicité trouve-t-on dans les revues féminines? Dans les revues masculines? Comment expliquez-vous ces différences?

Recherches

Consultez un numéro récent de «Elle». Quelles sortes d'articles y trouve-t-on? La revue est-elle toujours «révolutionnaire»?

Grammaire

1. L'adjectif **propre**

Le sens de l'adjectif **propre** change selon sa place, avant ou après le nom.

EXEMPLES:

son **propre** article   *his/her own article*
sa **propre** maison   *his/her own house*
une Française **propre**   *a clean Frenchwoman*

Complétez les phrases suivantes en mettant l'adjectif **propre** *à la place qui convient:*

1. C'est le vocabulaire qu'elle utilise.
   c'est son ____ ____.

2. Marie s'est lavé les cheveux.
   Elle a les ____ ____.

3. Dans «Si je mens» Françoise Giroud raconte sa vie.
   Dans ce livre, elle raconte sa ____ ____.

2. **Plus . . . plus; plus . . . moins; moins . . . plus**

Notez la construction:

a. **Plus** la nature du travail est intéressante, **plus** vous êtes mangé.
   The more interesting the work is, the more absorbed you are.
b. **Plus** les idées sont subversive, **plus** il faut les exprimer avec mesure.
   The more subversive the ideas are, the more moderately you must express them.

La construction est la même avec **moins . . . moins**
                                  plus . . . moins
                                  moins . . . plus

Faites des phrases en employant ces constructions avec le vocabulaire suivant:

1. se laver/être propre
2. intéressant/travailler
3. moralisant/se faire entendre
4. réussir/s'ennuyer

Chapitre 5

Voyage aux
États-Unis

En octobre 1952, Françoise Giroud décide de «découvrir», à son tour, l'Amérique.

Un premier voyage aux États-Unis, c'est toujours un choc qu'on reçoit dans la poitrine. Il y a vingt ans le choc était fantastique. Nous appartenions à une autre planète, dans le matériel de la vie quotidienne, mais aussi, ce qui est plus impressionnant en-
5 core, dans les rapports humains.

Pour mieux voir, je me suis engagée comme vendeuse dans un grand magasin de New York, Lord and Taylor. La directrice m'a facilité les choses. Ces vendeuses qui attendaient les clientes assises—je savais comment les choses se passaient en France—
10 c'était déjà ahurissant. La première remarque que j'ai entendue, c'est celle de l'une de ces vendeuses à une cliente qui hésitait sur le choix d'une robe. «Vous serez contente de celle-là», a-t-elle dit. Et pour la convaincre, elle a ajouté: «Je l'ai achetée pour moi.»

J'ai compris que la Française que j'étais allait avoir beaucoup
15 de choses à comprendre.

Moi, j'ai aimé l'Amérique, ou plutôt des Américains. J'ai trouvé le pays tonique, excitant . . . Aujourd'hui encore, où tout

2 poitrine *f.: chest*
5 rapports humains *m.: human relationships*

10 ahurissant: stupéfiant
17 tonique: stimulant

32

a tellement changé, on retrouve à New York cette qualité
particulière d'excitation de l'esprit. Et quand on rentre à Paris, on
20 a un peu l'impression qu'éprouvent les Parisiens quand ils vont en
province. C'est doux la province, plein de charme, on y vit mieux,
plus tranquillement. Mais il y manque parfois quelque chose, une
tension . . . On s'engourdit.
    Il y a vingt ans, ce contraste-là était moins vif; il y en avait
25 d'autres saisissants.
    C'était au moment de la campagne électorale pour la
présidence. Eisenhower contre Stevenson, en pleine guerre de
Corée.
    C'est là que j'ai découvert la télévision en action. Ces deux
30 messieurs qui venaient, tous les jours, dans ma chambre d'hôtel,
me faire des discours en me regardant dans les yeux. Le soir de
l'élection, quelqu'un m'a présentée à Eisenhower. Et j'ai été une
fraction de seconde surprise qu'il ne me reconnaisse pas, puisque
moi, je le connaissais!
35   Jean-Jacques Servan-Schreiber, qui couvrait l'élection pour
«Paris-Presse», est arrivé à New York. J'ai été le chercher à
l'aéroport. Dans le taxi qui nous ramenait en ville, il m'a demandé
poliment: «Qui va gagner, selon vous?» Poliment, parce que son
opinion était faite, qu'il connaissait admirablement les États-Unis
40 et qu'il savait que je n'y étais guère que depuis trois semaines.
    J'ai dit: «D'un côté, il y a Maurice Chevalier et, de l'autre, Jean
Vilar. Au suffrage universel, qui gagne? C'est Maurice Chevalier.
Donc, c'est Eisenhower. Cela dit, je ne connais rien à la politique
américaine.»
45   Il a dit: «Non, vous n'y connaissez vraiment rien.» Mais il a ce
trait, particulier, d'examiner toujours l'opinion de qui juge autrement que lui, avant de la rejeter. Ou de s'y rallier. Cela lui arrive.
Mon système d'appréciation l'avait laissé perplexe. Il a appliqué
des méthodes d'investigation plus rationnelles. Et il a été le seul
50 journaliste français à prédire contre tous les pronostics que l'on
faisait ici, et contre ses propres vœux, la victoire d'Eisenhower sur
Stevenson.

23 s'engourdit *vb.* s'engourdir: *to*
    become sluggish
25 saisissants: *striking*
43 je ne connais rien à *vb.* ne rien
    connaître à: ne pas savoir
46 particulier: spécial
    de qui= de la personne qui

47 s'y rallier *vb.* se rallier à: ap-
    prouver
    cela lui arrive: *this sometimes*
    happens with him
50 pronostics *m.:* prédictions
51 vœux *m.* (*sg.* vœu): désirs

Notes

1. **la campagne électorale pour la présidence:** Le candidat républicain était Dwight D. Eisenhower (1890–1969), ancien commandant en chef des armées alliées pendant la Seconde Guerre mondiale; le candidate démocrate, Adlai E. Stevenson (1900–1965), ancien gouverneur de l'Illinois. Le 4 novembre 1952, Eisenhower devient, à une forte majorité, le 34ᵉ président des États-Unis. La guerre de Corée avait commencé en juin 1950 et allait durer jusqu'en juillet 1953.

2. **Jean-Jacques Servan-Schreiber (né en 1924):** Ancien élève de L'École polytechnique. Journaliste, rédacteur de politique étrangère du «Monde», fondateur avec Françoise Giroud de «L'Express» (1953) et directeur de la revue jusqu'en 1970, maintenant Président du Groupe-Express. Secrétaire général du Parti radical-socialiste (1969). Député de Meurthe-et-Moselle depuis 1970. Fondateur avec Jean Lecanuet du Mouvement réformateur. Auteur de nombreux livres dont «Lieutenant en Algérie», 1957 (voir p. 111) et «Le Défi Américain», 1967.

3. **«Paris-Presse»:** Quotidien du soir fondé en 1944.

4. **Maurice Chevalier (1888–1972):** Chanteur et vedette de music-hall et de cinéma, très apprécié du grand public français et américain.

5. **Jean Vilar (1912–1971):** Comédien et metteur en scène. Il dirigea de 1951 à 1963 le Théâtre National populaire, où il présenta des chefs-d'œuvre classiques et des pièces contemporaines engagées, notamment de Bertolt Brecht.

Questions

1. Que représente un premier voyage aux États-Unis selon Françoise Giroud?
2. Quel exemple donne-t-elle pour illustrer la différence dans les rapports humains en France et aux États-Unis?
3. Pourquoi a-t-elle aimé l'Amérique?
4. Que pense-t-elle de la ville de New York?
5. A quoi ressemble la vie à Paris après un séjour à New York?
6. A quel moment Françoise Giroud arrive-t-elle aux États-Unis?
7. Que découvre-t-elle aux États-Unis qui n'existait pas encore en France?
8. A qui compare-t-elle les deux candidats à la présidence?

9. Comment réagit Jean-Jacques Servan-Schreiber à ses pronostics?
10. Que prédit-il à ses lecteurs français?
11. Quel candidat aurait-il personnellement préféré?

Discussions

1. Aux États-Unis, quels sont en général les rapports entre les clients et les vendeurs et vendeuses? Pouvez-vous imaginer pourquoi Françoise Giroud a été choquée par son expérience chez Lord and Taylor.

2. Avez-vous fait un voyage qui a été pour vous un choc, une découverte? Par exemple, un premier voyage en Europe, au Mexique, au Canada, dans une autre région des États-Unis. Décrivez vos réactions.

3. Selon vous, un premier voyage aux États-Unis représente-t-il toujours «un choc qu'on reçoit dans la poitrine»?

Jean-Jacques Servan-Schreiber et Françoise Giroud *(Haillot, «L'Express»)*

Chapitre 6

« L'Express »

«L'Express» et tout ce qu'il y a autour, ce n'est pas le passé, c'est hier, aujourd'hui et demain, c'est de l'histoire vivante, qui vibre, qui met en question des gens en pleine trajectoire et dont je ne saurais parler avec un complet détachement. De surcroît, c'est
5 important.

Trois histoires s'y mêlent. L'histoire d'un homme et d'une femme, l'histoire d'un journal, l'histoire d'un groupe de gens qui voulaient de toutes leurs forces faire «décoller» la France.

3 question *f.* mettre en —: impli-
   quer
   trajectoire *f.:* ascension

4 de surcroît: en plus
8 décoller: faire—: *to get moving*

La Création de « L'Express »

En 1952, Françoise Giroud rencontre Jean-Jacques Servan-Schreiber, qui lui propose de créer un journal avec lui.

Jean-Jacques Servan-Schreiber m'avait demandé si j'étais prête à faire un journal avec lui. J'avais dit oui. Il était alors directeur politique de «Paris-Presse» où il était entré après avoir quitté la une du «Monde» dont il s'était volontairement retiré à

4 une *f.* la —: la premiére page
   d'un journal

⁵ cause des positions neutralistes qu'avait adoptées ce journal. Nous étions alors en pleine guerre froide, souvenez-vous.

Créer un nouveau journal, il ne restait plus qu'à en trouver les moyens. Jean-Jacques s'y employait.

«L'Express» a débuté avec une diffusion de trente-cinq mille ¹⁰ exemplaires et un capital dérisoire, moins de dix millions anciens à partir d'une idée simple à laquelle il suffisait de penser, comme toutes les idées simples. Les trente-cinq mille abonnés du quotidien économique «Les Échos», qui appartenait au père et à l'oncle de Jean-Jacques—ils l'avaient créé en 1908, je crois—et qui ¹⁵ paraissait cinq jours par semaine, ont été informés qu'ils recevraient désormais un supplément, en quelque sorte, «Les Échos du Samedi», et que ce journal du samedi s'appellerait «L'Express». Moyennant quoi leur abonnement était augmenté d'autant, si toutefois ils étaient consentants.

²⁰ Ils l'ont été pratiquement tous.

Ce n'était pas la première fois—ni la dernière—que des gens se réunissaient au sein d'un journal pour cristalliser des idées et tenter de les mettre en œuvre.

Mais, d'une part, ces choses ne réussissent que lorsque le mo- ²⁵ ment est venu. Un journal ne peut être qu'un catalyseur; il ne fait pas naître ce qui n'existe pas en puissance.

D'autre part, c'était une aventure assez originale en ceci qu'elle réunissait une poignée de véritables journalistes, dont Pierre Viansson, c'est-à-dire des gens capables de mettre des idées ³⁰ en forme de façon qu'elles soient claires et frappantes, de les simplifier, de les diffuser, et une poignée de hauts fonctionnaires, d'universitaires, de chefs d'entreprise, d'hommes politiques, capables de nous livrer non pas le dessous des cartes, mais les cartes, les

---

5 qu'avaient adoptées ce journal = que ce journal avait adoptées

9 diffusion *f.:* propagation

10 dérisoire: ridiculement faible
dix millions anciens = dix millions d'anciens francs (environ $20 000)

12 abonnés *m.* (*f.* une abonnée): *subscriber*

13 quotidien *m.:* journal qui paraît tous les jours

18 moyennant quoi: en échange de quoi
abonnement *m.:* le fait d'être abonné

22 sein *m.:* au — de: au milieu de

23 mettre en œuvre: mettre en action

28 poignée *f.:* petit nombre de personnes
dont: ici, *including*

31 diffuser: propager
fonctionnaire *m. et f.: civil servant*

32 universitaires *m. et f.:* professeurs d'université
chefs d'entreprise *m.: business managers*

33 dessous des cartes *m.:* le — *sens fig: behind the scenes*

véritables éléments d'appréciation et d'analyse qui fondaient nos
35 positions.

La coopération a été fructueuse. Et, pour ce qui me concerne,
j'ai suivi là un véritable enseignement économique et d'économie
politique par leçons particulières, plus poussé que si j'avais fait
sciences po!

40 La nécessité de traduire ce que l'on me disait en langage accessible à tous—et c'est ainsi qu'ont été écrits tous les articles, les
entretiens, les exposés, les bandes dessinées économiques des
débuts de «L'Express»—, c'était une gymnastique à délier tous les
muscles du cerveau, si j'ose dire.

45 Comprendre, c'est le premier stade, comme dans une langue
étrangère. Parler—ou écrire—à son tour, c'est le second. Le plus
difficile.

Souvenez-vous qu'à l'époque, l'économie, au sens large, était
une discipline inconnue des journaux, à part quelques organes
50 tout à fait spécialisés. Et encore . . . Ils étaient plutôt financiers.
«L'Express» a été créé en 1953.

C'est seulement en 1968, je crois, qu'un journal comme «Le
Monde» a eu une véritable section économique.

Vous avez l'air surpris que je vous parle d'économie. Mais
55 dans ses implications politiques—et l'imbrication est constante—
cela a été la raison d'être de «L'Express». Regardez le premier
numéro.

Comparez le nombre des étudiants en 1939 et en 1950. Ce
sont ceux-là qui ont été nos premiers lecteurs, et les lecteurs du
60 «Monde». Et comparez le nombre d'étudiants entre 1950 et 1970.

Il est normal que ce nouveau public ait eu besoin d'une nouvelle presse, en même temps d'ailleurs que l'ensemble du public
est devenu plus exigeant.

C'est cela, simplement, que nous avons senti. Si nous, lecteurs,
65 n'avions rien à lire qui correspondît à nos besoins, qui se situent au

---

36 fructueuse *f.* (*m.* fructueux):
profitable
38 leçons particulières *f.:* leçons
privées
poussé: avancé, profond
fait sciences po: étudié à
l'École des Sciences politiques, «grande école» spécialisée
42 entretiens *m.: interviews, conversations*

42 exposés *m.:* rapports oraux ou
écrits
bandes dessinées *f.: comic
strips*
43 délier: *to loosen*
44 cerveau *m.: brain*
45 stade *m.:* phase
55 imbrication *f.: overlap*
63 exigeant: difficile à contenter
65 correspondît: imparfait du
subjonctif

niveau que nous attendions d'un journal, d'autres devaient être comme nous.

Le tout était de réussir la traduction journalistique—et vous savez combien je crois que c'est un métier—de ce renouvellement.
70 Du format au sommaire, en passant par la technique d'écriture, les sélections, l'emploi des légendes, l'unité typographique, nous avons inventé. Ensuite, aucun journal n'a été plus imité, plus pillé, je crois bien. Et je m'en félicite. C'est un hommage.

J'ai plus d'intérêt pour «L'Express» de demain que pour celui
75 d'hier. Un écrivain peut vivre sur une œuvre. Pas un faiseur de journal.

Notes

1. **la guerre froide:** Expression employée depuis 1948 pour caractériser les relations internationales entre l'Est et l'Ouest. Principaux épisodes de cette «guerre»: le plan d'assistance économique américaine à l'Europe, ou Plan Marshall (1948–1952), l'Organisation du Traité de l'Atlantique Nord "NATO" (1943), pacte de défense mutuelle entre les États-Unis et l'Europe, la guerre de Corée, la crise de Cuba. La politique de détente essaie aujourd'hui d'y mettre fin.

2. **«Les Échos»:** Aujourd'hui seul quotidien économique du matin avec une diffusion nationale répartie à peu près également entre Paris et la province.

3. **Pierre Viansson-Ponté (né en 1920):** Journaliste. Entre à «L'Express» en 1953 où il est d'abord rédacteur en chef, puis chef du service politique. En 1969, il entre au «Monde» où il est actuellement éditorialiste et conseiller de direction.

4. **le nombre d'étudiants en 1939 et en 1950 et le nombre d'étudiants entre 1950 et 1970:** En 1930, il y avait 78 000 étudiants, en 1950, 139 000 et en 1972, 770 000.

Questions

1. Que faisait Jean-Jacques Servan-Schreiber avant de créer «L'Express»? Qu'avait-il demandé à Françoise Giroud?
2. Pourquoi a-t-il quitté «Le Monde»?
3. Comment «L'Express» a-t-il débuté? Quelle était sa diffusion?

66 niveau *m.:* *level*   70 sommaire *m.:* *news summary*

4. Quelle offre a-t-on faite aux lecteurs des «Échos»?
5. Dans quel but le journal a-t-il été créé?
6. Quel est le seul rôle que peut avoir un journal?
7. Qui ont été les premiers collaborateurs?
8. Comment a-t-elle appris l'économie?
9. Qu'a-t-elle fait avec ce qu'elle a appris?
10. A quel aspect de l'économie s'intéressait-on dans les autres journaux?
11. Quelle a été la raison d'être de «L'Express»?
12. Pourquoi était-ce le moment de créer un nouveau journal?
13. Qu'a-t-il fallu faire pour donner une traduction journalistique aux idées?
14. Qu'est-ce qui montre que «L'Express» a été une réussite?
15. Que peut faire un écrivain et pas un faiseur de journal? Selon vous, pourquoi?

Discussions

1. Êtes-vous tenté(e) de mettre en œuvre une idée? Dans quel genre d'entreprise aimeriez-vous vous lancer? Pourquoi?
2. Quelles revues lisez-vous? Pour quelles raisons les lisez-vous? Quelles sortes d'articles vous intéressent plus particulièrement?

Grammaire

Concordance des temps: **Imparfait** et **plus-que-parfait**

EXEMPLE:

Il **était** alors directeur politique de «Paris-Presse» où il **était entré** après avoir quitté la une du «Monde» dont il **s'était** volontairement **retiré** à cause des positions neutralistes qu'**avaient adoptées** ce journal.

Dans un récit au passé, le plus-que-parfait s'emploie pour décrire une action qui précède.

Complétez les phrases en utilisant le **plus-que-parfait:**

1. Elle se rappelait qu'il y a vingt ans, elle ____ (aimer) les États-Unis.
2. En 1952, quand elle était là, elle ____ (prédire) la victoire d'Eisenhower.

3. Avant de travailler à «L'Express», elle ____ (collaborer) à «Elle».
4. Il lui ____ (demander) si elle était prête à faire un journal.
5. Pour pouvoir écrire ses articles, elle ____ (apprendre) l'économie.

Seule à la tête de «L'Express»

En juillet 1956, Jean-Jacques Servan-Schreiber est rappelé comme réserviste par l'armée française pour aller faire la guerre en Algérie. Françoise Giroud reste seule à la tête de «L'Express».

Ça ne s'est pas passé sans peine ni angoisse, en même temps que j'y trouvais de l'excitation, naturellement.

Jean-Jacques n'a jamais douté, je crois, que je m'en sortirai. Et à l'intérieur du journal, tous ceux qui travaillaient avec moi ont été
5 coopératifs et au-delà. Personne n'a ajouté aux difficultés réelles.

Vis-à-vis de l'extérieur, il y avait un challenge, un défi à relever, dont je n'ai pas eu conscience d'ailleurs, parce que je savais bien, moi, ce que j'y faisais dans ce journal. Mais dans les milieux professionnels, et politiques, parce que j'étais une femme, tout le
10 crédit de la percée de «L'Express» était attribué à Jean-Jacques.

Je ne sais pas ce que les gens ont cru alors. Que le journal s'effondrerait, ou que je passerais la main. Cela n'a pas d'importance. Ou plutôt, ça n'en a pas eu parce que je ne m'en rendais pas compte.
15 Bref, ça a été une époque très intense, très tendue, une de plus. Mais les grandes responsabilités ont toujours cette double vertu angoissante-stimulante.

L'épreuve 1956–1957 a été victorieusement surmontée par le journal. C'était l'essentiel.

Questions

1. A quel moment Françoise Giroud a-t-elle pris la direction de «L'Express» et pour quelle raison?
2. Quels sentiments a-t-elle éprouvés?

---

3 m'en sortirai *vb.* s'en sortir: *to manage*
6 défi *m.: challenge;* relever le —: accepter la lutte
10 percée *f.:* succès

11 s'effondrerait *vb.* s'effondrer: *to collapse*
12 main *f.:* passer la —: laisser la place à quelqu'un d'autre

Françoise Giroud dans son bureau à «L'Express» *(Roustan,*
«L'Express»)

3. Quelle a été l'attitude de Jean-Jacques Servan-Schreiber et des collaborateurs du journal?
4. Pourquoi n'a-t-elle jamais douté de sa réussite?
5. A qui les milieux professionnels et politiques attribuaient-ils le succès de «L'Express»? Pourquoi?
6. Pourquoi ce que les gens de l'extérieur pensait n'avait-il aucune importance pour elle?
7. Aime-t-elle les responsabilités? Pourquoi?

Discussions

1. Avez-vous eu l'occasion de faire face à des responsabilités dont vous ne vous croyiez pas capable? Racontez les circonstances.
2. Les femmes dans le monde professionnel. Réussites et problèmes.
3. Aimeriez-vous avoir une femme comme patronne?

La Vocation de «L'Express»

Je pense que le journal a été le premier à allier ce qu'on pourrait appeler une doctrine, si ce mot n'évoquait pas quelque chose de trop rigide, à la technique journalistique pour la rendre vivante et sensible, et à l'homme politique qui pouvait alors l'incarner.
5 C'est la combinaison des trois, la multiplication de chacun des facteurs par les deux autres, qui a eu caractère original. Le tout dans l'indépendance et l'irrévérence. L'irrévérence étant inséparable de l'indépendance, puisqu'elle marque la liberté de l'esprit. C'est la plus rare. La plus rare, croyez-moi, et la plus difficile à
10 maintenir tant elle effraie. Combien de gens ne vivent bien que derrière des barreaux, d'où ils peuvent crier: «Liberté, liberté!»
Et puis, la naissance de «L'Express» a coïncidé avec le moment où une nouvelle génération arrivait à maturité, et réclamait son insertion dans la société en même temps qu'elle voulait la
15 transformer.
Le droit fil politique de «L'Express» est aujourd'hui le même qu'en 1953. Il demandait alors qu'on ne situe pas le bonheur et l'avenir de la France dans la conservation de son empire colonial
. . . Mais que l'on trace et que l'on prenne les vrais moyens de
20 progrès.

---

4 sensible: perceptible
incarner: *to embody*
10 effraie *vb.* effrayer: terrifier

11 barreaux *m.* (*sg.* barreau): *bars*
16 droit fil *m. sens lit: along the grain;* ici, ligne droite

Le moteur du progrès ne se discute guère, n'est-ce pas? C'est le même depuis la nuit des temps. Depuis que le premier homme ne s'est pas résigné à son destin et à sa condition. Les voies du progrès, on peut en discuter indéfiniment. Il y en a une, en parti-
25 culier, sur laquelle «L'Express» n'a jamais cessé d'être engagé: c'est la voie européenne.

La vocation de «L'Express», donc, n'était nullement ce qu'elle est devenue, jusqu'à la fin de la guerre d'Algérie, à cause des erreurs et des horreurs de la décolonisation, mais le soutien et la
30 mise en œuvre d'une politique de redressement appuyée sur une information exacte des Français pour qu'ils soient en situation d'y souscrire. Et c'est sa vocation première que le journal a retrouvée, aujourd'hui.

En dehors du champ politique, il a été aussi en flèche; ce qui
35 n'est pas aussi naturel qu'il y paraît. La gauche politique n'est pas forcément réceptive à ce qui est neuf, créateur, dans le domaine de la littérature, de la peinture, du cinéma, de l'art en général.

Nous avons été réceptifs, et c'est, je crois, un aspect non négligeable du journal. Cela va du Nouveau Roman à notre
40 insistance à faire comprendre, dix ans plus tard, ce que serait la révolution des ordinateurs, en passant par la crise qu'allait subir l'Université, les premiers films de Godard, la peinture de Rauschenberg et la bataille pour la contraception. Je crois bien que nous avons publié, en 1967, l'un des premiers grands textes sur
45 l'écologie, etc.

Là, il n'y a eu aucune rupture entre l'ancien et le nouvel «Express», qui a gardé sa tête chercheuse.

Notes

1. **la voie européenne:** C'est-à-dire le Marché Commun, voir p. 186.
2. **guerre d'Algérie:** Voir p. 104.
3. **Nouveau Roman:** Le Nouveau Roman est né dans les années 50 du désir d'adapter les techniques du récit à la transformation rapide du monde actuel. Les principaux écrivains qui partagent ces préoccupations sont: Alain Robbe-Grillet, Michel Butor, Nathalie Sarraute, Claude Simon, et Marguerite Duras.

22 nuit des temps *f.:* depuis très longtemps
23 voies *f.: ways, means*
25 être engagé: prendre position
29 soutien *m.:* support

34 flèche *f.:* être en —: être en pleine montée
41 ordinateurs *m.: computers*
47 tête chercheuse *f.: scanner*

4. **la crise qu'allait subir l'université:** En mai 1968. Voir p. 121.

5. **Godard, Jean-Luc (né en 1930):** D'abord journaliste et critique pour «Les Cahiers du Cinéma». Puis réalisateur de films, «A bout de souffle» 1959 (avec Jean-Paul Belmondo). Devient le chef de file du cinéma «Nouvelle Vague». Aujourd'hui, il a abandonné le cinéma de fiction pour se consacrer au militantisme révolutionnaire.

6. **la peinture de Rauschenberg:** Rauschenberg (né en 1925), peintre américain le plus célèbre de sa génération et un des précurseurs du Popart. Sa peinture fait appel aux collages et aux assemblages de matériaux divers.

7. **la bataille pour la contraception:** Cette bataille a abouti au passage de la loi Neuwirth en 1967 qui autorise l'emploi et la diffusion de méthodes contraceptives, jusque-là légalement interdites. Mais ce n'est qu'en novembre 1974 que des décrets d'application sont votés qui autorisent leur remboursement par la Sécurité sociale et leur emploi par des mineurs. Enfin, en décembre 1974, sur proposition gouvernementale, une loi est votée qui permet, sans remboursement, l'interruption volontaire de grossesse jusqu'à la dixième semaine.

Questions

1. Quels sont les trois facteurs qui ont contribué à l'originalité de «L'Express»?

2. Dans quel esprit le journal a-t-il débuté?

3. Quelle qualité est la plus rare? Pourquoi?

4. Avec quoi la naissance de «L'Express» a-t-elle coïncidé?

5. Pour l'opinion générale où se trouvait le bonheur et l'avenir de la France? Quelle était la position du journal sur cette question?

6. Quelle était la première vocation du journal?

7. Quel événement a changé cette première vocation? Quelle est la situation aujourd'hui?

8. Que dit Françoise Giroud sur les réactions de la gauche vis-à-vis des idées nouvelles?

9. Quelles idées nouvelles «L'Express» a-t-il fait connaître au public?

Discussions

1. Faites une analyse du contenu des journaux et des revues que vous lisez. Quelle est, selon vous, leur vocation?

2. Faites une enquête sur les revues américaines qui ont été récem-

ment créées pour faire connaître certaines idées ou défendre une idéologie (par exemple, «New York», «Ms.», «Ramparts»).

3. Faites la même enquête pour de nouvelles revues françaises («Le Nouvel Observateur», «Le Point»).

Grammaire

Ce qui, ce que: *what, that which*

EXEMPLES:

La vocation de «L'Express» n'était nullement **ce qu'**elle est devenue.

La gauche politique n'est pas forcément réceptive à **ce qui** est neuf.

Ce qui (sujet), **ce que** (objet) s'emploient comme relatifs quand l'antécédent est une phrase exprimant une idée. Ces relatifs s'emploient également quand l'idée est sous-entendue ou est exprimée après.

Complétez les phrases:

1. _____ le journal a allié, c'était une doctrine et une technique.
2. Il a été aussi en flèche, _____ n'est pas aussi naturel qu'il y paraît.
3. Transformer la société, voilà _____ voulait la nouvelle génération.
4. _____ est neuf n'est pas toujours apprécié.
5. «L'Express» et tout _____ il y a autour, ce n'est pas le passé.

II

Les Événements

Chapitre 7

La France d'avant-guerre

La France avait gagné la Première Guerre mondiale mais elle avait perdu 1 400 000 hommes. La peur d'une nouvelle invasion allemande persistait chez les Français, envahis deux fois (en 1870 et en 1914) et qui se sentaient inférieurs en nombre. Pour se protéger et se rassurer, la France fit construire la ligne Maginot, derrière laquelle elle continua à attirer artistes et écrivains du monde entier, grâce au prestige de sa «civilisation».

La Société:
Valeurs et structures

[En 1936] la vie était plus «tranquille», en cela que ce mouvement, ces cris, ce vacarme, ces manifestations—il y en avait sans cesse, et beaucoup plus violentes qu'aujourd'hui—s'inscrivaient dans le cadre d'une grande nation victorieuse par les armes,
5 assurée d'être la première du monde, sur un sol qui paraissait inébranlable, derrière des fortifications que l'on croyait infranchissables—la ligne Maginot—et qui protégeaient la civilisation la

---

2 manifestations *f.: public demonstrations*

4 cadre *m.:* s'inscrire dans un —: se situer

5 sol *m.:* terre

6 inébranlable: qui ne peut pas être ébranlé, *unshakable*

infranchissable: qui ne peut pas être franchi, *impassable*

plus cultivée, la plus aboutie, la plus raffinée, la seule où l'on sût ce qu'était l'art, la littérature, la danse, l'élégance et, accessoirement,
10 la cuisine. Et cela ne pouvait pas ne pas s'accompagner d'un sentiment de sécurité, et de puissance.

—Vous aviez ce sentiment?

—Je l'avais. Et je peux vous assurer que je n'étais pas la seule! La France était un phare sur un roc, si j'ose cette mauvaise image.
15 Le roc était en carton, comme on l'a vu en 1940, mais il n'y avait personne qui pouvait concevoir, dans ses pires cauchemars, un pareil effondrement.

—Et cette certitude était générale?

—Je pourrais vous dire que je n'en sais rien. Mais la suite,
20 hélas! a montré qu'elle l'était.

—Ce n'était pas un sentiment purement parisien?

—Au contraire. Paris a toujours été plus turbulent et plus sceptique à la fois.

—Et ce n'était pas un sentiment largement occidental?
25 —Non, je ne crois pas. C'était spécifiquement français. Je ne connaissais pas l'Angleterre à l'époque, mais les Anglais sont des marchands de toujours, dépendant depuis toujours de leur commerce, donc conscients par force du monde extérieur, même s'ils le tiennent en secret mépris. La France était encore une nation
30 agricole, et d'artisans, à peine exportatrice, pauvre en jeunesse parce que les enfants n'étaient pas à la mode. J'emploie volontairement cette expression. Il y a une mode, une contagion de la procréation et de la fertilité dont les raisons demeurent d'ailleurs mal élucidées. Les Français étaient malthusiens, particulièrement
35 ignorants des mécanismes économiques, et au plus haut niveau. Alfred Sauvy a écrit à ce sujet des pages éclairantes. La population était âgée donc plus conservatrice que dynamique et tournée vers ce passé de gloire militaire qu'on ne cessait d'exalter. Sur un autre plan, il n'y avait pas un peintre, un pianiste, un chanteur, un
40 danseur qui existait avant qu'il n'eût été sacré à Paris. Il n'y avait de jolies femmes que de Paris. «Dieu est-il Français?» c'était le titre d'un livre célèbre.

8 aboutie: *successful*
10 cela ne pouvait pas ne pas s'accompagner = cela devait être accompagné
14 phare *m.*: *lighthouse*
15 carton *m.*: *cardboard*
16 cauchemar *m.*: ˙ mauvais rêve
31 mode *f.*: être à la —: *to be in style*

34 malthusien: partisan de la doctrine de Malthus (1766–1834), économiste anglais défenseur de la limitation volontaire des naissances
40 sacré *vb.* sacrer: couronner

Je ne suis pas suspecte d'enjoliver. Je n'ai pas aimé ma jeunesse et ne voudrais pour rien au monde la revivre. Ce n'est pas,
45 dans ma mémoire, le «bon temps» qui ressuscite . . . loin de là.
Mais je n'ai aucun besoin de truquer pour retrouver, intacte, cette foi aveugle dans la grandeur, la générosité, l'unicité, l'invincibilité de la France, patrie des arts, des droits de l'homme, et du champagne. Et j'ose à peine vous le dire, mais d'une certaine façon,
50 cette foi aidait à vivre.

—Vous n'avez eu aucun contact avec les surréalistes?

—Non, aucun.

—Et vous n'avez pas cherché à en avoir?

—Non. Je n'ai rien cherché. D'ailleurs, j'aurais peut-être été
55 allergique, qui sait? En vieillissant, les gens se persuadent aisément qu'ils étaient des jeunes gens révolutionnaires, même lorsque, en vérité, ils ont été de braves moules, vaguement agitées après une poussée d'acné. Je n'ai jamais eu d'acné et je n'ai pas le souvenir d'avoir été une moule. Mais je n'ai pas été, non plus, révolution-
60 naire à vingt ans. La jeunesse d'extrême droite était d'ailleurs la plus active, la plus bruyante, odieuse avec ses cannes plombées
. . .

La droite, à l'époque, était beaucoup moins subtile qu'aujourd'hui. Elle était arrogante, sûre de son droit, sans la
65 moindre trace de conscience malheureuse.

En fait, il y en avait deux. La droite d'argent, celle qui ne descend jamais dans la rue, et qui finance discrètement les partis socialistes «pour le cas où». Elle existe toujours. Et puis il y a, ou plutôt il y avait l'autre, la droite folle, la droite des fantasmes qui
70 croyait vraiment que le diable s'était fait la tête de Léon Blum.

Notes

1. **la ligne Maginot:** Système de fortifications édifié à l'est et au nord de la France entre 1930 et 1939. Appelé ainsi d'après le Ministre

43 enjoliver: rendre plus joli
45 ressuscite *vb.* ressusciter: faire renaître
46 truquer: falsifier
47 unicité *f.:* caractère de ce qui est unique
57 moules *f. sens lit.: mussels;* une brave —: *a jellyfish*
60 droite *f.:* la —: gens qui appartiennent à des partis politiques de droite ≠ la gauche

61 plombées: *leaden*
68 pour le cas où: au cas où toujours = encore
69 fantasme *m.:* hallucination
70 diable *m.:* Satan; le — s'était fait la tête de Léon Blum = Léon Blum était le diable

de la Guerre André Maginot. En 1940, les Allemands la contournèrent par le nord pour envahir la France.

2. **Alfred Sauvy (né en 1898):** Statisticien, économiste et sociologue, spécialiste de la démographie. Professeur de démographie sociale au Collège de France (1959-1969). Directeur et conseiller technique de l'Institut national d'études démographiques. Auteur de «Richesse et population» (1943), «De Malthus à Mao Tsé-Toung» (1958), et «Croissance zéro» (1973).

3. **«Dieu est-il Français?» (1929):** De Friedrich Sieburg, journaliste allemand et correspondant à Paris de «La Gazette de Francfort». Dans ce livre, il décrit la France comme un pays aimable mais trop attaché au passé.

4. **les surréalistes:** Les premiers animateurs du mouvement surréaliste, né en 1919, furent Louis Aragon, André Breton, et Philippe Soupault. Ils rejetaient toutes les traditions littéraires et les constructions logiques de la pensée pour s'attacher à l'inconscient et au rêve au moyen de l'écriture automatique. Le mouvement, d'abord poétique et littéraire, s'étendit à tous les arts (peinture: Chirico, Ernst, Dali; cinéma: Luis Buñuel) et à toutes les formes de pensée. Le mouvement se désagrégea quand certains de ses membres l'identifièrent avec la révolution et le communisme.

5. **la droite à l'époque:** Elle est essentiellement catholique, xénophobe et conservatrice en matière politique et financière. Elle s'oppose aux principes parlementaires de la République et incarne les frustrations et les nostalgies nationalistes de couches sociales très diverses.

6. **la droite folle:** Elle est représentée par de nombreuses ligues dont les plus importantes sont l'Action française, royaliste, de Charles Maurras et les Croix de Feu du Colonel de La Rocque. Ses membres se recrutent surtout dans la jeunesse bourgeoise opposée à la République et influencée par les dictatures fascistes des pays voisins (l'Italie avec Mussolini, l'Allemagne avec Hitler et plus tard l'Espagne avec Franco). Les manifestations, souvent violentes, qui se multiplient après 1932 cherchent à renverser le régime parlementaire existant par haine des principes républicains issus de la Révolution de 1789.

7. **Léon Blum:** Voir p. 54.

Questions

1. Comment était la vie en 1936?
2. Que pensaient les Français de leur pays et de leur «civilisation»?

3. Quel événement a ébranlé cette conviction?
4. Pourquoi les Anglais sont-ils conscients du monde extérieur?
5. Quelle était la principale richesse de la France à cette époque?
6. Pourquoi la France était-elle pauvre en jeunesse?
7. Quel rôle jouait Paris dans le monde des arts?
8. Quels sentiments Françoise Giroud retrouve-t-elle sans difficulté?
9. Quel rôle leur attribue-t-elle?
10. De quoi les gens se persuadent-ils en vieillissant?
11. Comment se voit-elle à vingt ans?
12. Comment était la jeunesse de droite à l'époque? La droite en général?
13. Quelles distinctions fait-elle entre les différentes droites?
14. Qui était Léon Blum pour la droite?

Discussions

1. L'Avant-guerre et l'Après-guerre. Y a-t-il toujours un changement ou une réaction dans l'attitude et le comportement des gens? Que s'est-il passé en Europe et aux États-Unis après la Première et la Seconde Guerre mondiales, après la guerre de Corée ou du Vietnam aux États-Unis?
2. Quels exemples pouvez-vous donner de pays qui, à un moment de leur histoire, ont cru à leur grandeur et à leur destin?
3. Vous intéressez-vous à la politique? Pensez-vous que la jeunesse d'aujourd'hui s'y intéresse et de quel côté penche-t-elle?
4. Faites le portrait d'une «moule» de votre génération.
5. La droite aux États-Unis. Qui en fait partie? Quelle est son idéologie?

Léon Blum et le Front populaire

—Et pour vous, qui était-ce Léon Blum?
—Un monsieur qui m'avait fait sauter sur ses genoux à quatre ans en me chantant une comptine d'une voix grêle . . .

---

3 comptine f.: *counting-out rhyme*   3 grêle: voix —: *high-pitched voice*

—Qu'est-ce que le Front populaire a représenté? Vous croyiez
5   à une marche linéaire vers le «bien»?

—Pas vers le «bien», parce que je n'ai pas l'esprit religieux,
mais vers le «mieux». Et quel mieux! Une extraordinaire explosion de joie. Les premiers congés payés, les premières vacances, je
me demande ce que l'on pourra donner demain aux Français qui
10 ait cette saveur inouïe . . . Je ne sais pas si vous avez vu le film
d'Henri de Turenne, «36», qui est un montage de documents . . .
Vous vous souvenez à quoi ressemblent les ouvriers que l'on voit?
Petits, malingres, pauvrement vêtus . . . Leurs enfants, ou plutôt
leurs petits-enfants, puisqu'il y a près de quarante ans, n'ont sim-
15 plement pas l'air d'appartenir à la même race. Ils semblent
émerger d'une sorte de nuit . . . Ce n'était pas original d'être
contre la misère, contre la faim . . . Pour la joie de vivre.

Pourquoi, dans ce pays, faut-il toujours que les choses se
fassent par explosion au bout d'une longue tension immobile, d'où
20 vient cette formidable résistance au changement qui culmine
jusqu'au craquement . . . Était-ce seulement, alors, le poids
négatif de la démographie . . . Peut-être. Je ne sais pas. Je ne sais
pas ce qui produit l'histoire.

—La société était immobile, alors?

25 —Agitée, mais immobile. Crispée. Figée. On se plaint
aujourd'hui, et on a raison, de l'urbanisation sauvage, de la
construction anarchique. Quelqu'un de mon âge peut avoir passé
toute sa jeunesse sans avoir jamais vu un immeuble se construire
. . . Il y a des appartements que les gens ont habités pendant
30 trente ans sans les repeindre.

En même temps, c'est vrai qu'il y avait dans l'air plus de
légèreté, plus de gaieté simple, moins d'incertitudes fonda-
mentales.

---

5 linéaire: en ligne droite
8 congés payés *m.:* période de
vacances accordée par la loi à
tous les salariés
10 inouïe: extraordinaire
11 montage *m.:* assemblage
12 ouvriers *m.* (*f.* ouvrières): personnes qui travaillent dans
une usine
13 malingres: de constitution fragile

22 démographie *f.:* science de la
population; le poids négatif
de la démographie = le
grand nombre de personnes
âgées
25 crispée: contractée
figée: immobilisée
se plaint *vb.* se plaindre: *to
complain*
26 sauvage: ici, sans plan d'ensemble
28 immeuble *m.:* *apartment building*

Notes

1. **Léon Blum (1872–1950):** Né à Paris d'une famille israélite
   d'Alsace. Membre du Conseil d'État, il poursuit une carrière politique et littéraire. En 1919, il est élu député et devient l'un des
   chefs du socialisme français. Président du premier gouvernement
   de Front populaire (1936–1937). Brièvement, Président du Conseil en 1938, il s'oppose au pacte de Munich. Arrêté en 1940 et accusé de trahison par le gouvernement de Vichy, il n'est pas condamné. Il passe le reste de la guerre en prison en Autriche.
   Président du Conseil de décembre 1946 à janvier 1947, il essaie
   d'arrêter l'inflation. Il a été longtemps directeur politique du
   journal socialiste «Le Populaire».

2. **le Front populaire:** Dès 1935, des organisations syndicales et des
   groupements d'anciens combattants et d'intellectuels avaient
   décidé d'affirmer l'union de la gauche pour sauvegarder les
   libertés démocratiques. Après le pacte franco-soviétique de 1935,
   les communistes se joignent aux socialistes et aux radicaux et forment un Front populaire avec un Comité directeur qui élabore un
   programme d'action. Les élections d'avril et de mai 1936 assurent
   une large victoire aux partis associés et le 4 mai, Léon Blum, chef
   du groupe socialiste majoritaire, forme un Cabinet qui comprend
   des ministres socialistes, des radicaux et des socialistes
   indépendants. Au même moment, des mouvements de grèves,
   avec occupation d'usines, commencent à la surprise de tous. Après
   des semaines tumultueuses, des accords sont signés, considérés
   comme le triomphe de Léon Blum (accords de Matignon, 8 juin).
   En plus d'une augmentation des salaires de 12%, les gains sociaux
   les plus importants pour l'avenir sont les congés payés et la
   semaine de 40 heures. Les accords prévoient aussi la nationalisa-
   tion des usines d'armement et celle de la Banque de France. Des
   difficultés intérieures (dévaluation du franc, chômage) et internationales (guerre d'Espagne) forcent le Cabinet à démissionner en
   juin 1937.

3. **Henri de Turenne (né en 1921):** Journaliste et correspondant de
   guerre. Producteur à la télévision et réalisateur du film «36»
   (1970).

Questions

1. Qui était Léon Blum pour Françoise Giroud?
2. Quelle mesure le Front populaire a-t-il prise en faveur des
   travailleurs?

3. Quelles différences y a-t-il entre les ouvriers de cette époque et leurs petits-enfants?
4. Comment se produit tout changement en France?
5. A quel facteur attribue-t-elle la résistance au changement?
6. Comment était la société de cette époque?
7. Quel exemple donne-t-elle pour illustrer ses remarques?
8. Que dit-elle en conclusion sur la vie à cette époque?

Discussions

1. Léon Blum était le «diable» pour la droite, un vieux monsieur affectueux pour Françoise Giroud. Décrivez quelqu'un que vous connaissez qui, par ses opinions et ses actions, suscite des réactions différentes, voire contradictoires, chez vous et chez les autres.
2. Les personnalités politiques qui ont suscité des réactions et des sentiments violents. Pour quelles raisons ont-elles fait naître ces sentiments et chez qui?
3. L'État doit-il prendre ou non des mesures sociales? Si oui, lesquelles?
4. Y a-t-il une gauche aux États-Unis? Qui en fait partie? Quelle est son idéologie?

Recherches

1. Les mesures sociales votées en France depuis la Seconde Guerre mondiale.
2. Léon Blum et le Front populaire.
3. Charles Maurras et l'Action française.

Chapitre 8

La Seconde Guerre mondiale

Hitler et Munich

—Hitler, vous est-il arrivé de l'entendre à la radio?

—Oui, et de le voir aux actualités. Et puis j'en ai beaucoup entendu parler parce que, parmi les réfugiés qui commençaient à affluer, beaucoup venaient du cinéma allemand, et s'inséraient
5 donc, tant bien que mal, dans le cinéma français. Leurs récits étaient sinistres . . . Mais, c'est étrange, je me souviens nettement d'une conversation, à laquelle assistait Louis Jouvet, pendant laquelle l'un d'eux nous a raconté sa fuite . . . Il a parlé de Dachau, il a décrit ce qui se passait à Berlin. Et nous répétions:
10 C'est épouvantable, c'est épouvantable . . . Mais cela nous paraissait plus loin qu'aujourd'hui Hanoï, plus étranger. C'était, au sens propre du mot, inimaginable, donc irréel . . . Il ne semblait pas pensable que la peste puisse nous atteindre.

—Mais Hitler, vous le preniez pour quoi? Un fou? Un
1 hystérique?

---

2 actualités *f.: newsreel*
4 affluer: arriver en grand nombre
5 tant bien que mal: plus ou moins bien

8 fuite *f.:* action de fuir, *escape*
10 épouvantable: horrible
13 peste *f.: plague*

—Un fasciste, tout simplement. Comme tous les enfants de ma génération, ou presque, j'ai été élevée dans la détestation de l'Allemagne . . . Une détestation globale, indiscriminée . . . A l'âge où l'on chante «Am stram gram» on m'apprenait «Sambre et
20 Meuse», et «Ils n'auront pas l'Alsace et la Lorraine» . . . L'Allemagne c'était les boches. Alors, avec Hitler, je n'avais pas besoin de me forcer! C'était une variation de l'ignominie allemande.

Après la guerre, celle de 1940, j'ai eu infiniment de mal à sur-
25 monter cette détestation imbécile à l'égard d'un peuple. Je l'ai voulu de toutes mes forces, et j'y suis arrivée.

—Munich, vous vous souvenez?

—Ah! très, très bien!

—Qu'est-ce que vous aviez éprouvé, alors?
30 —De la honte.

—Mais pourquoi?

—Le lâchage de la Tchécoslovaquie . . .

—Vous n'avez pas pensé que, néanmoins, Daladier s'était bien «débrouillé»?

35 —Non, pas du tout. J'ai pensé qu'il avait cédé au chantage, et l'une de mes idées simples est qu'il ne faut jamais céder au chantage, jamais. C'est une conviction sur laquelle je n'ai jamais varié, et dont j'ai eu, il n'y a pas si longtemps, l'occasion de vérifier la solidité.

40 —C'était du chantage, donc ce n'était pas fini.

—Évidemment.

—Vous avez redouté la guerre, à ce moment-là?

—C'était clair qu'il y aurait la guerre . . . Et si c'était clair pour moi, qui ne savais rien, comment cela pouvait-il ne pas l'être
45 pour tout le monde!

Munich conçu comme un délai pour se préparer, en tactique on aurait pu le comprendre. Mais Munich comme triomphe de la paix . . . D'autant plus qu'Hitler ne cachait même pas ses intentions. Elles étaient imprimées noir sur blanc, dans «Mein Kampf».
50 La première édition a été traduite de l'allemand par le colonel

---

21 boches *m.:* les Allemands
32 lâchage *m.:* action d'abandonner quelqu'un
34 débrouillé *fam.: se débrouiller: to get out of a tight spot cleverly*

35 chantage *m.: blackmail*
42 redouté *vb.* redouter: craindre
46 délai *m.:* temps supplémentaire
48 d'autant plus: *all the more so*

Chappat, dont ma sœur a épousé le fils. C'était un X, camarade de promotion d'Albert Lebrun, le dernier président de la IIIe République. L'homme qui pleurait. Il pleurait pour un oui, pour un non. Chappat lui a apporté «Mein Kampf» en lui conseillant vi-
55 vement de le lire. Ou il ne l'a pas lu, et c'est navrant; ou il l'a lu, et c'est pire.

Notes

1. **Hitler, Adolf (1889–1945):** Né en Autriche, Hitler s'installe en 1913 à Munich, en Allemagne. Il prend la direction du Parti national-socialiste des Travailleurs allemands (parti nazi). En novembre 1923, il tente un coup d'état à Munich, qui échoue. Condamné à 5 ans de forteresse, il reste 9 mois en prison, pendant lesquels il écrit «Mein Kampf». En 1933, 197 députés nazis sont élus au Reichstag et le Président von Hindenburg nomme Hitler Chancelier. Après l'incendie du Reichstag (27 février 1933) qu'il attribue aux communistes, Hitler se fait donner les pleins pouvoirs. En août, après la mort de Hindenburg, il devient chef de l'État (Führer), et proclame le IIIe Reich, véritable dictature soutenue par une redoutable police politique (Gestapo) qui persécute les opposants politiques et les Juifs. En juillet 1944, il échappe à une tentative d'assassinat qui est suivie d'une horrible répression. Devant la défaite imminente de l'Allemagne, Hitler se suicide dans son poste de commandement souterrain de Berlin, le 30 avril 1945.

2. **Louis Jouvet (1887–1951):** Comédien, metteur en scène et directeur de théâtre. Voir p. 145.

3. **Dachau:** Camp de concentration nazi en Bavière, près de Munich.

4. **«Am, stram, gram»:** Comptine enfantine (équivalent de *eenie, meenie, minie, mo*).

5. **«Sambre et Meuse», «Ils n'auront pas l'Alsace et la Lorraine»:** Deux titres parmi les nombreuses chansons patriotiques écrites après la défaite de la France en 1870 et la perte des deux provinces de l'est, l'Alsace et la Lorraine.

6. **Munich:** La conférence de Munich, tenue le 29 septembre 1938, rassemblait la France, la Grande-Bretagne, l'Italie et l'Allemagne.

51 un X: abréviation pour un ancien élève de l'École Polytechnique
camarade de promotion *m. et f.: member of the same graduating class*
55 navrant: déplorable
56 pire: *worse*

Les accords de Munich ratifièrent le démembrement de la Tchécoslovaquie et l'occupation d'une partie de la Bohême et de la Moravie pour «protéger» les minorités sudètes.

7. **Daladier, Edouard (1884–1971):** Alors Président du Conseil et Ministre de la Défense nationale. Il représenta la France à la conférence de Munich.

8. **«Mein Kampf»** (**«Mon Combat»**): Compilation autobiographique et politique dans laquelle Hitler expose la doctrine du national-socialisme fondée sur l'idée d'un grand Reich allemand et sur celle de la supériorité de la race germanique. Il y fait aussi l'apologie de la guerre et de la force et rend les Juifs, race impure, responsables de la défaite de l'Allemagne en 1918.

9. **Albert Lebrun (1871–1950):** Dernier Président de la IIIe République.

Questions

1. Qui était Hitler?
2. Où Françoise Giroud l'a-t-elle vu?
3. Par qui a-t-elle entendu parler de lui?
4. Pourquoi était-il difficile pour les Français de croire à ce qu'on racontait sur l'Allemagne nazie?
5. Qu'est-ce que Hitler représentait pour Françoise Giroud?
6. Quelle était l'attitude plus ou moins générale des gens de sa génération envers l'Allemagne? Pourquoi?
7. Décrivez l'évolution des sentiments de Françoise Giroud envers l'Allemagne après la guerre.
8. Quel sentiment a-t-elle éprouvé au moment des accords de Munich?
9. Que pense-t-elle du chantage?
10. Qu'est-ce qui est devenu clair après Munich?
11. Où Hitler avait-il clairement exprimé ses idées?
12. Qui a apporté la traduction du livre au Président Lebrun? Qu'a fait celui-ci du livre?

Discussions

1. Le chantage privé et politique. Donnez des exemples et commentez.
2. Chantage et terrorisme. Faut-il céder au chantage ou s'y opposer? Donnez vos raisons.

3. Y a-t-il plusieurs sortes de guerre? Y a-t-il des causes qui méritent d'être défendues par les armes?
4. Quelles doivent être, selon vous, les relations entre les anciens ennemis après un conflit?

Recherches

1. La réaction française devant la montée du nazisme.
2. Edouard Daladier et la conférence de Munich.
3. Le lâchage de la Tchécoslovaquie.

Grammaire

L'infinitif

EXEMPLES:

Vous est-il arrivé **de l'entendre?**
Les réfugiés commençaient **à affluer.**
Il ne faut jamais **céder** au chantage.
On aurait pu le **comprendre.**

Les verbes construits avec une préposition **à, de** (les plus courantes), **pour,** gardent la préposition avant l'infinitif.

Certains verbes ou expressions verbales exprimant, entre autres, une idée d'obligation ou de volition, sont suivis directement de l'infinitif:

devoir	préférer
falloir	sembler
désirer	souhaiter
espérer	vouloir
pouvoir	

Complétez les phrases suivantes en utilisant la préposition **à, de** *ou* **pour** *si nécessaire:*

1. Les petits enfants des ouvriers de 36 n'ont pas l'air ____ appartenir à la même race.
2. Ils semblent ____ émerger d'une sorte de nuit.
3. Ce n'était pas original ____ être contre la misère.

4. Je me demande ce que l'on pourra ____ donner aux Français, aujourd'hui.
5. Il m'est arrivé ____ le voir aux actualités.
6. Il ne faut jamais renoncer ____ lutter.
7. Les bombes allemandes commençaient ____ tomber.
8. Je n'avais pas besoin ____ me forcer ____ détester les Allemands.
9. J'ai eu beaucoup de mal ____ surmonter ma haine.
10. Elle a eu l'occasion ____ vérifier la solidité de ce principe.
11. On pouvait facilement ____ les comprendre.
12. Il a conseillé au Président ____ lire «Mein Kampf».

L'Appel du 18 juin

Charles de Gaulle, colonel à la déclaration de la guerre en 1939, se bat courageusement pendant la campagne de France, à la tête des chars de la Ve armée. Le 25 mai 1940, il est promu général de brigade et du 6 au 17 juin, il est sous-secrétaire d'État à la Défense dans le Cabinet de Paul Reynaud. Il refuse la défaite et l'idée d'un armistice et regagne Londres (le 17 juin). Sûr d'incarner la véritable légitimité gouvernementale, le lendemain il lance, à la B.B.C., son premier appel aux Français. Message prophétique et d'une remarquable hauteur de vue.

—Vous n'avez pas du tout entendu l'appel de de Gaulle?

—Si, je l'ai entendu. Devant l'une de ces grandes boîtes en bois, branchées sur courant, surmontées d'un cadre-antenne . . . Je l'ai entendu.

5 —Et qu'avez-vous pensé?

—Qu'il avait raison. Honnêtement, je n'ai pas hésité.

—Tout de même, il «trahissait»!

—Quoi! Ah non! La trahison, c'était Pétain.

—Il «trahissait» quoi, Pétain? Après tout, n'avait-il pas 10 constaté la faiblesse qui conduit à s'incliner?

—Mais qui s'incline? Comment pouvait-on pactiser avec les Allemands, demander l'armistice alors qu'il y avait l'Afrique du Nord? Je trouvais cela inadmissible. Personne n'est jamais battu avant qu'il le concède. Personne, parlant au nom de la France, ne

---

2 si: après une négation = oui
3 courant *m.:* brancher sur —: marcher à l'électricité
7 trahissait *vb.* trahir: *to betray*

10 constaté *vb.* constater: noter
11 s'incliner: renoncer, céder
pactiser: *to come to terms*

¹⁵ devait concéder à Hitler qu'il avait le droit d'occuper le pays. Et de surcroît d'en faire une plate-forme pour envahir l'Angleterre, croyait-on!

—Lorsque vous avez entendu l'appel du 18 juin, avez-vous eu le sentiment que c'était le point de départ de quelque chose?

²⁰ —Ça, vraiment pas, non. Vraiment pas. Il y en avait un qui avait fait ce qu'il fallait, c'est tout. Je n'ai pas pensé plus loin.

—Vous vous souvenez du passage où il parle de la supériorité technique des Allemands qui sera vaincue elle-même par une force mécanique supérieure?

²⁵ —Je ne me rappelle pas l'avoir entendu. Depuis j'ai relu ce texte naturellement, et précisément cette phrase, qui est d'une admirable intelligence. Mais sur l'instant, j'étais dans un état d'émotion et de désarroi qui altérait le discernement, à supposer que j'aie été capable, à l'époque, de l'exercer sur cette phrase ³⁰ particulière, ce qui n'était pas le cas.

—Je me demande si lui-même a bien compris ce qu'il disait.

—Ah! je le crois! Je crois que de Gaulle a fonctionné comme un ordinateur. Ou, si vous préférez, comme un grand joueur d'échecs. Il s'est dit: L'Amérique arrivera, avec sa puissance tech- ³⁵ nique; il faut tenir jusque-là.

—Ce n'était pas plutôt une intuition verbale, comme il en a eu, en attendant de voir?

—Je n'en sais rien, mais je ne le crois pas du tout.

—Vous avez des amis qui l'ont rejoint?

⁴⁰ —Oui, bien sûr! Mais je ne le savais pas. C'était généralement des officiers ou des soldats, dont nous étions coupés . . . Mais on ne peut pas dire qu'il y ait eu foule.

—Vous seriez partie si vous aviez été un homme?

—A-t-on le droit de poser un tel «si»? . . . Ma réaction est de ⁴⁵ vous dire oui. Mais si j'avais été un homme, je n'aurais pas été, à vingt-trois ans, le 18 juin, à Clermont-Ferrand, en train d'écouter la radio avec ma famille. Ce que je peux dire, c'est que j'aurais eu vraisemblablement la détermination de reprendre, contre les Allemands, le vieux combat, puisque, dès qu'il a pris une forme qui ⁵⁰ m'était accessible, je m'y suis engagée. Mais, sur l'heure, aurais-je tenté de rejoindre Londres? Je ne sais pas. Il ne faut pas tricher avec ces choses-là. Ce que je peux, en toute conscience, affirmer, après trente ans, c'est ceci: qu'à partir de 1942, un Français jeune et bien portant n'ait pas participé d'une façon quelconque au

---

28 désarroi *m.:* confusion   41 coupés *vb.* couper: séparer
34 échecs *m.: chess*   51 tricher: *to cheat*

55 combat contre le nazisme, ce n'est pas une tare, mais c'est révélateur d'un tempérament . . . comment dirais-je? Extrêmement précautionneux. Si jamais un combat ne fut pas douteux quant aux raisons de le mener, c'est celui-là.

Notes

1. **l'appel de de Gaulle:** Voir le texte de l'appel p. 67 et la biographie du Général de Gaulle p. 170.

2. **Pétain, Philippe (1856–1951):** Une des grandes figures de la Première Guerre mondiale. Chef des armées de Verdun, général en chef des armées françaises (1917), puis Maréchal de France (1918). En 1934, il commence une carrière politique comme Ministre de la Guerre, puis comme Ambassadeur à Madrid (1939). Sa popularité est alors à son apogée. En mai 1940, devant l'invasion allemande et les premières défaites françaises, Paul Reynaud lui demande d'entrer au gouvernement comme vice-président du Conseil. A partir du 13 juin il est en faveur de l'armistice avec l'Allemagne. Nommé Président du Conseil le 16 juin à la place de Reynaud, il installe le gouvernement à Vichy. Le 17 juin, dans un célèbre discours, il «fait à la France le don de [sa] personne pour atténuer ses malheurs». Le 11 juillet, il prend le titre de chef de l'État français et installe un régime autoritaire qui met en place une nouvelle organisation politique et sociale. Dès 1942, cependant, le pouvoir réel appartient à Pierre Laval, vice-président du Conseil, puis chef du gouvernement. A la Libération, Pétain est arrêté, jugé, et condamné à mort. En raison de son âge, sa peine est changée en détention perpétuelle. Il meurt, toujours prisonnier, à l'Ile d'Yeu, en 1951.

3. **Afrique du Nord:** La France possède, en Afrique du Nord, une colonie, l'Algérie, et deux protectorats, le Maroc et la Tunisie. Le Maréchal Pétain s'opposa à l'idée de continuer la guerre à partir de ces territoires. Au contraire, dans son appel, le Général de Gaulle voit le rôle essentiel que va jouer l'Empire (c'est-à-dire l'ensemble des territoires sous contrôle français) dans la poursuite de la guerre et comment la puissance de cet Empire fournira à la France les moyens de remporter la victoire finale. En novembre 1942, c'est le débarquement américain au Maroc et en Algérie, première étape de la libération de l'Europe.

---

55 tare *f.:* défaut physique ou moral

57 précautionneux: prudent

58 quant aux: *as for*

Questions

1. Comment appelle-t-on ces «grandes boîtes en bois» dont parle Françoise Giroud?
2. Quelle a été sa réaction envers le Général de Gaulle au moment de l'appel du 18 juin?
3. Selon elle, qui «trahissait» la France? Pourquoi?
4. Quel sentiment a-t-elle eu en entendant l'appel de de Gaulle?
5. A quelle force mécanique supérieure de Gaulle fait-il allusion dans son appel?
6. Pourquoi Françoise Giroud ne se souvient-elle pas d'avoir entendu cette phrase?
7. Pourquoi pense-t-elle que le Général de Gaulle avait bien compris ce qu'il disait?
8. Pourquoi ne savait-elle pas si ses amis avait rejoint le Général?
9. Que pense-t-elle qu'elle aurait fait si elle avait été un homme?
10. Qu'aurait dû faire tout Français jeune et bien portant en 1942?
11. Comment caractérise-t-elle le combat contre le nazisme à ce moment-là?

Discussions

1. Patriotisme et trahison. Qui «sert» sa patrie, qui la «trahit» et dans quelles conditions? Sur le moment, est-il toujours facile de faire un choix? Donnez des exemples pris dans l'histoire.
2. La participation des femmes à l'action politique, dans le passé et aujourd'hui.

Recherches

La défaite de 1940 dans les «Mémoires de Guerre» du Général de Gaulle.

Grammaire

Concordance des temps

EXEMPLE:

PLUS-QUE-PARFAIT   CONDITIONNEL PASSÉ

Si j'**avais été** un homme, je n'**aurais** pas **été** à Clermont-Ferrand.

Une phrase conditionnelle se compose de deux parties: une proposition conditionnelle introduit par **si,** et une proposition exprimant la conséquence.

Voici la concordance des temps:

si + **présent de l'indicatif** — conséquence au **présent ou au futur de l'indicatif.**

si + **imparfait** — conséquence au **conditionnel présent.**

si + **plus-que-parfait** — conséquence au **conditionnel passé** (exprimant une hypothèse irréelle)

Complétez les phrases suivantes en utilisant le temps qui convient:

1. Si vous ____ (lire) les journaux, vous serez au courant de l'actualité.
2. Si Françoise Giroud avait été un homme, elle ____ (partir).
3. Si le gouvernement vote la loi sur la plus-value, les Français ____ (payer) plus d'impôts.
4. Si j'avais un million de dollars, je ____ *(votre choix de verbe).*
5. Si la droite ____ (faire) son devoir, la France n'aurait pas perdu la guerre.
6. Si j'avais le temps, je ____ (aller) au cinéma plus souvent.

CHOIX DE TEXTE:

L'Appel de de Gaulle

18 JUIN 1940
DISCOURS PRONONCÉ A LA RADIO DE LONDRES

Les chefs qui, depuis de nombreuses années, sont à la tête des armées françaises, ont formé un gouvernement.

5 Ce gouvernement, alléguant la défaite de nos armées, s'est mis en rapport avec l'ennemi pour cesser le combat.

Certes, nous avons été, nous sommes, submergés par la force mécanique, terrestre et aérienne, de l'ennemi.

Infiniment plus que leur nombre, ce sont les chars, les avions, 10 la tactique des Allemands qui nous font reculer. Ce sont les chars,

---

5 alléguant *vb.* alléguer: invo-
quer   9 chars *m.: tanks*

les avions, la tactique des Allemands qui ont surpris nos chefs au point de les amener là où ils en sont aujourd'hui.

Mais le dernier mot est-il dit? L'espérance doit-elle disparaître? La défaite est-elle définitive? Non!

15   Croyez-moi, moi qui vous parle en connaissance de cause et vous dis que rien n'est perdu pour la France. Les mêmes moyens qui nous ont vaincus peuvent faire venir un jour la victoire.

Car la France n'est pas seule! Elle n'est pas seule! Elle n'est pas seule! Elle a un vaste Empire derrière elle. Elle peut faire bloc avec

20   l'Empire britannique qui tient la mer et continue la lutte. Elle peut, comme l'Angleterre, utiliser sans limites l'immense industrie des États-Unis.

Cette guerre n'est pas limitée au territoire malheureux de notre pays. Cette guerre n'est pas tranchée par la bataille de

25   France. Cette guerre est une guerre mondiale. Toutes les fautes, tous les retards, toutes les souffrances, n'empêchent pas qu'il y a, dans l'univers, tous les moyens nécessaires pour écraser un jour nos ennemis. Foudroyés aujourd'hui par la force mécanique, nous pourrons vaincre dans l'avenir par une force mécanique

30   supérieure. Le destin du monde est là.

Moi, Général de Gaulle, actuellement à Londres, j'invite les officiers et les soldats français qui se trouvent en territoire britannique ou qui viendraient à s'y trouver, avec leurs armes ou sans leurs armes, j'invite les ingénieurs et les ouvriers spécialistes des

35   industries d'armement qui se trouvent en territoire britannique ou qui viendraient à s'y trouver, à se mettre en rapport avec moi.

Quoi qu'il arrive, la flamme de la résistance française ne doit pas s'éteindre et ne s'éteindra pas.

Demain, comme aujourd'hui, je parlerai à la Radio de

40   Londres.

---

15 en connaissance de cause: connaissant bien la situation
19 faire bloc: s'unir
24 tranchée vb. trancher: décider
26 empêchent vb. empêcher: faire obstacle
27 écraser: vaincre complétement

28 foudroyés vb. foudroyer: *to strike down, to crush*
31 actuellement: en ce moment
36 rapport m.: se mettre en —: entrer en contact
37 quoiqu'il arrive: *no matter what happens*
38 s'éteindre: disparaître

L'Occupation

—Comment raconteriez-vous le Paris de l'Occupation à des gens qui ne l'ont pas connu? Des jeunes gens par exemple?

—L'Occupation . . . Laquelle? Tout le monde à bicyclette, Paris silencieux, le couvre-feu, la pénurie, le marché noir; les
5 jambes nues et peintes, faute de bas, les films de Cocteau, ceux de Carné et Prévert, «Les Mouches» de Sartre, les tickets pour tout, les chapeaux fous, les zazous? Ou l'étoile jaune sur la poitrine des enfants, les rafles, l'affiche rouge, le cœur battant la chamade à chaque coup de sonnette? Ou l'industriel du Nord fêtant son
10 premier milliard chez Maxim's?

Je crains que ce ne soit une expérience intransmissible. Quand on la raconte, on la condense, et elle devient fausse du fait même qu'on la condense . . . Et puis chacun a vécu la sienne.

—D'un mot, vous en gardez, vous, quel souvenir?

15 —D'un mot, accablant, malgré les moments de dégustation intense de la vie que donne le danger. Ça a été long, très long. Parfois ignoble. Une situation qui met un grand nombre de gens en position de se conduire mal est une situation qu'il faut essayer à tout prix d'esquiver. Quand la lâcheté, la vénalité, la traîtrise sont à
20 la fois utiles, recommandées et récompensées, elles font recette, c'est normal. Les mêmes gens qui ne manifesteraient rien de tel dans une situation paisible, cela leur pousse, comme des boutons. Il y a eu aussi le contraire, des Français bien tranquilles qui ont révélé tout à coup des ressources de courage et de désintéresse-
25 ment impressionnantes. Mais une situation où les gens bien se font tuer, ce n'est pas non plus une bonne situation.

—Vous avez connu des gens qui ont flanché?

4 couvre-feu *m.*: *curfew*	19 lâcheté ≠ courage
5 faute de: par manque de	20 recette *f.*: faire —: avoir du
7 zazous *m.*: surnom donné à la jeunesse excentrique de cette époque, «*hippies*»	succès
	22 paisible: où règne la paix, tranquille
8 rafles *f.*: arrestations en masse battre la chamade: avoir le cœur qui bat très vite	boutons *m.*: *pimples*
	23 bien tranquilles: ici, ordinaires
10 milliard *m.*: mille millions	25 les gens bien: les gens comme il faut
15 accablant: *overwhelming* dégustation *f.*: ici, *enjoyment;* déguster: *to taste*	27 flanché *vb.* flancher *fam.*: céder, faiblir
19 esquiver: éviter	

—N'en parlons pas. Personne ne peut avoir traversé l'Occupation—sauf peut-être au fond d'un village, et encore—sans en avoir
30   conçu à la fois beaucoup de scepticisme et beaucoup d'indulgence.
Pas à l'égard de Français qui ont tué, torturé ou dénoncé, mais les
autres . . .
    —Cette indulgence, vous l'avez éprouvée sur le moment ou
depuis?
35   —Ah! non, pas sur le moment! Ni même tout de suite après
. . . D'ailleurs, indulgence n'est pas le mot juste. C'est plus com-
plexe. J'ai compris qu'un très grand nombre de gens sont capables
de tout. Y compris de faire bien. A la limite, ce sont les mêmes.

Notes

1. **Cocteau, Jean (1889–1963):** Poète, romancier, auteur dramatique
   et cinéaste. En 1944, il dirigea la mise en scène de «La Belle et la
   bête».
2. **Carné, Marcel (né en 1906):** Cinéaste et critique. Pendant la
   guerre, il fit trois films qui sont maintenant des classiques du
   cinéma: «Hôtel du Nord», «Les Visiteurs du soir» en 1942 et «Les
   Enfants du paradis» en 1944.
3. **Prévert, Jacques (né en 1900):** Poète et dialoguiste de films. Il
   écrivit le scénario des «Visiteurs du soir» et des «Enfants du
   paradis».
4. **«Les Mouches» (1942):** Drame antique de Jean-Paul Sartre qui,
   avec le personnage d'Oreste, pose le problème de la liberté et de
   l'engagement.
5. **l'étoile jaune:** Le 29 mai 1942, le port de l'étoile jaune par les
   Israélites de la zone occupée devient obligatoire.
6. **l'affiche rouge:** Affiche qui annonçait l'exécution de Résistants et
   d'ôtages par les Allemands.
7. **le Nord:** Le département du Nord, chef-lieu Lille, est une région
   très industrialisée (charbon, textiles). C'est aussi une région agricole et d'élevage.
8. **Maxim's:** Restaurant parisien de luxe situé près de la place de la
   Concorde.

29 et encore: *and even that*   38 à la limite: *in the final analysis*
38 y compris: *including*

Questions

1. Que représentait l'Occupation pour les Parisiens? Pour les Juifs et les Résistants? Pour les hommes d'affaires?
2. Pourquoi, selon Françoise Giroud, l'Occupation est-elle une expérience intransmissible?
3. De quel mot se sert-elle pour la décrire?
4. Quelle situation faut-il à tout prix esquiver?
5. Pourquoi la lâcheté, la vénalité, et la traîtrise font-elles recette à ce moment-là?
6. Comment d'autres Français ont-ils réagi?
7. Quels sont les deux sentiments qu'on éprouve envers l'humanité si on a traversé l'Occupation?
8. Qu'a-t-elle compris longtemps après?

Discussions

1. Y a-t-il des circonstances dans la vie ordinaire (à la maison, dans une soirée, au milieu d'une foule, à l'université, dans l'armée, etc.) qui favorisent un comportement lâche ou malhonnête?
2. La vie et les sentiments des Français sous l'Occupation dans les romans, les œuvres poétiques, les pièces de théâtre, les films ou les chansons que vous connaissez.

Recherches

1. L'histoire de l'Occupation de la France par les Allemands de 1940 à 1944.
2. La vie des Français sous l'Occupation.

CHOIX DE TEXTE:
« Un Sac de Billes »

Joseph Joffo est juif, et aujourd'hui coiffeur à Paris, comme son père. En 1942, il a 10 ans. Maurice, son frère, en a 12. Par peur des Allemands, leur père les envoie, seuls, rejoindre leurs frères aînés dans le Midi de la France. Dans «Un Sac de Billes», Joseph Joffo fait le récit de leurs aventures, tantôt pathétiques, tantôt comiques, à la recherche d'un asile sûr.

Tout commence le jour où le port de l'étoile jaune devient obligatoire pour les Juifs.

—A ton tour, Jo.

—Je m'approche mon veston à la main. Il est huit heures et c'est encore la nuit complète dehors. Maman est assise sur la chaise derrière la table. Elle a un dé, du fil noir et ses mains tremblent.
5 Elle sourit avec les lèvres seulement.

Je me retourne. Sous l'abat-jour de la lampe, Maurice est immobile. Du plat de la paume il lisse sur son revers gauche l'étoile jaune cousue à gros points:

JUIF

10 Maurice me regarde.

—Pleure pas, tu vas l'avoir aussi ta médaille.

Bien sûr que je vais l'avoir, tout le quartier va l'avoir. Ce matin lorsque les gens sortiront ce sera le printemps en plein hiver, une floraison spontanée: chacun son gros coucou étalé à la bou-
15 tonnière.

Quand on a ça, il n'y a plus grand-chose que l'on peut faire: on n'entre plus dans les cinémas, ni dans les trains, peut-être qu'on n'aura plus le droit de jouer aux billes non plus, peut-être aussi qu'on n'aura plus le droit d'aller à l'école. Ça serait pas mal comme
20 loi raciale, ça.

Maman tire sur le fil. Un coup de dents au ras du tissu et ça y est, me voilà estampillé, des deux doigts de la main qui vient de coudre, elle donne une petite tape sur l'étoile comme une couturière de grande maison qui termine un point difficile. Ça a
25 été plus fort qu'elle.

Papa ouvre la porte comme j'enfile ma veste. Il vient de se raser, il y a l'odeur du savon et de l'alcool qui est entrée avec lui. Il regarde les étoiles puis sa femme.

—Eh bien, voilà, dit-il, voilà, voilà . . .

30 J'ai ramassé mon cartable, j'embrasse maman. Papa m'arrête.

—Et maintenant tu sais ce qui te reste à faire?

—Non.

---

4 dé *m.* *thimble*
 fil *m.:* *thread*
7 revers *m.:* *lapel*
8 cousue à gros points *vb.* coudre —: *to sew coarsely*
9 Juif *n. m. et adj.* (*f.* Juive): *Jew*
11 pleure pas = ne pleure pas; négations et pronoms sont souvent supprimés dans les dialogues de ce texte

14 coucou *m.:* *daffodil*
18 billes *f.:* *marbles*
21 ras *m.* au — de: *au bord de*
22 estampillé *vb.* estampiller: *to stamp, to brand*
26 enfile *vb.* enfiler: *mettre un vêtement*
30 cartable *m.:* *schoolbag*

—A être le premier à l'école. Tu sais pourquoi?

—Oui, répond Maurice, pour faire chier Hitler. Papa rit.

35 —Si tu veux, dit-il, c'est un peu ça.

Il faisait froid dehors, nos galoches claquaient sur le pavé. Je ne sais pas pourquoi, je me suis retourné, nos fenêtres donnaient au-dessus du salon et je les ai vus tous les deux qui nous regardaient derrière les vitres, ils s'étaient pas mal ratatinés depuis quel-
40 ques mois.

Maurice fonçait devant en soufflant fort pour faire de la buée. Les billes sonnaient toutes ensemble dans ses poches.

—On va la garder longtemps, l'étoile?

Il s'arrête pour me regarder.

45 —J'en sais rien, moi. Pourquoi, ça te gêne?

Je hausse les épaules.

—Pourquoi ça me gênerait? C'est pas lourd, ça m'empêche pas de cavaler, alors . . .

Maurice ricane.

50 —Alors si ça te gêne pas, pourquoi tu mets ton cache-nez devant?

Il voit toujours tout, ce mec.

—Je mets pas mon cache-nez devant. C'est le vent qui l'a rabattu dessus.

55 Maurice rigole.

—T'as raison mon petit pote, c'est le vent.

A moins de deux cents mètres, c'est la grille de l'école, la cour des marronniers, noirs en cette saison.

—Hé . . . Joffo!

60 C'est Zérati qui m'appelle. C'est mon copain depuis le préparatoire, à trois culottes l'année on en a usé deux bonnes douzaines à nous deux sur ces sacrés bancs.

—Ça alors, dit-il, c'est comme une décoration. Vous avez vraiment du pot.

34 faire chier *vulg.:* *to bug*	52 mec *m. fam.:* *guy*
39 ratatinés *vb.* se ratatiner: *to shrivel*	54 rabattu *vb.* rabattre: baisser
41 fonçait *vb.* foncer *fam.:* aller très vite	55 rigole *vb.* rigoler *fam.:* rire
	56 pote *m.:* mec
45 gêne *vb.* gêner: embarrasser	60 copain *m. fam.:* camarade
48 cavaler *fam.:* courir	61 le préparatoire: le cours préparatoire
49 ricane *vb.* ricaner: rire de façon moqueuse	usé *vb.* user: *to wear out*
50 cache-nez *m. muffler*	62 sacrés *fam.:* *damned*
	64 pot *m. pop.:* chance

65 J'ai envie de lui dire que je n'ai rien fait pour ça mais sa réaction me rassure, au fond c'est vrai, c'est comme une grande médaille, ça ne brille pas mais ça se voit quand même.

Il y a des groupes sous le préau, d'autres courent, louvoient à toute vitesse entre les pylones qui soutiennent le toit.

70 —Eh, les mecs, vous avez vu Joffo?

C'était pas la mauvaise intention, au contraire, il voulait m'exhiber un peu, Zérati, me faire briller aux yeux des copains, comme si du jour au lendemain j'avais accompli un acte héroïque et qu'il ait voulu le faire savoir à tout le monde.

75 Un cercle s'est formé et j'en ai été le centre.

Kraber a souri tout de suite, la lampe éclairait son visage.

—T'es pas le seul, il y en a qu'ont la même en deuxième année.

Dans l'ombre derrière, il y a un remous et deux visages sont 80 apparus, pas souriants ceux-là.

—T'es un youpin, toi?

Difficile de dire non quand c'est écrit sur le revers de sa veste.

—C'est les youpins qui font qu'il y a la guerre.

Murmures.

85 Mais qu'est-ce qui vient d'arriver? J'étais un gosse, moi, avec des billes, des taloches, des cavalcades, des jouets, des leçons à apprendre, papa était coiffeur, mes frères aussi, maman faisait la cuisine, le dimanche papa nous amenait à Longchamp voir les canassons et prendre l'air, la semaine en classe et voilà tout, et tout 90 d'un coup on me colle quelques centimètres carrés de tissu et je deviens juif.

Juif. Qu'est-ce que ça veut dire d'abord? C'est quoi, un Juif?

Je sens la colère qui vient doublée de la rage de ne pas comprendre.

95 On est entré deux par deux devant le père Boulier et j'ai gagné ma place à côté de Zérati.

La première heure c'était la géo. Ça faisait longtemps qu'il m'avait plus interrogé et j'avais un peu la trouille, j'étais sûr d'y passer. Il a promené son regard sur nous comme tous les matins

---

68 préau *m.:* partie couverte de la cour

louvoient *vb.* louvoyer: faire des détours

81 youpin *m.: kike*

85 gosse *m. fam.:* enfant

86 taloche *f. fam.: slap*

89 canasson *m. fam.:* cheval

90 colle *vb.* coller *fam.:* mettre

95 le père Boulier: façon familière de parler du professeur, monsieur Boulier

98 trouille *f. fam.:* peur

99 j'étais sûr d'y passer = j'étais sûr d'être interrogé

100 mais il ne s'est pas arrêté sur moi, ses yeux ont glissé et c'est Raffard finalement qui est allé au tableau pour se ramasser sa bulle. Cela m'a donné une mauvaise impression: peut-être que je ne comptais déjà plus, peut-être que maintenant je n'étais plus un élève comme les autres. Il y a encore quelques heures cela m'aurait
105 ravi mais à présent, cela m'ennuyait, qu'est-ce qu'ils avaient donc tous après moi? Ou ils cherchaient à me casser la gueule ou ils me laissaient tomber.

—Prenez vos cahiers. La date dans la marge, en titre: le sillon rhodanien.
110 Comme les autres j'ai obéi, mais ça me turlupinait qu'il ne m'ait pas interrogé. Il fallait en avoir le cœur net, il fallait que je sache si j'existais encore ou bien si je comptais pour du beurre.

Le père Boulier il avait une manie: c'était le silence.

J'ai posé mon ardoise sur le coin du bureau. C'était une vraie
115 ardoise et c'était rare à l'époque, la plupart d'entre nous avaient des sortes de rectangles de carton noir qu'il ne fallait pas trop mouiller et sur lequel on écrivait mal:

Moi c'était une vraie avec un cadre de bois et un trou qui laissait passer la ficelle retenant l'éponge.
120 Du bout du doigt, je l'ai poussée. Elle s'est balancée un court moment et est tombée.

Braoum.

Il écrivait au tableau et s'est retourné.

Il a regardé l'ardoise par terre puis moi. Tous les autres nous
125 fixaient.

C'est rare qu'un élève cherche à être puni. Ce n'est peut-être jamais arrivé, eh bien, moi, ce matin-là, j'aurais donné cher pour que l'instituteur tende vers moi son index et me dise: «En retenue à quatre heures et demie.» Ça aurait été la preuve que rien n'était
130 changé, que j'étais toujours le même, un écolier comme les autres que l'on peut féliciter, punir, interroger.

M. Boulier m'a regardé et puis son regard est devenu vide, complètement vide comme si toutes ses pensées s'étaient envolées d'un coup. Lentement il a pris la grande règle sur son bureau et il

---

101 bulle *f. fam.:* un zéro; ramasser une — *fam.:* avoir ⸗ un zéro
106 gueule *f. pop.:* visage; casser la—: *to beat up*
109 rhodanien: qui appartient au Rhône; le sillon —: *the Rhone valley*

110 turlupinait *vb.* turlupiner *fam.:* tourmenter, inquiéter
112 beurre *m.:* compter pour du — *fam.:* compter pour rien
114 ardoise *f.: writing slate*
127 donner cher: *to give one's eyeteeth*
128 retenue *f.: detention*

135 en a placé l'extrémité sur la carte de France suspendue au mur. Il a montré une ligne qui descendait de Lyon jusqu'en Avignon et il a dit:

—Le sillon rhodanien sépare les massifs anciens du Massif Central des montagnes plus jeunes . . .

140 La leçon était commencée et j'ai compris que pour moi, l'école était finie.

J'ai écrit le résumé, machinalement et à un moment j'ai entendu la sonnerie de la récréation.

Zérati m'a poussé du coude.

145 —Viens, dépêche-toi.

Je suis sorti et me suis trouvé dans la cour et tout de suite ce fut le tourbillon.

—Youpin! Youpin! Youpin!

Ils dansaient autour de moi, en farandole. Un m'a poussé 150 dans le dos et j'ai rebondi sur une poitrine, il y a eu un nouveau choc et je suis reparti en arrière, j'ai réussi à ne pas tomber et j'ai foncé pour briser la chaîne. J'y suis arrivé et j'ai vu Maurice qui se battait à vingt mètres. Il y a eu des cris et j'en ai attrapé un au hasard.

155 —Youpin! Youpin! Youpin!

Mon poing est parti et j'ai pris un coup violent sur la cuisse, j'ai cru que l'école me tombait dessus, que je serais étouffé sous la horde qui chargeait.

Mon tablier s'est déchiré et j'en ai pris un sévère sur l'oreille.

160 Le coup de sifflet du surveillant a tout arrêté.

Je l'ai vu venir dans un brouillard.

—Alors, qu'est-ce qui se passe ici? Vous voulez me foutre le camp, oui?

Ce qui me reste de cette matinée, plus que les coups, plus que 165 l'indifférence des grands, c'est cette sensation d'impuissance à comprendre. J'avais la même couleur que les autres, la même tête, j'avais entendu parler de religions différentes et on m'avait appris à l'école que des gens s'étaient battus autrefois pour cela, mais moi je n'avais pas de religion, le jeudi j'allais même au patronage avec

---

147 tourbillon *m.:* *whirlwind*
156 poing *m.:* *fist*
157 étouffé *vb.* étouffer: *to suffocate*
159 tablier *m.:* *smock*
 déchiré *vb.* déchirer: *to rip*
160 sifflet *m.:* *whistle*

160 surveillant *m.: playground supervisor*
162 foutre le camp *vulg.:* partir vite
169 patronage *m.: Catholic youth club*

170 d'autres gosses du quartier, on faisait du basket derrière l'église, j'aimais bien cela et à l'heure du goûter, l'abbé nous donnait un gros casse-croûte, du pain gris avec du chocolat fourré, le chocolat de l'occupation avec une pâte blanche au milieu, un peu gluante et vaguement sucrée. Parfois même il s'y rajoutait une banane 175 déshydratée, une pomme . . . Maman était rassurée de nous savoir là, elle préférait ça à nous voir courir dans les rues, à nous balader chez les brocanteurs de la porte de Saint-Ouen ou à chaparder du bois dans les chantiers en démolition pour nous construire des cabanes ou des épées.

180   Alors, où était la différence?

Onze heures et demie.

Mon oreille me fait toujours mal. Je m'habille et sors. Il fait froid, Maurice m'attend. Son genou écorché ne saigne plus.

Nous ne nous parlons pas, ce n'est pas la peine.

185   Ensemble nous remontons la rue.

—Jo!

On court après moi. C'est Zérati.

Il est un peu essoufflé. Dans sa main, il a un sac de toile qui ferme avec un lacet. Il me le tend.

190   —Je te fais l'échange.

Je n'ai pas compris tout de suite.

—Contre quoi?

D'un doigt éloquent, il désigne le revers de mon manteau.

—Contre ton étoile.

195   Maurice ne dit rien, il attend en claquant les talons de ses galoches l'un contre l'autre.

Je me décide brusquement.

—D'accord.

C'est cousu à gros points et le fil n'est pas très solide. Je passe 200 un doigt, puis deux et d'un coup sec je l'arrache.

—Voilà.

Les yeux de Zérati brillent.

Mon étoile. Pour un sac de billes.

Ce fut ma première affaire.

Joseph Joffo
«Un Sac de Billes»
© J. C. Lattès, 1973

172 casse-croûte *m. fam.: snack*
177 balader *vb.* se balader *fam.:* se promener
    brocanteur   *m.: second-hand dealer*

178 chaparder *fam.:* voler quelque chose de peu de valeur
    chantiers *m.: work yards*
204 affaire *f.:* ici, *business deal*

Notes

1. **l'étoile jaune:** Le 29 mai 1942, le port de l'étoile jaune par les Israélites de la zone occupée devient obligatoire.

2. **quand on a ça, il n'y a plus grand-chose qu'on peut faire:** Le 3 octobre 1940, le premier statut des Juifs avait été promulgué qui leur interdisait la plupart des fonctions publiques et des professions de la presse et de l'industrie. Leur internement est autorisé par la loi. Le 12 juillet 1942, les Allemands ordonnent l'arrestation de tous les Juifs en zone occupée. Il y a 20 000 arrestations à Paris.

3. **Longchamp:** Champ de courses *(racetrack)* situé dans le Bois de Boulogne à l'ouest de Paris.

4. **porte de Saint-Ouen:** Quartier populaire du nord-est de Paris (18ᵉ arrondissement).

Questions

1. Qu'est-ce-que la mère est en train de faire?
2. Pourquoi les deux frères doivent-ils porter l'étoile jaune?
3. A quoi Jo compare-t-il l'étoile? Qu'est-ce que cela révèle sur son caractère?
4. Qu'est-ce qui est défendu à ceux qui portent l'étoile?
5. Quelles réactions, devant l'étoile, montrent que Jo est encore un enfant?
6. Quelle est la recommandation du père?
7. Quelle est la véritable raison pour laquelle Jo a rabattu son cache-nez?
8. Quelle est la réaction de Zérati devant l'étoile jaune?
9. Que ressent Jo quand il entend les remarques des autres élèves?
10. Comment réagit le professeur à la vue de l'étoile?
11. Que fait Jo pour voir si le professeur va le remarquer?
12. Quelle est la réaction de monsieur Boulier?
13. Qu'arrive-t-il dans la cour de l'école pendant la récréation?
14. Quel souvenir garde Jo de cette matinée?
15. Pourquoi Zérati court-il après Jo?
16. Que désire-t-il faire?
17. Que fait Jo?
18. Selon vous, pourquoi Zérati désire-t-il faire l'échange?
19. Quel est le rôle du sac de billes dans l'histoire?

Discussions

1. Faites le portrait de Jo d'après ses réflexions et ses réactions.
2. Les rapports entre les parents et les enfants.
3. La peinture d'une école primaire à cette époque: les méthodes d'enseignement, la discipline, les relations entre les élèves, les rapports élèves-professeurs. En quoi cette école est-elle différente de celles d'aujourd'hui et de celles où vous êtes allé(e)?
4. Quels sentiments la lecture de ce texte fait-elle naître en vous?
5. La cruauté des enfants: est-elle preuve de méchanceté ou d'ignorance, reflète-t-elle les opinions des parents? Donnez des exemples littéraires ou vécus.
6. Commentez la conduite du professeur envers Jo.
7. Le racisme: Ses diverses formes dans la société d'aujourd'hui.

La Collaboration

La collaboration, c'est une tout autre histoire qui a été le fait soit d'une pègre qui existe partout, et que racole immanquablement le fascisme, soit, ce qui est beaucoup plus important dans son esprit sinon dans ses conséquences, de la classe dirigeante, avec la caution, d'ailleurs, du haut clergé.

Et ce qui rend cette collaboration si grave, c'est qu'elle ratifiait en quelque sorte la démission de cette classe dans ses responsabilités et sa fonction. Si, entre 1920 et 1940, elle avait fait son métier, si elle avait industrialisé la France, si elle avait travaillé, si elle avait investi, si elle avait été semblable à la bourgeoisie conquérante du XIXᵉ siècle, elle se serait battue elle-même pour défendre ses conquêtes et elle n'aurait pas remis ce soin à l'Allemagne.

Il va de soi qu'elle a tout de même produit quelques résistants, mais ce sont des cas individuels . . .

—En juin 1940, il y avait donc une sorte d'immense majorité silencieuse . . .

---

2 soit . . . soit: alternative, ou . . . ou

pègre *f.*: *underworld*

racole *vb.* racoler: recruter

2 immanquablement: inévitablement

5 caution *f.*: approbation

7 démission *f.*: abdication

—Silencieuse et sonnée. Il y avait de quoi. Les Français ont d'abord été ahuris, puis requis immédiatement par des problèmes,
20 matériels et personnels. Chacun s'y est plongé. C'est assez normal. Et aujourd'hui, je dois avouer que j'en juge autrement que je ne l'ai fait, pendant longtemps.

—L'indulgence qui pousse avec les années?

—Non, il ne s'agit pas d'indulgence. Plutôt d'interprétation.
25 J'ai cru comprendre qu'il y avait dans la nature, la culture, la tradition, appelez cela comme vous voulez, française, une aptitude extraordinaire au bonheur, par rapport aux autres peuples également évolués. Et il me semble qu'en 1940 cette aptitude a joué jusque dans le plus profond malheur collectif.
30 —Concrètement, qu'est-ce que ça veut dire?

—Ça veut dire, si je ne me trompe pas, que les Français étaient en majorité—et le sont encore quoique à un moindre degré peut-être—restés sensualistes. Capables de faire du bonheur, du plaisir, avec des joies relativement simples et très concrètes justement. Par
35 exemple, j'ai été très longtemps exaspérée, surtout pendant la guerre, par l'importance attachée à la nourriture. J'aime la bonne cuisine, je ne la fais pas mal, j'apprécie vivement un très bon vin. Mais enfin, en faire deux fois par jour un culte, et, pendant l'Occupation, à cause du rationnement, une véritable obsession, cela me
40 hérissait.

Il n'y a pas 1 p. 100 de la population qui se soit engagé dans la Résistance, mais il y en a 50 p. 100 qui aurait risqué sa peau pour un kilo de beurre. Et puis un jour, il y a quatre ou cinq ans peut-être, j'ai commencé à penser que j'avais tort. Que si les Français
45 restent parmi les gens les plus fréquentables et les moins malheureux—tout étant relatif—c'est en partie parce qu'ils savent se rendre heureux deux fois par jour avec un plaisir auquel ils sont extrêmement attentifs.

---

18 sonnée: qui a reçu un choc violent
   il y avait de quoi = il y avait de bonnes raisons
19 ahuris: extrêment étonnés, *dazed*
   requis: ici, préoccupés
24 il ne s'agit pas de = il n'est pas question de

27 par rapport aux: en comparaison de
40 hérissait *vb.* hérisser: irriter
41 1 p. 100 = un pour cent
43 kilo *m.:* 1 000 grammes, *2.2 lbs*
45 fréquentables: qu'on peut fréquenter, avec qui on peut avoir des relations sociales

Notes

1. **La collaboration:** Nom sous lequel on désigne l'aide française en faveur des Allemands. Elle a été politique, économique et militaire.
2. **En juin 1940:** Après la défaite de la France et l'armistice avec les Allemands.
3. **1 p. 100 de la population qui se soit engagé dans la Résistance:** La Résistance intérieure comprend 50 000 patriotes en 1944.

Questions

1. Quels éléments de la société française ont collaboré avec les Allemands?
2. Qu'est-ce qui a rendu plus grave la collaboration de la droite?
3. Qu'aurait dû faire la classe dirigeante entre 1920 et 1940?
4. Si elle l'avait fait, comment se serait-elle conduite en 1940?
5. Que dit Françoise Giroud de la participation de la classe dirigeante à la Résistance?
6. Quelle a été la réaction des Français en juin 1940?
7. Comment a-t-elle jugé cette réaction pendant longtemps?
8. Comment l'interprète-t-elle maintenant?
9. Par quoi a-t-elle été longtemps exaspérée?
10. Quelle remarque fait-elle sur le caractère de la majorité des Français?
11. Quelle importance avait la nourriture pendant l'Occupation?
12. Comment contraste-t-elle les risques pris par les Français?
13. Pourquoi les Français restent-ils un peuple fréquentable et relativement heureux?

Discussions

1. Vous est-il déjà arrivé de changer d'opinion ou de modifier un jugement? A quelle occasion et pourquoi?
2. L'importance de la nourriture dans la vie (dans la vôtre, dans votre famille, dans la société moderne).

CHOIX DE TEXTE:
« Au Bon Beurre »

Les Poissonard sont des «B.O.F.» Pendant la guerre, ils ont fait fortune dans le BEURRE, les ŒUFS, et le FROMAGE. Jean Dutourd, dans son livre «Au Bon Beurre», fait le portrait d'un couple de crémiers qui, sans remords, profite de la pénurie et du rationnement. Il dénonce, avec une ironie qui rejoint quelquefois la satire, une forme de collaboration particulièrement odieuse mais courante: le marché noir.

Quoi qu'elle fît, Julie Poissonard fleurait toujours le Brie-Coulommiers: elle était crémière. Au grand soleil de juin 1940, sur la route de Bordeaux où le Gouvernement l'avait précédée, un homme qu'elle recueillit dans sa camionnette lui dit: «Tu sens le
5 fromage, ma petite mère. Si t'es pas crémière, moi je suis le pape.» Cet homme portait l'uniforme des zouaves et buvait du vin rouge sans en offrir à personne. Julie Poissonard pensa: «Le monde est mauvais.»

Au volant, son mari, Charles-Hubert Poissonard, que la
10 défaite de la France rendait bavard, disait au soldat: «Pourquoi qu'on n'a pas envoyé tous les Juifs au front? Moi, si j'étais le Président de la République, c'est ce que j'aurais fait. Et on n'en serait pas là.» Les deux enfants Poissonard, une fille de dix ans, Jeannine, et un petit garçon de quatre, Henri, ne disant rien, don-
15 naient une leçon de dignité qui était perdue pour tout le monde.

A Bordeaux, on se débarrassa du zouave qui n'avait plus de vin et menaçait les provisions de ses hôtes nomades. Le voyage, que plus tard on appela «exode», n'avait pas, en somme, été trop déplaisant. Certes on avait eu tort de recueillir ce zouave, mais on
20 saurait à l'avenir qu'il ne faut pas ramasser le premier venu sous prétexte qu'il est vêtu de kaki et se déplace à pied.

La famille Poissonard ne trouva aucun charme au chef-lieu de

---

1 fleurait *vb.* fleurer: exhaler une odeur
Brie-Coulommiers *m.:* nom d'un fromage fait à Coulommiers en Brie, région du Bassin parisien entre la Marne et la Seine

2 crémière *f.* (*m.* crémier): marchande de crème, lait, beurre, œufs, et fromage

4 camionnette *f.:* petit camion, *small truck*

5 si t'es pas crémière = si tu n'es pas crémière

10 pourquoi qu'on n'a pas: pourquoi n'a-t-on pas

la Gironde, trop populeux. La camionnette perça jusqu'aux Quinconces, où elle resta immobilisée toute une semaine. Comme on ne
25 pouvait se loger nulle part, on dormit dedans.

La nouvelle la plus importante qu'on apprit en quatre ans
d'occupation fut que les Allemands étaient corrects. Cette nouvelle
arriva à Bordeaux comme une colombe, et bien des fronts se
relevèrent, ceux du couple Poissonard, entre autres, que la pensée
30 de leur jolie crémerie de la rue Pandolphe (XVIIe arrondissement)
mise à sac comme Byzance torturait sans trêve. Le couple Poissonard, donc, songea au retour et dressa des plans pour s'extirper
des Quinconces. On rentra à Paris en deux jours, à toute vitesse et
en chantant. A midi, la camionnette débouchait place de l'Étoile
35 où une clique de la Wehrmacht jouait une espèce de marche
funèbre. La famille Poissonard regarda cela passion-
nément.

—Des soldats, des soldats! criait Riri.

—Quelle discipline! dit Charles-Hubert. La guerre, c'est pas
40 étonnant qu'ils l'aient gagnée.

—Après tout, c'est des hommes comme les autres, dit Julie.

—Et ils savent tous le français, reprit M. Poissonard. Hitler, il
a envoyé ses ingénieurs étudier en France. La preuve.

Rue Pandolphe, la crémerie était toujours là. A son fronton
45 rayonnait en batardes jaunes:

Au Bon Beurre

La joie du couple Poissonard fut indescriptible. Pour un peu
ils auraient remercié les Allemands.

Le lendemain matin, le spectacle des Halles, mal approvi-
50 sionnées, et où il n'y avait pas un chat, sema le désarroi dans le
cœur de Charles-Hubert. Le pauvre homme ne tirait qu'une conclusion de la rareté des produits: à savoir que cela ferait péricliter
son commerce. Toutefois, il emplit sa camionnette et ramena rue

---

27 étaient corrects = se condui-
   saient bien
28 colombe *f.: dove*
   bien des fronts se relevèrent:
   many spirits were raised

35 clique *f.: band*
   lettres batardes: *script*
47 pour un peu: *very nearly*
52 péricliter: décliner, aller à la
   ruine

Pandolphe plus de marchandises qu'en temps normal. Julie, de
55 son côté, se débattait dans une crise; elle était à un tournant de son
destin. Change-t-on de peau à trente-sept ans? Quand on s'appelle
Julie Poissonard, quand on est pourvue par la nature d'une
crémerie à Paris, oui! Cette femme subissait une métamorphose.
Pendant quinze ans, elle avait travaillé à sa caisse comme un cheval
60 à une noria, ne voyant pas plus loin que la devanture.
Aujourd'hui, une voix pressante mais confuse lui criait que la
fortune du Bon Beurre ne dépendait que de son génie.

Il fallut à Julie Poissonard beaucoup de courage pour supporter les premiers mois de l'occupation. Les stocks, qu'elle obli-
65 geait Charles-Hubert à constituer, s'empilaient dans sa cave. Bref,
les économies Poissonard filaient à toute allure et Charles-Hubert
devenait maussade. Plusieurs fois Julie eut des vertiges: ses voix
l'avaient-elles trompée?

L'air navré de Charles-Hubert contemplant ces amoncelle-
70 ments improductifs faisait peine à voir. Il passait par des transes.
Un jour il redoutait un incendie, le lendemain l'invasion des rats.
Ses rêves étaient hantés par les charançons. Vingt fois par heure il
envoyait Julie et sa politique au diable. S'il avait, en homme,
imposé sa volonté, il aurait pu regarder le mois prochain sans ser-
75 rement de cœur.

Julie avait d'autres tourments: elle doutait. Les faits étaient en
désaccord avec ses inspirations, avec sa raison. Elle se sentait trop
responsable pour ne point passer son humeur sur autrui.

Au mois de décembre, le froid s'installa, un froid comme la
80 France avait oublié qu'il en existait. Les consommateurs avaient
été obligés de se faire inscrire «pour les matières grasses», de sorte
qu'on ne redoutait plus la concurrence. Des queues de quarante
personnes piétinaient quotidiennement devant le Bon Beurre.
Julie, à son comptoir, entre la balance automatique Berkel et le
85 coutelas à fendre les fromages, figurait assez bien une moderne
Thémis, une Thémis de l'alimentation, appropriée à l'époque.

---

60 noria *f.*: *bucket-chain device for raising water used in Spain and in the Orient*
devanture *f.*: *shop front*
66 à toute allure: très vite;
filer —: disparaître très vite
67 maussade: de mauvaise humeur
69 amoncellements *m.*: accumulations

72 charançons *m.*: *weevils*
78 autrui *littéraire:* les autres
81 matières grasses *f.*: *fats*
83 piétinaient *vb.* piétiner: avancer très peu
84 balance *f.*: *scale*
85 coutelas *m.*: grand couteau

Insensible comme la justice, elle trouvait les mots qui convenaient à chacun. Toute plainte, toute réclamation, jusqu'à la plus innocente remarque sur la difficulté de la vie matérielle, était relevée
90 avec l'alacrité que l'on devine. Il n'était même pas nécessaire de parler: le client le plus insignifiant, le plus silencieux, excitait à n'en plus finir sa passion de l'éthique. Une ménagère, qu'une attente de six quarts d'heure sur le trottoir faisait grelotter, osait-elle pousser un soupir devant sa maigre ration, Julie l'attaquait
95 aussitôt:

—Que voulez-vous, ma'me Halluin, il vous reste plus que vingt-cinq grammes de beurre à prendre. J'y peux rien si vous consommez trop. Faut se restreindre. On n'est pas à la noce. Si on est vaincu, à qui la faute? Ça n'est que le six du mois et il vous reste
100 plus rien sur la carte. Faudra apprendre à manger moins.

—Mais j'ai des enfants à nourrir, gémissait la malheureuse. Ils n'ont pas seulement assez de pain. Ils me disent tout le temps: «J'ai faim.» Tenez: mon garçon, il est tellement faible qu'il fait au lit toutes les nuits.

105 —Raison de plus, répliquait Julie. Quand on a des enfants, on est impardonnable. Pauvre petit loupiot qui peut pas se retenir! La prochaine fois, je vous donnerai un demi-litre de lait en plus pour lui. Vous voyez bien qu'on n'est pas des sauvages.

Quelques demi-litres de lait ainsi sacrifiés rapportèrent
110 beaucoup d'argent à la longue.

Le triomphe de Julie était éclatant. Charles-Hubert avait enfin ouvert les yeux. Il oublia quatre mois d'affres, dix-huit semaines d'agonie, et accomplit sa propre métamorphose. Quinze jours environ après que les cartes d'alimentation furent sorties, il dit à sa
115 femme:

—T'avais vu juste, poulette, mais on a eu chaud!

Cette simple phrase tomba comme la foudre aux pieds de la

89 relevée *vb.* relever: *to pick up*	97 vingt-cinq grammes: *less than*
92 ménagère *f.: housewife*	*one ounce*
93 trottoir *m.: sidewalk*	103 fait au lit *vb.* faire —: uriner
grelotter: trembler de froid	106 loupiot *m. fam.:* enfant
96 il vous reste plus . . . Faudra apprendre à manger moins: *tout ce passage est en langue parlée familière, les négations et les pronoms sujets sont supprimés:* il ne vous reste plus . . . il faudra apprendre	107 demi-litre *m.: about one pint*
	112 affres *f. pl.:* angoisses, doutes
	116 poulette *fam.: honey, sweetie*
	on a eu chaud *fam.: we nearly had it*

crémière: son règne prenait fin. Elle en conçut à la fois du soulage-
ment et de la rancœur. Nouveau Cincinnatus, elle avait gagné une
120 guerre et devait s'effacer devant le pouvoir civil. Autant le crémier
avait été morne et sans initiative jusque-là, autant tout d'un coup il
devint actif, inventif, empressé, infatigable. Il équipa sa camionnette au gazogène. Trois fois par semaine, il sillonnait les routes,
allait jusqu'en Normandie, et rapportait des milliers d'œufs, des
125 kilos de beurre, des piles de livarots, de camemberts, de Pont-
l'Évêque. Il avait le chic pour discuter avec les paysans, marchandant interminablement, faisant appel à l'avarice, au patriotisme, bref à tous les sentiments exploitables.

*   *   *

Les cartes d'alimentation, comme on sait, ne furent abolies
130 qu'en 1948. Les Poissonard, après quatre années d'occupation,
vécurent encore quatre années fort prospères. Nous avons
examiné en détail l'édification de leur fortune. Comment ils con-
solidèrent cette fortune, comment ils l'agrandirent, comment
Charles-Hubert devint un véritable potentat ne présente pas un
135 grand intérêt. Les inventeurs ne s'enrichissent pas, mais ceux qui
exploitent méthodiquement les inventions. Charles-Hubert et
Julie continuèrent, après le départ des Allemands, à appliquer les
principes qui leur avaient si bien réussi jusque-là. L'incurie des
ministres du Ravitaillement leur facilitait la besogne.
140 En 1948, par l'effet des dévaluations, des placements habiles,
d'un négoce avisé, les crémiers possèdent tant en biens meubles
qu'immeubles, titres, capitaux, investis, lingots d'or, napoléons,
stocks, etc., quarante-sept millions de francs. Quand par hasard ils
jettent les yeux sur les huit années d'effort qu'ils ont traversées, ils
145 ne découvrent guère de souvenirs agréables. Il leur semble que,
pendant huit ans, ils se sont ruinés tous les jours. Mais les
quarante-sept millions sont bien là et l'on peut envisager avec
confiance un avenir incertain sans inscription obligatoire, sans

123 sillonnait *vb.* sillonner: par-
   courir dans tous les sens
126 chic *m. fam.* avoir le —: être
   habile à
   marchandant *vb.* marchander:
   to bargain
138 incurie *f.:* négligence
139 Ravitaillement *m.:* *Food Supply*

139 besogne *f.:* tâche, travail
140 placements *m.:* *investments*
141 biens   meubles   *m.:* *personal
   assets*
142 immeubles *m.:* *real estate*
   titres *m.:* *stocks and bonds*
   lingots *m.:* — d'or: *gold bars*
143 stocks *m.:* *inventories*

marché noir et sans tickets de matières grasses. Quarante-sept
150 millions «qui n'ont pas fini de faire des petits», cela permet tout de
même de «voir venir».

Jean Dutourd
«Au Bon Beurre»
© Éditions Gallimard, 1952

151 voir venir *fam.: to face the future with some confidence*

Notes

1. **Bordeaux:** Chef-lieu de la Gironde, département du sud-ouest.

2. **zouaves:** Soldats d'un corps d'infanterie créé en Algérie en 1831, avaient un uniforme coloré d'origine arabe.

3. **rue Pandolphe (XVIIe arrondissement):** Quartier résidentiel à l'ouest de Paris.

4. **Byzance:** Aujourd'hui Istanbul, capitale de la Turquie. Souvent mise à sac, la dernière fois par les Arabes en 1453.

5. **place de l'Étoile:** Carrefour de douze avenues partant de l'Arc de Triomphe de Napoléon I, devenu place Charles de Gaulle en 1970.

6. **Wehrmacht:** Nom qui désigne l'armée allemande.

7. **les Halles:** Marché central de Paris depuis le Second Empire. En 1968, les Halles ont été transférées à Rungis près de l'aéroport d'Orly.

8. **Thémis:** Déesse grecque de la justice, la personnifie.

9. **se faire inscrire pour les «matières grasses»:** En septembre 1940, les tickets de rationnement apparaissent.

10. **Cincinnatus:** Consul romain et deux fois dictateur (458 et 438 avant Jésus-Christ). Selon la légende, il retourna ensuite cultiver ses terres. Il symbolise la sagesse de l'effacement après la gloire.

11. **gazogène:** Appareil destiné à produire des gaz combustibles à partir d'air, de vapeur et de charbon. Des gazogènes ont été installés sur les voitures, pendant la guerre, à cause de la pénurie d'essence.

12. **Normandie:** Région du nord-ouest célèbre pour ses produits laitiers (crème, beurre, fromages).

13. **livarots, camemberts, Pont-l'Évêque:** Noms de fromages normands.

14. **47 millions:** Environ 400 000 dollars de l'époque.

Questions

1. Quel commerce exerce Julie Poissonard?
2. Comment le zouave le devine-t-il?
3. Où sont les Poissonard en juin 1940? Pour quelle raison?
4. Que peut-on dire de la mentalité des Poissonard?
5. Pourquoi veulent-ils rentrer à Paris? Quand peuvent-ils le faire?
6. Que disent-ils en voyant les Allemands à Paris? Quelles réactions ont-ils?
7. Que font-ils pendant les premiers mois de l'occupation? Qui en a eu l'idée?
8. En quoi cela représente-t-il une métamorphose de son caractère?
9. Pourquoi Julie Poissonard a-t-elle des vertiges?
10. Quels sont les sentiments de son mari pendant cette période?
11. Quel événement change leur destin et qui prouve que Julie avait raison?
12. Que voit-on maintenant devant le «Bon Beurre»?
13. Comment se comporte Julie avec les clientes?
14. De quelle façon change l'attitude de Charles?
15. Que fait-il trois fois par semaine?
16. Quels arguments utilise-t-il pour convaincre ses fournisseurs?
17. Pendant combien de temps les Poissonard profitent-ils de la pénurie?
18. Quelle est l'étendue de leur fortune en 1948? En quoi consiste-t-elle?

Discussions

1. «Une situation qui met un grand nombre de gens en position de se conduire mal est une situation qu'il faut essayer à tout prix d'esquiver.» En quoi l'histoire des Poissonard illustre-t-elle cette remarque de Françoise Giroud?
2. Quelle image de la petite-bourgeoisie commerçante sous l'Occupation ressort de ce texte?
3. Le couple Poissonard (portraits des époux et leurs relations).
4. Julie: image de l'épouse traditionnelle.
5. Les Poissonard pensent-ils qu'ils se conduisent mal? Quelle technique stylistique utilise l'auteur pour émettre un jugement?
6. Le marché noir est-il inévitable? Donnez d'autres exemples pris dans l'histoire ou dans la littérature.
7. Que pensez-vous de ce texte du point de vue littéraire et comme document historique et sociologique?

La Résistance

—Nous avons parlé de l'Occupation, tout à l'heure. Et la Résistance, c'était comment?

—Inefficace et sublime. Mais que vous en dire? Ça se fait, ça ne se décrit pas. Tout de suite après, c'est normal que ceux qui en
5 ont vécu de grandes ou de petites péripéties aient eu envie de les raconter. Et puis il y a eu l'inflation. Tous des héros. Et puis il y a eu les historiens. Et puis il y a eu le besoin, pour d'autres dont ce fut la «grande époque», si je puis dire, de la fixer comme on tente de suspendre le temps. Et puis, et puis. Entre la Libération et la fin
10 de la guerre, j'y suis allée, moi aussi, de mon histoire. J'ai écrit deux cents pages.

—Publiées?

—Non. Déchirées. Mai 1945 est arrivé, et la liste sans cesse allongée de ceux que nous ne reverrions jamais, et ceux qui sont
15 rentrés dans l'état que vous savez. Et qui avaient vu le Mal. Le Mal avec une majuscule, et qui en portaient comme une taie sur les yeux. Ma résistance et mes prisons je les ai mises à leur place sur cette échelle-là, de courage, de souffrance. Je ne devrais même pas dire ça. Il n'y a pas d'échelle commune. Bref, j'ai évacué ces sou-
20 venirs quant ma sœur est revenue. Elle a fait une rentrée étonnante . . . trente-cinq kilos, et elle était grande, dans sa robe rayée . . . Elle m'a tendu un objet. C'était un cendrier en cristal de Bohême très épais. Et elle m'a dit: «Tiens je t'ai rapporté ça de Tchécoslovaquie . . .» Après deux ans de camp de concentra-
25 tion. Je ne peux rien dire d'elle qui soit plus illustratif.

Après des semaines, nous avons parlé, seules, comme parlent les frères et les sœurs. C'est une relation rustique et forte, indestructible qui ne ressemble à aucune autre, comme vous savez. Elle a raconté. Toute la nuit. Elle savait raconter. Cela a été la
30 première et la dernière fois. Et je n'ai jamais entendu son mari en parler, lui non plus.

---

5 péripéties *f.*: épisodes
10 j'y suis allée, moi aussi, de mon histoire: *I too wrote my piece*
16 majuscule *f.*: A ≠ minuscule: a
taie *f.*: opacité blanche sur la cornée, *leukoma*

18 échelle *f.*: ici, rapport, proportion
22 rayée: à raies, *striped*
cendrier *m.*: *ashtray*
27 rustique: ici, robuste

Notes

1. **la Résistance:** Voir p. 19.
2. **la Libération:** La libération de Paris, le 24 août 1944.
3. **Mai 1945:** Le 9 mai, capitulation de l'Allemagne et fin de la guerre en Europe.

Questions

 1. Quelle est l'opinion de Françoise Giroud sur la Résistance?
 2. Pourquoi ne peut-elle pas la décrire?
 3. Qu'ont fait ceux qui ont vécu la Résistance après la guerre?
 4. Que s'est-il passé ensuite?
 5. En quoi a consisté l'inflation?
 6. Qu'a-t-elle fait elle-même?
 7. Pourquoi a-t-elle déchiré ses deux cents pages?
 8. Quelle a été l'expérience de sa sœur?
 9. Quelle illustration donne-t-elle du caractère de sa sœur?
10. Quand sa sœur a-t-elle raconté son expérience?
11. Comment est la relation entre les deux sœurs?

Discussions

1. Dans quelles circonstances participeriez-vous à un mouvement de résistance?
2. Les différentes formes de résistance dans l'histoire de ces dernières années.
3. Les souvenirs de guerre (dans les romans, au cinéma, dans les récits d'anciens combattants). En quels termes les gens décrivent-ils la guerre et leurs actions? Pourquoi certains préfèrent-ils se taire?
4. Vos souvenirs d'université. Pensez-vous que vous les raconterez dans vingt ans? Imaginez ce que vous direz alors.

Recherches

1. L'histoire de la Résistance en France.
2. Le maquis du Vercors.
3. Les camps de concentration: témoignages historiques, littéraires, poétiques et cinématographiques.

Grammaire

Le pronom adverbial **en**

EXEMPLES:

Que vous dire **de la Résistance?**
Que vous **en** dire?

Ceux qui ont vécu **de grandes ou de petites péripéties de la Résistance**
Ceux qui **en** ont vécu

Je ne sais rien **de cela.**
Je n'**en** sais rien.

Noter la place de **en:** avant le verbe.

En, pronom adverbial, remplace un nom ou une expression introduit par la préposition **de.**

*Refaites les phrases suivantes en employant **en** à la place des mots en italiques:*

1. J'aime la bonne cuisine, mais faire un culte *de la cuisine* deux fois par jour m'exaspère.
2. Il lui parlait souvent *de cinéma.*
3. Elle a eu l'occasion *de l'observer.*
4. Elle avait entendu parler *d'Hitler.*
5. La population? Il y a 50% *de la population* qui aurait risqué sa peau pour un kilo de beurre.

La Libération

—Vous vous souvenez de la Libération?
—Je ne vous dirai pas que c'était le plus beau jour de ma vie parce que l'ombre des absents était terriblement lourde. Et puis, comme on dit, avant c'est pendant, et pendant c'est après. Mais,
5 tout de même . . . De Gaulle descendant les Champs-Élysées, dans cete espèce de désordre ébloui, de clameur. Ce corset de fer délacé, la respiration que l'on retrouvait . . .

3 ombre *f.: shadow*
6 ébloui *vb.* éblouir: *to dazzle*

6 corset de fer délacé: *a loosened iron corset*

Note

1. De Gaulle descendant les Champs-Élysées: Le 26 août 1944.

Questions

1. Pourquoi la Libération ne pouvait-elle pas être le plus beau jour de la vie de Françoise Giroud?
2. Quelle image retient-elle de ce jour-là?
3. Quelle sensation physique éprouvait-on?

CHOIX DE TEXTE:
« Journal à quatre mains »

Le 25 août 1944, c'est la Libération de Paris. Flora Groult a 19 ans et durant les quatre années de guerre, elle a tenu son journal. Ici, elle raconte ce qu'elle a vu et vécu pendant ces journées historiques.

Benoîte, sa sœur aînée a, elle aussi, consigné ses souvenirs et en 1962, les deux sœurs réunissent leurs témoignages et les publient sous le titre «Journal à quatre mains». Toutes les deux sont maintenant des romancières connues.

Jeudi 24 août 44

«What a difference a day made»! Paris a été libéré ce soir. Les cloches sonnent à toute volée dans un ciel où le canon tonne en-core et où roulent les fumées de l'incendie du Grand Palais. On
5   chante La Marseillaise dans la rue, on applaudit, c'est le délire. Joie, joie! Pleurs de joie!

Vendredi 25 août 44

On s'est couché à trois heures, fourbu de bonheur et aujour-d'hui s'appelle le Jour de la Libération de Paris. Les armées du
10   général Leclerc sont arrivées, nous en avons vu les premiers éléments aux Invalides, accueillis dans l'enthousiasme, des drapeaux à toutes les fenêtres, la larme à fleur d'œil.

J'ai assisté à une scène qui fait pleurer: un petit gars d'un char de Leclerc voit soudain son père arriver au bout d'une rue et crie

3 à toute volée *f.:* sonner —: *to peal out*
8 fourbu: très fatigué
12 à fleur de: au bord de
13 gars *m. fam.:* jeune homme

15 d'une voix rauque en prenant la foule à témoin: «C'est mon père
. . .» Ils se précipitent l'un vers l'autre avec ces gestes gauches et
émouvants de ceux qui ne se sont pas vus depuis très longtemps et
qui lancent toute leur tendresse et leur émotion dans leur premier
mouvement. Le père avait encore à la main sa bicyclette qui le
20 gênait et ils se regardaient la figure avec une rudesse tendre, un
peu animale, follement troublante à voir, se prenant à deux mains
le visage d'une façon presque amoureuse. C'était grandiose.
    Soudain, on se sent le centre du monde: tout converge sur
Paris.
25   Notre chef, de Gaulle, est aussi à Paris.
    On rase des têtes, on marque des fronts de la croix gammée,
on dénude jusqu'à la taille, pour les promener dans les rues, les
femmes qui ont «péché» avec les Allemands. Le coiffeur rouge
(c'est sa boutique qui l'est), notre voisin, a été réquisitionné pour
30 cette besogne et il est rentré chez lui hier soir, fier comme un
héros. Je ne crois pas que j'aurais la force d'être l'instrument du
destin et le rasoir de la punition. «La chair est triste, hélas!» quand
elle vous fait payer si cruellement votre plaisir. J'espère que je n'en
croiserai pas sur mon chemin: je ne saurais ni les haïr ni les
35 plaindre.

26 août 44

    Charles de Gaulle a traversé Paris aujourd'hui avec les soldats
de Leclerc et les F. F. I. C'était beau et étrange cet homme seul,
plus grand que tous, et que l'on aime avec passion, cette armée
40 fourbue et ces troupes hirsutes, bancales, marchant de traviole
derrière lui: une espèce d'armée de Cour des Miracles, plus
poignante que n'importe quel régiment au pas. Et puis la foule
hurlante et accueillante. On s'y est mêlé avec joie et angoisse.
    Juste après le passage de de Gaulle, l'armée des toits a tiré

15 foule *f.:* grand nombre de gens	34 en croiserai *vb.* en croiser: rencontrer une de ces femmes rasées
26 on rase des têtes *vb.* raser la tête: couper tous les cheveux	haïr ≠ aimer
croix gammée *f.:* *swastika,* emblème du nazisme	40 bancales: ici, *disorderly* de traviole *fam.:* de travers
27 taille *f.: waist*	42 au pas: en formation
28 péché *vb.* pécher: *to sin*	43 mêlé *vb.* mêler: *to mingle*
	44 tiré *vb.* tirer: *to shoot*

45 dans la foule qui s'est évaporée en un clin d'œil; cela canardait
ferme; les ambulanciers couraient ramasser de petites masses
inertes, les gens marchaient les uns sur les autres, on criait. Je n'ai
pas eu le temps d'avoir peur, mais nous avons tout de même
monté les trois étages qui menaient chez Georges sans nous en
50 apercevoir. Il y avait une mêlée dans l'escalier: un milicien y était,
paraît-il, caché. Mais il s'était évaporé avant que le concierge armé
d'un balai ou les invités de Georges ne l'aient découvert.

La famille G., entièrement habillée de bleu, de blanc et de
rouge, du moins pour son contingent féminin, est rentrée à pattes
55 chez elle.

28 août 44

Cet après-midi, j'étais chez maman au faubourg et je regar-
dais par la fenêtre: j'aperçus soudain un gentil petit Américain,
comme dessiné par moi, avec des cheveux blonds hérissés et des
60 yeux de myosotis. Il s'essayait à être compris par plusieurs
Français qui ne parlaient pas anglais. Mue par un sens du devoir
(hum . . .) je suis descendue pour l'aider. Mamma mia! Il était
beau! Juste ce que Flafla aime: ces taches de ciel que sont les yeux
bleus, et ces cheveux de paille fraîche . . . il cherchait un endroit
65 pour manger et je l'ai invité à dîner.

C'est tout un nouveau langage que nous improvisons soudain.
On peut leur parler, à ces soldats-là, on peut les aider! Fraternité
chaude. Exquis espéranto du cœur!

J'ai donc ramené ma proie à Vaneau. Elle voulait aussi se laver
70 et on lui a donné «de quoi», et sans vergogne ni fausse honte, le
premier Américain vivant qui ait fait ses ablutions chez nous, a
enlevé ses chemises, et, toutes portes ouvertes, s'en est donné à
cœur joie. Il avait un beau torse gras et beige «de vizir», comme

---

45 en un clin d'œil: en un temps
très court
canardait *vb.* canarder *fam.: to pepper*
46 ferme *adv.:* beaucoup
50 milicien *m.:* membre de la milice
52 balai *m.: broom*
54 à pattes *fam.:* à pied
59 hérissés: *disheveled*
60 myosotis *m.:* fleurs de couleur bleue
61 mue *vb.* mouvoir: pousser

64 paille *f.: straw*
69 proie *f.: prey* (il s'agit du soldat américain)
70 de quoi: ce qui était nécessaire pour se laver
vergogne *f.* sans —: sans honte, *shamelessly*
72 à cœur joie: *to the full;* s'en donner —: *to enjoy oneself to the full*
73 vizir *m.:* ministre d'un sultan (*ici, sens fig.* = très impressionnant)

dit maman. Ensuite, nous nous sommes mis à table et il a mangé
75 sans y penser un de nos derniers œufs. Pouvait-il deviner, ce petit
conquérant, qu'il ne nous en restait que quatre?

Willis Rackus est élève architecte; il parle peinture et musique
avec talent et connaissances; nous écarquillons les yeux en famille
et le trouvons à proprement parler génial de jongler avec les
80 mêmes idées et les mêmes noms propres que nous. On a toujours
un peu l'impression en France, et en particulier chez nous, que
nous vivons sur un petit îlot entouré de Hurons ignares et
candides. Mais s'il s'avère que les autres ont déjà entendu quelque
part ce que nous pensions leur apprendre, s'ils parlent aussi
85 d'époque bleue et de période dada, s'ils ont l'habitude de caracoler
sur les mêmes chevaux de bataille que nous, qui nous sentons à
nous seuls la patrie des arts et des lois, ah! mes amis, quelles retrouvailles! C'est nous qui devenons les ingénus et les princes
Muichkine!
90 Après le dîner, nous avons raccompagné «notre» Américain
dans sa jeep. Exquis d'être dans une jeep. Il reviendra nous voir: il
l'a promis. Mais qu'il était beau, mon premier libérateur!

Benoîte et Flora Groult
«Journal à quatre mains»
© Éditions Denoël, 1962

Notes

1. **«What a difference a day made»:** Refrain modifié d'une chanson
   américaine populaire à l'époque *«What a difference a day makes»*.
2. **Grand Palais:** Construit pour l'Exposition universelle de 1900, à
   côté des Champs-Élysées (expositions de peinture et musée
   d'histoire naturelle).
3. **La Marseillaise:** Hymne national, composé à Strasbourg en 1792
   par Rouget de l'Isle.

75 sans y penser: sans réfléchir
78 écarquillons *vb.* écarquiller:
   ouvrir très largement
79 jongler avec des idées: jouer
80 noms propres *m.:* noms de
   famille (ici, noms de
   célébrités)
82 ignares: trés ignorants
83 candides: naïfs et innocents
   s'avère *vb.* s'avérer: se révéler

85 caracoler: *to caper*
86 chevaux de bataille *m.* (*sg.*
   cheval): idées auxquelles on
   s'intéresse et dont on discute
   souvent
87 retrouvailles *f. pl.:* fait de se
   retrouver après une longue
   séparation
92 mais qu'il était beau = comme il
   était beau

4. **Leclerc (Philippe Marie de Hautecloque, 1902–1947):** Choisit le surnom de Leclerc en rejoignant de Gaulle. Prisonnier à Lille en 1940, il s'évade et gagne Londres. En septembre 1942, il forme la IIe division blindée qui débarque en Normandie. Nommé inspecteur des forces françaises en Afrique du Nord, il disparaît dans un accident d'avion.

5. **les Invalides:** L'Hôtel des Invalides, construit au XVIIe siècle sur l'ordre de Louis XIV pour les soldats mutilés ou infirmes. Dans la crypte de l'église se trouve le tombeau de Napoléon I.

6. **«La chair est triste, hélas!»:** *«The Flesh is sad, alas!»*, hémistiche d'un poème sans titre de Mallarmé (1842–1898).

7. **F.F.I.:** Forces françaises de l'intérieur. Désigne des troupes secrètement armées pendant l'Occupation en vue de participer à la libération du pays.

8. **Cour des Miracles:** Au Moyen Age, quartier dangereux de Paris où se concentraient voleurs, vagabonds, et mendiants *(beggars)*.

9. **un milicien:** Voir Milice p. 21.

10. **au faubourg:** Le faubourg Saint-Honoré où sa mère a une maison de couture.

11. **Flafla:** Petit nom de Flora. Elle parle d'elle-même.

12. **Vaneau:** Rue Vaneau où la famille Groult habite.

13. **Hurons:** Membres d'une tribu indienne. Expression utilisée pour désigner des personnes non cultivées.

14. **époque bleue:** Période de la peinture de Picasso (1881–1973) caractérisée par une couleur dominante bleue et un choix de sujets populaires et pathétiques.

15. **Période dada:** Mouvement littéraire et artistique lancé par Tristan Tzara en 1915 à Zurich. Nom vient du mot enfantin pour «cheval.» Le mouvement visait à liquider la civilisation en affaiblissant le langage et la pensée.

16. **princes Muichkine:** Le prince Muichkine (ou Mychkine) est le personnage principal de «L'Idiot», roman de Dostoïevsky.

Questions

1. Que s'est-il passé le 24 août 1944? Qu'est-ce qu'on entend? Que chante-t-on?

2. Quelles armées sont arrivées?

3. Quelle scène émouvante décrit Flora Groult?

4. Comment punit-on les femmes qui ont eu des liaisons avec des Allemands?

5. Quels sentiments éprouve-t-elle à leur égard?
6. Qui est arrivé à Paris le 26 août? Comment le décrit-elle? Comment la foule l'a-t-elle accueilli?
7. Que s'est-il passé juste après le passage du Général?
8. Qui invite-t-elle à dîner? Dans quelles circonstances l'a-t-elle rencontré?
9. Qu'a-t-il fait une fois arrivé Rue Vaneau?
10. Qu'a-t-il mangé sans réfléchir?
11. Que faisait-il avant la guerre? De quoi parle-t-il?
12. Pourquoi la famille s'étonne-t-elle de ses connaissances?
13. Que se passe-t-il après le dîner?

Discussions

1. Quels aspects de l'Occupation et de la Libération découvre-t-on dans ce texte?
2. Montrez comment les réactions de Flora révèlent qu'elle est jeune.
3. L'accueil du libérateur américain dans la famille. Quelles idées préconçues la famille a-t-elle sur les Américains?
4. Le comportement de Willis Rackus. En quoi est-il typiquement américain?
5. Quel est le ton général de ce texte?
6. Comparez la réaction de Françoise Giroud à celle des sœurs Groult. Comment s'explique la différence?
7. La fin de la guerre et le retour des soldats dans les romans ou les nouvelles que vous avez lus.

Chapitre 9

La IVe République

La IVe République : une véritable démocratie

L'histoire de la IVe République, inscrite entre deux retours de de Gaulle, est marquée, comme celle de la IIIe, par des séries de crises ministérielles, dues à la Constitution. La nouvelle Constitution, d'abord rejetée par les électeurs, puis votée à une faible majorité en septembre 1946, se voulait plus démocratique et plus propre à donner un gouvernement stable à la France. En fait, elle institua un régime parlementaire ultra-représentatif et le pluralisme des partis. L'action combinée de la dictature des partis et des problèmes de majorité au sein de l'Assemblée nationale entraînèrent des crises de plus en plus fréquentes et de plus en plus difficiles à résoudre. Au cours des douze ans et cinq mois de son existence, la IVe République voit se succéder vingt-cinq gouvernements. Ces changements empêchèrent la France d'avoir une action politique continue à un moment où elle devait faire face à de graves problèmes économiques et à des guerres coloniales (guerre d'Indochine, guerre d'Algérie). Les événements d'Alger, en mai 1958, amenèrent sa disparition (voir p. 104), l'avènement de la Ve République et une nouvelle Constitution qui donne un pouvoir exécutif réel au Président (voir p. 230).

Il faut dire que le système de la IVe République était tout à fait impropre à une action gouvernementale soutenue et sérieuse,

---

1 IVe : quatrième   2 soutenue : constante

dans une situation grave. C'était une démocratie absolue, en
quelque sorte. Comme aujourd'hui en Italie ou chacun fait ce qu'il
5 veut. Sans la décolonisation, ça aurait pu durer, peut-être . . .
Après tout la IVᵉ République, c'est aussi le plan Monnet.
Aujourd'hui, c'est un autre genre. Personne ne fait rien.
Lavisse, quand il parle de la puissance publique, en France, quel
que soit le régime, écrit, je ne sais où, qu'elle est, pour ne pas dire
10 une coterie, un consortium de personnes arrivées au pouvoir par
un accident initial et occupées à prévenir l'accident final. Mais je
ne trouve même pas le consortium sérieusement occupé à
prévenir l'accident final . . . C'est assez effarant, cette façon de
ne rien faire en attendant que ça craque, comme si ça pouvait ne
15 pas craquer. Enfin, c'est une autre histoire. La prochaine.

Notes

1. **le plan Monnet:** L'idée d'une planification de l'économie française
   est née à Washington en 1945 sous l'impulsion de Jean Monnet
   (voir p. 132). Le premier plan (1974–1953) s'est attaché à faire re-
   partir l'économie en utilisant au mieux les fonds du Plan Marshall.
   La planification qui en est à son VIIᵉ plan (1976–1981), fonctionne
   avec un Comité chargé d'évaluer les besoins et de faire des recom-.
   mandations à l'État et à l'industrie privée et offre ainsi un exemple
   d'économie concertée, compromis entre l'économie libérale et le
   dirigisme.

2. **Lavisse, Ernest (1842–1922):** Historien, professeur à la Sorbonne.
   Auteur d'une «Histoire de France depuis les origines jusqu'à la
   Révolution» (1900–1911) et d'une «Histoire de la France
   contemporaine» (1920–1922).

3. **Aujourd'hui, c'est un autre genre:** C'est-à-dire sous la Vᵉ
   République.

Questions

1. Pourquoi le système gouvernemental de la IVᵉ République était-il
   impuissant dans une situation grave?
2. Dans quel pays trouve-t-on la même situation aujourd'hui?
3. Quelle a été la cause probable de sa chute?

10 coterie *f.:* petit groupe ayant
   les mêmes intérêts
   consortium *m.:* association
11 prévenir: ici, prendre des dis-
   positions pour empêcher

13 effarant: stupéfiant
14 craque *vb.* craquer: s'effondrer, céder

4. Qu'est-ce que la IVᵉ République a donné de valable à la France?

5. Qu'est-ce que le plan Monnet?

6. Que se passe-t-il aujourd'hui?

7. Selon Lavisse, qui détient le pouvoir?

8. De quoi s'occupent-ils?

9. Selon Françoise Giroud, qu'attendent les gouvernants de la Vᵉ République?

Discussions

1. La puissance publique: «Un consortium de personnes, arrivées au pouvoir par un accident initial et occupées à prévenir l'accident final.» Que pensez-vous de cette définition?

2. Un mauvais gouvernement peut-il passer de bonnes lois? Et inversement? Donnez des exemples.

Recherches

1. Les différentes étapes du vote de la Constitution de 1946.

2. Les principaux articles de cette Constitution.

3. Le VIIᵉ Plan (1976–1981).

Mendès France et l'Indochine

Depuis 1946, l'Indochine était le théâtre d'une lutte nationaliste dont le gouvernement français et l'opinion publique semblaient ignorer l'importance.

En décembre 1951, Jean-Jacques Servan-Schreiber, que je venais de rencontrer, m'a emmenée à la Chambre pour écouter Mendès France, qui devait intervenir sur le budget, et parler de l'Indochine. Cela avait été impressionnant, à tous égards. Le lieu
5 qui vous saisit d'angoisse, quand on le découvre, cette cuve sinistre où ne pénètre jamais la lumière. Le silence attentif qui, soudain, s'était fait quand il avait pris la parole, alors que la plupart des orateurs parlent devant des gens qui lisent leur journal, font leur courrier ou bavardent entre eux. Et puis, le discours. Le courage
10 qu'il fallait pour le faire . . . Il y a beaucoup de genres oratoires,

5 cuve *f.: vat*

Pierre Mendès France *(Roustan, «L'Express»)*

à la tribune, outre le mauvais, il y a les habiles, les brillants, les acrobates de la mémoire et des chiffres, les fleuris, les enfileurs de citations, les mordants, les lyriques. Il y a ceux qui disent d'excellentes choses mais de façon si ennuyeuse qu'on ne le saura ja-
15 mais. Et ceux qui ne disent pas grand-chose, mais de façon si plaisante que l'on est tout étonné, en lisant leur texte, de n'y rien trouver.

Mendès unissait ce jour-là, comme souvent, la voix, magnifique, la sobriété dans l'expression, la clarté dans la pensée, et la
20 vigueur dans la conviction. Je crus que ce discours ferait sensation, non seulement à l'entendre, mais à voir, ensuite, les parlementaires se précipiter sur Mendès, l'entourer, le féliciter. Il nous a emmenés dîner, et il a prolongé son propos.

Sa façon d'aborder les problèmes était, à l'époque, entière-
25 ment neuve pour moi. Il articulait tout son discours politique autour de l'économie. Le lendemain, il n'y avait pas dix lignes dans la presse sur son intervention au Parlement.

Je lui ai consacré le portrait hebdomadaire que je donnais à «France-Dimanche». C'était alors un journal sans rapport avec ce
30 qu'il est devenu. Néanmoins, la rédaction en chef s'est étonnée. Mendès France? On ne connaissait pas tellement . . . L'Indochine? Peuh . . . C'était à se demander si les Français savaient qu'ils faisaient la guerre là-bas.

Il faut dire que personne ne tenait à le leur rappeler. La règle
35 était de n'en pas parler. De ne parler de rien. Cette bonne vieille règle française . . . Je commençais à la découvrir.

Il jugeait que la guerre d'Indochine ruinait la France et compromettait l'avenir de l'Afrique du Nord où il fallait, selon lui, procéder à une décolonisation progressive; la première étape
40 étant l'autonomie interne de la Tunisie et du Maroc.

Notes

1. **la Chambre:** La Chambre des députés, appelée depuis 1946 L'Assemblée nationale, qui siège au Palais-Bourbon. Elle compose, avec le Sénat, le Parlement, organe du pouvoir législatif.

12 chiffres *m.: figures*
fleuris: les orateurs au style fleuri
enfileurs: ceux qui enfilent; enfiler des citations: *to string quotations*

13 mordants: ceux qui mordent; mordre: *to bite*
23 propos *m.:* ici, argumentation
28 hebdomadaire: qui arrive une fois par semaine
34 tenait *vb.* tenir à: désirer vivement

2. **Mendès France, Pierre (né en 1907):** Avocat et homme politique. Député de l'Eure. Sous-secrétaire d'État au Trésor dans le Cabinet de Léon Blum (1938). Ministre de l'Économie nationale du gouvernement de de Gaulle (septembre 1944, démissionne en avril 1945). Président du Conseil et Ministre des Affaires étrangères (juin 1954-février 1955). Ministre d'État dans le Cabinet Guy Mollet (1er février 1956-démissionne le 23 mai). Député de l'Isère (1968). Auteur de nombreux ouvrages sur l'économie politique. Voir p. 182.

3. **l'Indochine:** Désigne «l'Indochine française» composée de la Cochinchine, de l'Annam, et du Tonkin. Fut occupée par le Japon pendant la Seconde Guerre mondiale. En 1945, Hô Chi Minh forme, avec l'aide chinoise, une République du Vietnam et un Front de l'indépendance (ou Vietminh). La France essaie en vain de limiter l'avance vietminh et fin 1946, c'est la rupture. La première guerre d'Indochine dura jusqu'en 1954. Ce fut une guerre d'embuscades, localisée dans des milliers de petits villages et de rizières et caractérisée par une escalade, sans résultats, des effectifs de l'armée française (400 000 hommes en 1954). Incapable de maîtriser la situation et devant l'opinion internationale, la France demande de l'aide aux États-Unis, et ouvre, à Genève, des négociations au moment où le Vietminh remporte la victoire de Diên-Biên-Phu. Le 21 juillet 1954, le gouvernement Mendès France signe un accord qui consacre la division du Vietnam de part et d'autre du 17e parallèle.

4. **«France-Dimanche»:** Créé en 1946, comme supplément illustré du dimanche, de «France-Soir». Aujourd'hui, hebdomadaire populaire. Tirage moyen: un million.

5. **l'autonomie interne de la Tunisie et du Maroc:** Deux protectorats français en Afrique du Nord, devenus autonomes en 1956.

Questions

1. Où Mendès France devait-il parler et de quoi?
2. En quels termes Françoise Giroud décrit-elle la Chambre?
3. Quel sentiment éprouve-t-elle quand elle y entre?
4. Que remarque-t-elle quand Mendès France prend la parole?
5. Que se passe-t-il en général quand d'autres députés parlent?
6. Pour quelles raisons pensez-vous qu'il fallait du courage à Mendès France pour faire ce discours?
7. Quels différents styles oratoires mentionne-t-elle?

8. Quelles qualités admire-t-elle dans le discours de Mendès France?
9. Comment les parlementaires réagissent-ils aussitôt après?
10. Comment la presse a-t-elle réagi le lendemain?
11. Pourquoi les conceptions politiques de Mendès France étaient-elles neuves à l'époque?
12. Quelle était l'opinion de Mendès France sur l'Indochine?
13. Que fallait-il faire selon lui en Afrique du Nord?
14. Quelle était la première mesure à prendre?

Discussions

1. Comparez le comportement des parlementaires français à la Chambre et celui des membres du Congrès et du Sénat aux États-Unis (discours prononcés, questions débattues, réactions, etc.).
2. Comparez le comportement des parlementaires français à l'égard de l'Indochine et celui des parlementaires américains à l'égard du Vietnam.
3. Le rôle de l'économie dans les questions politiques. Donnez des exemples.
4. Préparez un court discours sur un sujet d'actualité politique dans un des styles oratoires mentionnés dans le texte.

Recherches

1. L'histoire de l'intervention française en Indochine.
2. L'histoire de l'intervention américaine au Vietnam.

Le Conflit en Algérie et la crise du 13 mai 1958

La guerre d'Algérie, qui débute en 1954 et prend vite de l'ampleur, souligne les faiblesses évidentes de la IVe République.

L'Algérie, ce n'est pas l'Indochine. Colonisée depuis plus d'un siècle, elle forme trois départements français où résident plus d'un million d'Européens d'origine diverse mais de nationalité française. De l'autre côté, il y a dix millions d'Algériens déterminés à obtenir leur indépendance. La lutte sanglante va durer plus de sept ans, ponctuée de demi-mesures gouvernementales qui ne satisfont personne. Le 13 mai 1958, la communauté européenne, soutenue par l'armée, organise une grande manifestation à Alger et forme un Comité de Salut public. Il s'agit de renverser le gouvernement pour substituer un régime autoritaire qui maintiendrait le statut colonial de l'Algérie.

Dans la nuit du 13 au 14. Paris craint un coup d'État et attend dans l'incertitude, le débarquement des parachutistes venus d'Alger. La IVᵉ République ne survit pas à ce choc et c'est le retour de de Gaulle, le 1ᵉʳ juin, après le bref Cabinet Pflimlin.

En condensé: 1953, «L'Express» est créé pour mettre les idées de Mendès France et Mendès France lui-même au pouvoir. 1954: Mendès France est président du Conseil, pendant neuf mois. Avec assez d'éclat pour que l'on se souvienne encore de ce passage au
5 pouvoir comme d'un moment d'histoire. Il est renversé par son propre parti, le parti radical d'alors. 1955: Il faut préparer les élections qui vont avoir lieu en 1956 et les gagner à gauche pour arrêter la gangrène en Algérie. Remettre Mendès France au pouvoir. Jean-Jacques décide de transformer «L'Express» en
10 quotidien, au prix de beaucoup de risques et de difficultés, pour mettre un instrument plus efficace au service de ce qu'il a baptisé «le Front républicain» — socialistes, radicaux mendésistes, l'U. D. S. R. de Mitterrand et l'U. R. A. S. de Chaban, ancien radical. Albert Camus rejoint le journal pour mener bataille en-
15 semble, hanté par la situation en Algérie.

—En mai 1958, par exemple, vous avez vu clair?

—Non, bien sûr, je n'ai pas vu clair, si vous entendez par là que j'ai prévu la suite. Entre 1956 et 1958, j'ai eu toutes les occasions de comprendre que chaque jour passé aggravait la situation
20 en Algérie. Jean-Jacques en était revenu avec l'expérience concrète qu'il a racontée dans «Lieutenant en Algérie», ce qui lui a valu d'être inculpé d'atteinte à la sûreté de l'État. Il y avait eu l'éclatante affaire du général de Bollardière.

C'est quelqu'un, Bollardière, je vous assure. L'un de ces
25 hommes, qui vous réconcilierait avec la race humaine les jours de brouille. L'accord entre la morale que l'on professe et celle que l'on vit poussé à ce point-là, non seulement au mépris de tous ses

---

3 président du Conseil *m.:* chef du Conseil des ministres, *Prime Minister*

7 les gagner à gauche = il fallait que la gauche gagne les élections

22 inculpé d'atteinte à la sûreté de l'état: *indicted for committing an alleged breach of state security*

26 brouille *f. fam.:* désaccord, querelle

intérêts mais sans éclat, sans bruit, sans théâtre . . . Cet officier
de tradition, s'il en fut, fils d'officier, catholique, breton, légion-
30 naire, baroudeur, parachutiste, qui a le courage de tout remettre
en question . . . Tout. Pas seulement sa carrière, qu'il brise en
dénonçant l'usage de la torture, mais son passé militaire, la guerre
qu'il a aimée . . . Tout.

Il y avait eu le spectacle impressionnant qu'offrait la décom-
35 position successive de tous les gouverneurs . . . Non, on ne les
appelait plus gouverneurs . . . Quel était leur nom, déjà?
Ministres résidents. Les malheureux!

Et puis arrive le 13 mai, et ce triste défilé, de la Bastille à la
République où nous marchons consciencieusement.
40 Pendant quelques jours j'ai cru, comme tout le monde, à la
possibilité d'un putsch et au danger qu'un certain nombre de gens
couraient . . .

La nuit, le téléphone a sonné chez moi vers deux ou trois
heures du matin. C'était Lucien Rachet qui m'annonçait que les
45 parachutistes arrivaient, que j'étais sur la liste des premières
personnes à arrêter, et que, par amitié, il me prévenait pour que je
ne me laisse pas piéger.

C'était de l'intoxication pure et simple. Il s'agissait à ce moment de persuader les gens d'appeler de Gaulle de leurs vœux, et
50 pas seulement de leurs vœux, pour les protéger contre les folies
de l'armée.

Mais cette nuit-là, tout était vraisemblable. Je me suis habillée,
j'ai mis à tout hasard une arme dans ma poche, et je suis partie
chez la seule personne que je pouvais décemment réveiller à trois
55 heures du matin, c'est-à-dire ma sœur. J'habitais à cette époque
sur le bois du Ranelagh. Elle habitait de l'autre côté, à un quart
d'heure, vingt minutes de marche.

Dehors, il faisait doux. C'est beau la rue, quand on la surprend au milieu de son sommeil. Cette marche solitaire et silen-
60 cieuse vers la clandestinité, en somme, arme en poche, ça

---

28 théâtre: ici, attitude théâtrale
cet officier de tradition, s'il en
fut: *this career officer, if ever
there was one*
30 baroudeur *m. fam.:* soldat qui
aime se battre
remettre en question: ré-
examiner
38 défilé *m.: march*

41 putsch   *m.:* coup   d'état
militaire
46 prévenir: faire savoir
47 piéger: *to trap*
52 vraisemblable: probable
53 à tout hasard: *just in case*
58 surprend   *vb.*   surprendre:
prendre par surprise

ressemblait tout à coup à l'Occupation. Incroyable! C'était incroyable de recommencer cette comédie!

Avec le calme des vieilles troupes, ma sœur m'a offert un fauteuil sans me demander d'explications. Le lendemain matin,
65 pas plus de parachutistes que de beurre en broche. Zéro pour le romantisme. J'étais humiliée d'avoir marché.

Et dans ce qui suivait, fallait-il marcher? Je connaissais bien Salan. Je l'avais vu plusieurs fois, en 1953. Quand il était revenu d'Indochine et assurait qu'il fallait cesser de «saucissonner du petit
70 Viet» . . .

Dans l'agitation fantastique du moment, j'ai le souvenir d'avoir été assez calme, très calme même, tout à fait raidie contre cette rentrée de de Gaulle, à cheval sur les militaires, mais pas alarmée. Néanmoins, les choses pouvaient évidemment très mal
75 tourner.

Ne refaisons pas l'histoire pour nous demander comment les choses auraient tourné en Algérie, et en France, sans de Gaulle. Personne n'en sait rien. Et peut-être était-il le seul qui puisse faire avaler l'indépendance de l'Algérie à la métropole sans entraîner
80 des dégâts à l'intérieur et, même, en donnant à ce repli des allures de victoire. Cela, c'était vraiment son génie, tout transformer en victoire de la France.

Elle n'en était pas moins grave, cette régression, ce retour à une sorte de «don» du pays à un militaire omnipotent, dont je
85 vous concède volontiers qu'il n'était pas un militaire comme les autres. Mais enfin, le moins qu'on puisse dire est que ceux qui se sont ainsi «donnés» ne savaient pas où il les menait . . .

L'hypothèse optimiste, c'est que les Français sont très malins et très raisonnables. Qu'ils ont pris de Gaulle pour faire un certain
90 travail, et qu'ils s'en sont débarrassés quand ils ont jugé qu'il n'était plus l'homme de la situation. Et, après tout, pourquoi ne pas être

---

65 beurre en broche *lit.: butter on a skewer,* inexistant
66 marché *vb.* marcher *fam.:* croire naïvement
69 saucissonner du petit Viet *lit.:* couper les Vietnamiens en tranches de saucisson, *to make mincemeat out of them*
72 raidie *vb.* raidir: *to stiffen*
73 à cheval sur: *on the backs of*

78 faire avaler *fam.:* faire accepter
79 entraîner des dégâts *m.:* avoir des conséquences désastreuses
80 repli *m.:* retraite
84 don *m.:* ce qu'on donne, présent
88 malins: intelligents
90 débarrassés *vb.* se débarrasser: *to get rid of*

optimiste . . . Je le serais volontiers, au sujet des Français et de leur sens politique collectif.

95   Mon sentiment personnel était cependant que de Gaulle était incontestablement le moins mal placé pour en finir avec l'Algérie, au point où en étaient les choses. Il y a beaucoup de moments dans l'histoire où pour faire une politique de gauche il faut un homme de droite. Et où, pour couvrir une défaite, rien ne vaut un militaire. Mais cette abdication périodique des Français entre les
100 mains d'un grand homme providentiel avait un caractère véritablement inquiétant. Et même troublant. Et je pensais qu'il fallait à tout prix résister publiquement à cet esprit de démission.

Notes

1. **Le parti radical:** Le plus ancien des partis politiques français, fondé en 1901. Depuis la Seconde Guerre mondiale, ce parti traditionnellement à gauche penche vers le libéralisme.

2. **la gangrène en Algérie:** L'insurrection algérienne avait commencé le Ier novembre 1954. Elle avait été préparée par le Front de Libération nationale (F.L.N.), qui regroupait tous les patriotes algériens partisans de l'indépendance. La rébellion s'organise et prend de l'ampleur. En avril 1955, la France doit proclamer un état d'urgence général et rappelle d'abord les soldats disponibles en Algérie, puis des hommes venus de la métropole (c'est-à-dire de France). L'année 1956 marque la date de l'installation dans la guerre avec une extension de la rébellion et l'apparition du terrorisme dans les villes, en particulier à Alger.

3. **transformer «L'Express» en quotidien:** Du 13 octobre 1955 jusqu'au Ier mars 1956.

4. **U.D.S.R.:** Union démocratique et socialiste de la résistance.

5. **Mitterrand, François (né en 1916):** Avocat et homme politique. Plusieurs fois ministre de la IVe République, notamment ministre de l'Intérieur dans le Cabinet Mendès France. Président national de l'U.D.S.R. Président de la Fédération de la gauche démocrate et socialiste (1965–1968). Premier Secrétaire du parti socialiste depuis 1971. Candidat à la Présidence de la République en 1965 contre de Gaulle et en 1974 contre Valéry Giscard d'Estaing. Voir p. 191.

6. **U.R.A.S.:** Union républicaine d'action sociale, formée en 1954.

7. **Chaban-Delmas, Jacques (né en 1915):** Inspecteur général des

98 vaut *vb.* valoir: égaler   101 à tout prix: absolument

Finances, homme politique, ancien Président de l'Assemblée Nationale, député de la Gironde et maire de Bordeaux. Premier Ministre du Président Pompidou (1969–1972), et candidat à la Présidence en 1974.

8. **Albert Camus (1913–1960):** Philosophe, romancier et dramaturge, né en Algérie. Voir p. 167.

9. **«Lieutenant en Algérie»:** Voir le texte p. 111.

10. **l'éclatante affaire du Général de Bollardière:** En 1956, le général Pâris de Bollardière, commandant d'un secteur en Algérie où Jean-Jacques Servan-Schreiber était en poste, dénonce publiquement la torture pratiquée sur les prisonniers et demande à être relevé de son commandement. Il est condamné à 60 jours de forteresse et quitte l'armée en 1961.

11. **Ministres résidents:** Aux termes de la loi-cadre de 1958 qui libéralise le statut de l'Algérie, le pays est divisé en cinq territoires gouvernés par une Assemblée territoriale et un Conseil des Communautés composé d'un nombre égal d'Européens et de Musulmans. Un Ministre résident représente la France et a sous son autorité les représentants du gouvernement français nommés dans chaque territoire.

12. **le 13 mai:** La France a jusque-là affirmé que l'Algérie est «partie intégrante de la République» et essaie de pratiquer une politique d'intégration de la Communauté musulmane au moyen de réformes économiques et administratives. Au début de 1958, la situation s'aggrave, les incidents se multiplient à la frontière algéro-tunisienne et devant la menace d'une internationalisation du conflit la communauté européenne décide d'agir pour changer le gouvernement. Le 13 mai, elle organise à Alger une grande manifestation qui aboutit à la formation d'un Comité de Salut public soutenu par l'armée. Ces événements amènent le retour de de Gaulle.

13. **ce triste défilé de la Bastille à la République:** Le 28 mai, grand défilé à Paris pour protester contre la démission du Cabinet Pflimlin et le rappel de de Gaulle. La Bastille et la République, sur la rive droite, sont deux quartiers populaires et lieux traditionnels pour les manifestations.

14. **le bois du Ranelagh:** Quartier résidentiel du 16e arrondissement de Paris.

15. **Salan, Raoul (né en 1899):** Général d'armée. Commandant supérieur des troupes françaises en Extrême-Orient (1948). Délégué général du gouvernement et commandant en chef des forces en Algérie (1958). Il participe au Putsch d'Alger en avril

1961 et est destitué et condamné à mort. Chef de l'Organisation armée secrète (O.A.S) de 1961–1962, arrêté et condamné à la détention perpétuelle. Libéré et amnistié en 1968.

16. **l'indépendance de l'Algérie:** Arrivé au pouvoir, de Gaulle renonce à l'idée d'une Algérie française et se résigne à une solution qui conduira le pays à l'indépendance. Le 16 septembre 1959, il proclame le droit des Algériens à l'autodétermination. Les négociations commencent le 24 juin 1960, sont interrompues, et reprennent en 1961 à Évian. La perspective de l'indépendance cause une dernière tentative de la part de la communauté européenne, qui organise à Alger une série de manifestations, la «Semaine des Barricades». Le 22 avril 1961, l'Armée prend le pouvoir en Algérie et le garde jusqu'au 26 avril. Après l'échec de ce Putsch, les partisans de l'Algérie française se regroupent dans une «Organisation armée secrète» (O.A.S) qui multiplie les attentats sans pour autant empêcher la reprise des négociations. Un accord est conclu à Évian le 18 mars 1962, qui met fin à la guerre et reconnaît l'indépendance de l'Algérie.

Questions

1. Pourquoi «L'Express» a-t-il été créé?
2. Comment a-t-il été transformé pour gagner la bataille?
3. Quel est le nouveau collaborateur de «L'Express»?
4. Comment était la situation en Algérie entre 1956 et 1958?
5. Que représente le général de Bollardière?
6. Quel accord Françoise Giroud trouve-t-elle chez lui?
7. Que raconte-t-elle de sa vie?
8. Qu'a-t-il remis en question?
9. Quel était le sort de tous les ministres résidents?
10. Comment caractérise-t-elle le défilé du 28 mai?
11. A quoi a-t-elle cru pendant quelques jours?
12. Que lui a annoncé un ami, une nuit?
13. Comment a-t-elle réagi?
14. Qui était Salan? Qu'avait-il dit?
15. Comment peut-on justifier d'une certaine manière le retour de de Gaulle?
16. Quel était le génie de de Gaulle?
17. Quel danger y a-t-il pour un pays de «se donner» à un chef militaire?

18. Quelle est l'hypothèse optimiste que l'on peut faire à propos du rappel de de Gaulle?
19. Quelle était l'opinion personnelle de Françoise Giroud à propos du retour de de Gaulle?
20. Pourquoi a-t-elle néanmoins résisté publiquement?

Discussions

1. Briser sa carrière et perdre sa réputation pour une cause que l'on croit juste. En connaissez-vous des exemples, contemporains ou non, dans le monde des lettres, des arts, dans les milieux politiques ou militaires?
2. Personnellement, pour quelles causes seriez-vous prêt(e) à compromettre votre avenir ou votre réputation?
3. Pourquoi, selon vous, un peuple se donne-t-il à un chef militaire? Donnez des exemples pris dans l'histoire.

Recherches

1. Les événements du 13 mai 1958.
2. Le conflit algérien (1954–1962).

CHOIX DE TEXTE:

«Lieutenant en Algérie»

En juillet 1956, Jean-Jacques Servan-Schreiber, lieutenant de réserve, est rappelé par l'armée pour aller faire la guerre en Algérie. «L'Express» est dans une situation difficile à cause de ses prises de position, mais Servan-Schreiber refuse d'être démobilisé comme ses amis le voudraient. Il part donc et rapporte un récit transposé de son expérience «Lieutenant en Algérie».

Dans cet extrait, nous voyons une confrontation mortelle, malheureusement typique, entre Arabes et soldats français.

Au cours de la discussion entre les deux officiers, qui suit le récit de l'incident, le dilemme de la situation apparaît clairement.

Au village de Brahim, comme dans les autres, il y a une casbah. Alger a la sienne, la plus célèbre—la Casbah tout court. Mais toutes les villes, grandes ou petites, aussi. On dit «la casbah de L'Arba», ou la «casbah de Rivet». C'est la partie de l'agglomération
5 où vivent les musulmans.

4 agglomération *f.*: village   5 musulmans *m.*: *Moslems*

Sur la route vers Keddara et Palestro, à la sortie du village de Brahim se trouve sa petite casbah: de chaque côté de la route, qui devient une rue, quelques boutiques et le café maure où les musulmans bavardent toute la journée, central du «téléphone arabe».

10 Ce mardi, à cinq heures, il faisait encore très chaud. Les esprits étaient tendus, nerveux, et pas seulement à cause de la chaleur. Continuellement des attentats. Et, la veille encore, le facteur français, plutôt bien vu par tout le monde, ici depuis vingt-cinq ans, un homme de peine et de cœur, sans ennemis personnels,

15 avait été trouvé égorgé au début de sa tournée . . . On s'y habituait, bien sûr, puisque cela se reproduisait deux ou trois fois par semaine. Mais chaque fois la tension s'accentuait: on osait un peu moins bouger.

A l'une des tables en bois du café, deux Arabes—l'un jeune,

20 en pantalon de flanelle et chemise à col ouvert; l'autre en kachabia brune et blanche, avec une barbe grise et une peau toute craquelée—se séparèrent.

Le vieux resta assis, terminant lentement son verre de thé. Le jeune se leva avec souplesse et se dirigea vers la rue.

25 Un rugissement de klaxon militaire et le bruit angoissant d'un coup de freins énorme. Tout le monde se retourna.

Une jeep jaune clair avait failli écraser le jeune Arabe qui, imprudemment, ne regardait pas. Il n'avait aucun mal, sauf une forte émotion. Mais il se mit à réagir avec vigueur à l'adresse des

30 deux soldats français, stoppés dans leur voiture, au milieu de la rue, le moteur bloqué par l'arrêt brutal. Il vociférait, avec d'amples gestes—en arabe d'ailleurs, pour plus de sûreté.

Le sergent Baral remit son moteur en marche. Il n'aimait pas les Arabes en général, ni ceux qui se permettaient de l'injurier en

35 particulier, mais cet après-midi il n'avait pas le temps de se laisser aller à des diversions sentimentales. Il était chargé, avec son homme d'escorte, le deuxième classe Geronimo, de porter des plis au P.C. du régiment. Il s'occuperait donc de ce jeune énergumène

---

8 maure: *Moorish*
9 central *m.: switchboard;* le —
   du téléphone arabe: le café
   est le lieu de transmission des
   nouvelles
12 facteur *m.:* postier
15 égorgé *vb.* égorger: couper la
   gorge, *to slit the throat*
20 kachabia: *long coat with a hood*
22 craquelée *cracked*

25 rugissement *m.: roar*
26 freins *m.: brakes*
34 injurier: insulter
37 un soldat de deuxième classe:
   a private
   plis *m.:* lettres
38 P.C.: poste de commandement
   énergumène *m.:* individu bizarre, à moitié fou

agaçant un autre jour . . . On le retrouverait bien: le village
40 n'était pas grand.

—Dis donc, sale bougnoule, tu as fini de gueuler, ou je te
passe à la casserole! hurla Geronimo, pour couvrir la voix de
l'Arabe qui continuait de gémir.

Il sauta de la jeep, en faisant décrire à sa mitraillette, toujours
45 suspendue à son cou par la courroie, et plaquée sur son estomac, le
quart de tour à droite, réglementaire et instinctif, qui la met en
position de combat.

L'Arabe se tut. Sa passion trouva refuge dans son regard noir
et dans le tremblement de ses mains, longues et sèches.

50 Aux tables du café maure chacun, immobile, regardait la rue.
Le patron, des verres de thé dans les bras, était resté figé, le dos
tourné à la rue, la tête dévissée vers l'arrière pour suivre la scène
sans bouger.

Le silence du piéton détendit un peu les visages. Mais les
55 corps et les mains restaient immobiles: la jeep était toujours là, Geronimo l'arme au poing. L'Arabe, planté sur ses deux pieds,
paraissait mettre tout son orgueil dans le refus d'obéir.

De la petite table du café, le vieux se leva alors et se dirigea
vers lui.

60 Geronimo avait une envie très douce de prolonger la scène. Il
en était la vedette. Il en était le maître. Il aimait ça. C'était un sentiment inouï depuis qu'il était en Algérie, et qu'il n'avait jamais
connu dans sa famille, ni parmi ses camarades, à Nice: cette
puissance, cette possession des hommes, cette virilité décuplée que
65 lui donnait son arme, longue et dure.

Et tous ces spectateurs, fascinés par ses gestes, par son allure,
les yeux sur le canon de son P.M.—suspendus à son plaisir. Pour
prolonger cette jouissance, il n'avait qu'à interdire à tout le monde
de bouger, à ce vieux chnoque en particulier qui venait calmer son
70 camarade.

—Gero, fais pas le corniaud! . . . On n'a pas de temps à
perdre. Tu t'amuseras une autre fois. Allez, rembarque!

41 sale bougnoule *m.:* insulte ra-
  ciste
  gueuler *vulg.:* crier très fort
42 passer à la casserole *f. pop.:*
  tuer quelqu'un
44 mitraillette *f.: machine pistol*
45 courroie *f.: strap*
  plaquée *vb.* plaquer: appuyer
  fortement

52 dévissée: *turned sharply*
64 décuplée *vb.* décupler: multi-
  plier par dix
67 P.M.: pistolet mitrailleur, *automatic pistol*
71 faire le corniaud *m. fam.:* faire
  l'imbécile

Baral en avait assez, il n'aimait pas que son copain se mette dans cet état. Et puis il était le chef de voiture, responsable de
75 l'heure d'arrivée du courrier. Il voyait bien, à ce pli soudain creusé au coin des lèvres de Geronimo, que si la plaisanterie continuait, on ne pourrait plus le tenir: comme un cheval de sang, il ne fallait pas le laisser atteindre un certain seuil au-delà duquel il devenait sourd et totalement physique, imprévisible.
80 Le vieux, prudent, s'avançait à pas lents et lourds, comme devant une bête qu'on ne veut pas alarmer. Avant de mettre le pied sur la chaussée, du bord du trottoir, il parla, d'une voix calme à son ami: «Rentre chez toi . . . Allez, fais pas la mule, Allez, rentre . . .»—en français, pour qu'il n'y ait pas de malentendu
85 avec les militaires.
Un fracas sec déchira l'air, coupa à vif dans tous ces nerfs tendus. Le vieux se pencha en avant, porta ses deux mains à son ventre, et tomba doucement, en se racontant à lui-même des choses sourdes et inintelligibles, tandis que son sang coulait du
90 trottoir sur les pavés de la rue. De ses yeux, qui restaient ouverts et vivants, il continua de regarder la jeep, comme inquiet encore de la suite.
Geronimo, qui n'avait pas bougé d'un pouce, regardait, calme, redescendu sur la terre, son arme qui était «partie» d'elle-
95 même, en dehors de sa volonté, comme un organe vivant où toute la tension extérieure et toute la tension de son être seraient venues s'accumuler jusqu'au paroxysme et, d'un coup, se décharger.
Sorti de son extase, un blessé râlant à ses pieds, Geronimo tremblait maintenant un peu.
100 Et il attendit, sans faire un geste, les ordres de son camarade.

* * *

—Mon cher monsieur, dit Martin, s'adressant à Julienne avec condescendance mais une évidente gentillesse, vous avez raison, cent pour cent raison—en théorie. Seulement, en pratique, vous allez découvrir que vous êtes devant un choix. Ou bien vous
105 considérez à priori que tout Arabe, dans la campagne, dans la rue,

---

78 seuil *m.:* degré d'excitation
79 sourd: qui ne peut pas entendre
82 chaussée *f.:* route
84 malentendu *m.:* mauvaise interprétation

86 fracas *m.:* bruit violent
à vif: *to the quick*
88 ventre *m.:* *stomach*
97 se décharger: se libérer
98 râlant *vb.* râler: *to gasp*

dans le camion qui passe, est innocent jusqu'à preuve du contraire: permettez-moi de vous dire que, si telle est votre attitude, vous allez faire bousiller vos hommes, que les fellagha seront les rois, et que vous, vous serez immédiatement muté parce que les parents
110 des rappelés qu'on fait tuer n'aiment pas ça et écrivent à leurs députés que vous êtes un boucher . . . Ou bien vous voulez faire correctement votre métier, c'est-à-dire mettre les fellagha hors d'état de nuire, et protéger nos hommes le plus possible. Alors, il n'y a qu'une méthode: considérer que tout Arabe est un suspect,
115 un fellagha possible, un terroriste en puissance—parce que ça, mon cher monsieur, c'est la vérité . . . Et, ne venez pas me répondre par la Justice ou la Charité. Ça n'a aucun rapport. Je ne dis pas que ça n'existe pas: je dis que ça n'est pas à notre niveau. Discutez-en à Paris avec messieurs les politiciens qui nous ont mis
120 dans ce bain. Mais, une fois ici, se poser des problèmes de conscience—et traiter les assassins possibles en innocents présumés—c'est un luxe qui coûte cher, qui coûte des hommes, cher monsieur, de jeunes hommes, innocents eux aussi, les nôtres. Je ne vous donne d'ailleurs pas quinze jours pour vous en aperce-
125 voir . . .

Au-dehors, dans la nuit silencieuse du couvre-feu, seul le bruit sec des courtes rafales d'armes automatiques, proches ou lointaines, battait un rythme régulier. La patrouille blindée qui sillonnait le soir la campagne s'était fixé à elle-même de ne jamais
130 rentrer sans avoir «vidé les chargeurs». Tout ce qui bouge est suspect.

On observait le capitaine Julienne. Ses yeux noirs, sous des sourcils épais et grisonnants, parcouraient la table. Il éprouvait sans doute qu'il s'était aventuré un peu à la légère: il était isolé.

Jean-Jacques Servan-Schreiber
«Lieutenant en Algérie»
© Presses Pocket, 1971

108 faire bousiller *fam.:* faire tuer
fellagha: ici, le terme désigne les Algériens en révolte contre l'autorité française
109 muté *vb.* muter: changer de poste
110 rappelés *m.:* les soldats rappelés *(called up)* par l'armée

113 nuire: faire du mal
119 mettre dans le bain *fam.:* engager dans une situation difficile
127 rafales *f.: bursts*
128 blindée: *armored*
130 chargeurs *m.: clips;* vider les —: *to empty the clips*

Notes

1. **Alger:** Port sur la Méditerranée, aujourd'hui capitale de l'Algérie.
2. **Keddara et Palestro:** Deux villes de Grande Kabylie, région montagneuse de l'Atlas tellien dans le nord de l'Algérie.
3. **Nice:** Port de la Côte d'Azur.
4. **Martin:** Commandant parachutiste et chef des opérations dans le secteur.
5. **Julienne:** Capitaine de réserve, rappelé par l'armée, personnage principal du récit.

Questions

1. Qu'est-ce que c'est qu'une casbah?
2. Où se trouve la casbah de Brahim? Décrivez-la.
3. Pourquoi les esprits étaient-ils tendus ce jour-là?
4. Que s'était-il passé la veille?
5. Décrivez les deux Arabes assis au café.
6. Que fait le conducteur de la jeep pour éviter l'Arabe?
7. Quelle est la réaction du jeune Arabe?
8. Quelle est la mission des deux soldats?
9. Quel est le sentiment du sergent envers les Arabes?
10. Quelles sont les réactions de Geronimo?
11. Comment se traduit la tension chez l'Arabe? Chez les autres spectateurs?
12. Quels sentiments éprouve Geronimo au cours de cette scène?
13. Que pense Baral de l'attitude de son camarade?
14. Comment intervient le vieil Arabe?
15. Qu'est-ce qu'on entend soudain?
16. Comment se termine l'incident pour le vieux?
17. Que s'est-il passé chez Geronimo qui explique son geste? Quelle est son attitude aussitôt après?
18. Selon Martin, de quelles façons peut-on considérer les Arabes en général?
19. Pour quelles raisons particulières n'y a-t-il qu'une seule façon de considérer les Arabes?
20. Pourquoi, selon Martin, ne peut-on parler ni de Justice ni de Charité?
21. Pourquoi le capitaine Julienne se sent-il isolé?

Discussions

1. Analysez les différentes étapes du récit et comment il progresse vers une issue inévitable.
2. Quels motifs expliquent l'attitude de Geronimo au cours de la confrontation?
3. Faites le portrait des divers personnages du récit.
4. Les relations entre les soldats d'une armée en guerre et les populations civiles.
5. Relevez les détails exotiques dans le texte.
6. La Justice et la Charité sont-elles incompatibles avec l'état de guerre, comme l'affirme Martin?
7. Jean-Jacques Servan-Schreiber a été inculpé d'atteinte à la sûreté de l'État pour «Lieutenant en Algérie». Après la lecture de cet extrait, comprenez-vous pourquoi le gouvernement a pris cette mesure? Qu'est-ce que l'auteur montre dans ce récit? Pouvait-on espérer un arrêt des hostilités et une réconciliation des deux communautés?

Chapitre 10

La Ve République

La Campagne présidentielle de 1965

Depuis 1962, une réforme de la Constitution prévoit l'élection directe du Président de la République au suffrage universel. En novembre 1965, la Présidence de de Gaulle arrive à expiration. Des élections sont annoncées pour le 5 décembre. Pendant la courte campagne présidentielle cinq candidats se présentent contre de Gaulle, dont François Mitterrand et Jean Lecanuet. Tous sont autorisés à paraître à la Télévision d'État, jusque-là monopolisée par le gouvernement. A la surprise d'un grand nombre, le Général de Gaulle n'obtient pas la majorité requise pour être élu. Un deuxième tour de scrutin est nécessaire, le 19 décembre, entre de Gaulle et François Mitterrand. De Gaulle est réélu pour sept ans avec treize millions de voix contre 10 600 000 pour Mitterrand.

—Je me souviens que vous avez suivi la campagne présidentielle à la télévision, je me souviens de vos articles . . .

—Oui, parce que j'ai eu un choc. Tout le monde l'a eu, d'ailleurs . . . Il y a eu un moment réellement étonnant quand on
5 s'est aperçu que la monopolisation de la télévision se retournait brusquement contre ses auteurs. Il eût fallu avoir le courage

4 étonnant: stupéfiant

cynique—ou la modestie—de ne jamais la livrer à ses adversaires. Mais de Gaulle était à la fois sûr de lui et trop étranger à la notion de dictature pour se conduire de la sorte.

10 Et voilà que, soudain, en laissant pour la première fois la parole à l'opposition qu'il avait présentée, jusque-là comme un ramassis d'imbéciles aigris, il la laissait s'incarner dans des hommes qui n'avaient ni venin ni couteau entre les dents et qui exposaient, tranquillement, une autre problématique.

15 Soudain le public découvrait que des messieurs très bien élevés, bien propres et aussi capables que n'importe qui de parler un quart d'heure sans notes, n'étaient pas gaullistes. L'apparition de Jean Lecanuet a été, en particulier, foudroyante. Quoi! un bon notable de province, calme, et parlant bien, pouvait dire: «Je ne 20 suis pas d'accord avec de Gaulle!»

La magie de de Gaulle, c'est essentiellement lui qui lui a porté l'estoc dans cette partie décisive de l'opinion publique, en France, que l'on appelle le centre.

—Ce n'est pas Mitterrand?

25 —A mes yeux, non. Mitterrand avait, en 1965, une physionomie inquiétante, pour beaucoup, et ce ne sont pas ses premières apparitions à la télévision qui étaient de nature à dissiper cette réticence épidermique que l'on observe si souvent à son sujet . . . Encore qu'elle se soit sensiblement atténuée depuis, me semble-30 t-il, tant il y a travaillé. C'est que personne ne possède plus que lui cette ardente patience . . .

Au bout de l'épopée churchillienne, il y a le peuple anglais qui, tranquillement, le renvoie dans ses foyers en votant travailliste après la guerre.

35 Et au bout de l'épopée gaullienne, il y a le peuple français qui, froidement, le met en ballottage en 1965.

---

12 ramassis *m.:* groupe de personnes peu estimables
aigris: devenus aigris, *embittered*
13 venin *m.:* poison
14 problématique *f.:* approche des problèmes
19 notable *m.:* personne qui a une situation sociale importante dans une ville
21 estoc *m.: type of sword;* porter l'—: *to strike the blow*

26 inquiétante: alarmante
28 épidermique: ici, instinctive
29 encore que + *subj.:* bien que
33 foyers *m.:* renvoyer dans ses —: renvoyer chez lui
travailliste: le parti —: *British Labor Party*
35 épopée *f.:* récit d'aventures héroïques
36 ballottage *m.* mettre en —: ne pas obtenir la majorité nécessaire des votes

Churchill est revenu au pouvoir, mais fini. De Gaulle y est resté quatre ans après 1965. Mais au fond, c'était fini. Tout de même quelle stupeur en 1965! Vous vous souvenez?

40   Je me souviens de la nôtre, au journal, quand les chiffres sont tombés, à peine passées huit heures . . .

—Vous ne l'aviez pas du tout prévu?

—Non, vraiment pas. Je dois même avoir encore un petit papier que j'ai fait encadrer sur lequel Gaston Defferre, Jean-
45 Jacques Servan-Schreiber et moi avions consigné nos pronostics, pendant le week-end de la Toussaint 1965, que nous avions passé ensemble. Nous situions tous son score entre 51 et 55%.

—Vous avez voté pour qui?

—Moi? Pour Mitterrand. Jean-Jacques pour Lecanuet au
50 premier tour. Pour Mitterrand au second. Nous l'avons écrit l'un et l'autre, ce n'est pas un secret que je révèle. Defferre, je ne sais pas. Mais il a dû l'écrire, lui aussi, à l'époque, puisqu'il a un journal.

Notes

1. **Jean Lecanuet (né en 1920):** Maître des requêtes au Conseil d'État, homme politique et magistrat municipal. Agrégé de philosophie. Directeur de plusieurs Cabinets de ministres. Député puis Sénateur de la Seine-Maritime. Candidat à la Présidence de la République en 1965, il ne se présente pas au deuxième tour car il n'a pas obtenu un nombre suffisant de votes. Fondateur avec Jean-Jacques Servan-Schreiber du Mouvement réformateur (1972). Ministre de la Justice dans le gouvernement Giscard d'Estaing de 1974 à 1976.

2. **Mitterrand:** Voir p. 191.

3. **en votant travailliste après la guerre:** En 1945. Churchill est revenu au pouvoir de 1951 à 1955.

4. **Gaston Defferre (né en 1910):** Député socialiste et maire de Marseille, directeur du journal «Le Provençal» (le plus fort tirage des journaux du sud-est). Candidat à la Présidence en 1969.

44 encadrer: *to frame*
45 consigné *vb.* consigner: fixer
    par écrit
46 Toussaint *f.:* fête de tous les saints, le 1er novembre

50 premier tour *m.:* *first ballot*
    second = second tour, *run-off ballot*

Questions

1. Comment Françoise Giroud a-t-elle suivi la campagne présidentielle?
2. Que s'est-il passé quand de Gaulle a cessé de monopoliser la télévision?
3. Pourquoi de Gaulle n'a-t-il pas continué à la monopoliser?
4. Comment avait-il toujours présenté les membres de l'opposition au public?
5. De quoi le public s'est-il rendu compte?
6. Qui est le «n'importe qui» dont elle parle?
7. Quel candidat, en particulier, a impressionné les téléspectateurs?
8. Qu'a-t-il osé dire?
9. Pourquoi Mitterrand n'a-t-il pas bénéficié de la même réaction?
10. Quelle qualité possède-t-il?
11. A quel événement Françoise Giroud compare-t-elle la mise en ballottage de de Gaulle en 1965?
12. En quoi la conduite de de Gaulle a-t-elle été différente de celle de Churchill après les élections?
13. Quel était le score de de Gaulle que tout le monde avait prévu?
14. Pour qui Françoise Giroud et ses amis ont-ils voté?

Discussions

1. Le rôle de la télévision dans les campagnes électorales. L'apparition des candidats à la télévision influence-t-elle le vote des électeurs?
2. Chaque candidat devrait-il avoir un temps égal à la télévision? Comment devrait-on répartir le passage des candidats et le financement de ces émissions? Une législation est-elle désirable?
3. Les apparitions d'hommes d'état à la télévision qui ont eu une grande influence sur l'opinion publique.

Mai 1968

En mars 1968, à la Faculté de Nanterre dans la banlieue parisienne, un étudiant en sociologie, Daniel Cohn-Bendit, dirige un mouvement de revendications parmi les étudiants qui conduit à la fermeture de l'Université (2 mai). L'effervescence se porte au Quartier latin, à Paris, et la Sorbonne est fermée à son tour. Dans la nuit du 10 mai et jusqu'à l'aube, 20 000 étudiants s'opposent à la police. Bilan: un tué, 1500 blessés, 200 voitures endommagées ou brûlées, des dizaines d'arbres coupés, des devantures de magasins cassées et des pavés *(paving stones)* arrachés qui ont servi d'armes. Cette même nuit, dix universités de province ont été également occupées ou mises à sac.

Pourquoi cette explosion? Elle s'explique par de multiples raisons: l'insuffisance des locaux et des professeurs pour une population étudiante qui a triplé en 15 ans, une mauvaise organisation des études, et un manque de situations pour les diplômés.

Défi ou malaise de toute une génération, crise de civilisation, remise en question de la société, mai 1968 commence dans un climat de libération et de joie qui permet à tous les silencieux de prendre enfin la parole. Ils la garderont pendant six semaines dans les universités et les usines. Car, entre-temps les ouvriers ont décidé de faire entendre, eux aussi, leurs revendications et commencent une série de grèves et d'occupation d'usines. Le 24 mai, il y a neuf millions de grévistes en France, et le pays est paralysé. Georges Pompidou, le Premier Ministre, essaie de négocier un retour au calme et à la normale, alors que le Général de Gaulle est en voyage officiel en Roumanie. Toutefois, la liaison étudiants-ouvriers espérée par les gauchistes échoue, car les deux groupes avaient des aspirations trop opposées.

Enfin, l'opinion publique d'abord favorable, dans sa majorité, aux étudiants, se fatigue et devant la grève générale, prend peur. Quand le Général de Gaulle lance son message à la télévision, le 30 mai, pour annoncer le maintien du gouvernement et la dissolution du Parlement, la réponse est un immense défilé sur les Champs-Élysées de tous ses partisans.

—Comment avez-vous ressenti mai 1968?

—Ah! c'est difficile à dire avec un peu de fraîcheur après avoir tant parlé, comme tout le monde, à ce sujet. Et écrit, de surcroît. Je ne me sens guère capable d'y revenir sans avoir l'im-
5 pression de remettre un disque.

—Comment l'avez-vous vécu? Vous avez été surprise?

—Ai-je été surprise par mai 1968 . . . Laissez-moi réfléchir . . . Non. Par l'explosion étudiante, pas du tout. Sans doute parce que j'avais suivi ce qui s'était passé à l'étranger, en Allemagne, aux
10 États-Unis. «L'Express» en général et moi en particulier avions été attentifs à ce sujet. J'étais à l'époque une des cinquante personnes, en France, qui connaissaient l'existence d'un certain Marcuse et qui l'avaient lu. Et une des cinquante personnes qui avaient lu des textes des situationnistes. J'ai oublié le titre du livre de Raoul
15 Vaneigem qui est sorti bien avant 1968 et où l'on trouve à peu près tout ce qui a fleuri, alors, sur les murs, entre autres choses. J'avais, de surcroît, deux enfants étudiants et même dans leur discipline, qui n'était sans doute pas le théâtre du plus grand nombre possible

---

1 ressenti *vb.* ressentir: ici, 17 discipline *f.:* spécialité, *field*
  réagir

d'aberrations, il était clair que quelque chose n'allait pas, n'allait
20 plus. J'avais enfin largement plongé, dix ans plus tôt, dans l'ex-
ploration des attitudes de la jeunesse française, à l'occasion de
l'enquête que nous avions appelée «La Nouvelle Vague», et dont
j'avais fait, ensuite, un livre nourri de milliers de lettres de jeunes
gens.

25 Je peux dire que j'ai tôt senti, aussi, peut-être parce que je
connaissais assez bien les États-Unis, le malaise qui naîtrait un jour
de la course aux biens matériels, dans la génération qui n'en avait
jamais été privée. L'interrogation qu'elle poserait sur le sens de
l'effort, du travail et tout bonnement de la vie.

30 J'avais un peu réfléchi, aussi, comme tous ceux qui ont eu à
élever des enfants, sur la difficulté de transmettre le respect de ce
qu'on ne respecte pas. Personne ne sait comment il convient
d'élever les enfants. Moi non plus. Mais une génération de parents
automatiques, en quelque sorte, reproduisant des attitudes et des
35 paroles auxquelles eux-mêmes ne croyaient plus, imaginait-on
qu'elle allait donner des enfants-jetons qui se glisseraient docile-
ment dans des machines à travailler?

Sur un autre plan, bien que je sois aujourd'hui à peu près
adulte, enfin je l'espère, je ressens vivement l'horreur qu'on peut
40 éprouver à «s'adapter». La vie, est-ce qu'on s'y fait ou est-ce qu'on
s'y défait? Et à quel moment la bienheureuse adaptation devient-
elle l'ignoble résignation? Le fameux «changer la vie» qui est
devenu une rengaine assez touchante à la fin, de la part de tous les
vieux enfants que nous sommes, c'est un enfant qui le premier l'a
45 crié, n'est-ce pas, il y a un siècle . . .

L'explosion ouvrière, elle, était inscrite dans le montant du
S. M. I. G. Du haut de son tas d'or, de Gaulle voyait loin, jusqu'aux
États-Unis, mais il ne voyait pas sous lui. Et son Premier ministre
avait montré, avec la grève des mineurs en 1963, qu'il ne sentait
50 pas ce qu'on appelle le monde du travail.

Donc, cette explosion-là n'était pas non plus surprenante.
C'est la conjonction des deux qui a fait événement. Un événement

---

19 aberrations *f.*: graves erreurs
de jugement
27 course *f.*: action de courir
28 privée *vb.* priver: *to deprive*
29 tout bonnement: tout simplement
32 convient *vb.* convenir: être ap-
proprié

36 jetons *m.*: *tokens;* enfants —:
enfants-robots
38 plan *m.*: niveau
40 s'y fait *vb.* se faire à: s'habituer ≠
se défaire
43 rengaine *f.*: refrain banal
49 grève *f.*: *strike*

que je juge pour ma part immense, peut-être le plus important
dans l'histoire sociale depuis la Commune.

55   Sur l'heure tout cela m'a inspiré plus de sympathie que de
panique. J'ai été regarder ce qui se passait sur les barricades, à la
Sorbonne, à l'Odéon, ici, là, fascinée par le défoulement verbal.
Admirable illusion de la communication, n'est-ce pas? Je parle,
donc tu m'entends. Mais que personne n'entende personne, ce

60   n'était pas l'important. Tout le monde parlait, et ce monologue à
mille voix qui libérait soudain le jamais dit allait faire que des
choses seraient dites, après quoi en effet, rien ne serait plus
«comme avant».

Notes

1. **Marcuse, Herbert (né en 1898):** Philosophe et sociologue américain d'origine allemande. A eu une grande influence sur la jeunesse occidentale pendant les années 60. Auteur de «Eros and
Civilization» (1954), «Soviet Marxism» (1958), «One-Dimensional
Man» (1965).

2. **situationnistes:** L'Internationale situationniste, mouvement qui
existe depuis 1957. Fait une critique globale du vieux monde et
tente de construire de nouvelles forces révolutionnaires.

3. **Raoul Vaneigem:** Auteur du «Traité de savoir-vivre à l'usage des
jeunes générations» (1967). Se consacre depuis 1960 aux activités
de l'Internationale situationniste.

4. **«La Nouvelle Vague»:** «Portraits de la Jeunesse», publié en 1958.

5. **changer la vie:** «Il y a peut-être des secrets pour changer la vie»
demande le poète Arthur Rimbaud (1854–1981) dans «Une
Saison en Enfer», poème en prose écrit en 1873.

6. **S.M.I.G.:** Salaire minimum interprofessionnel garanti *(minimum
wage)* devenu en janvier 1970, le S.M.I.C., salaire minimum interprofessionnel de croissance, pour tenir compte de l'augmentation du coût de la vie.

7. **du haut de son tas d'or:** De Gaulle avait favorisé le maintien de
l'étalon-or *(gold standard)*.

8. **son Premier ministre:** Georges Pompidou. Il y avait eu de nombreuses grèves en mars et en avril. La grève des mineurs, très
grave par ses répercussions sur toute l'économie, dura trente-
cinq jours.

---

57 défoulement   *m.:*   action   de   61 le jamais dit: ce qui n'avait ja-
      libérer   mais été dit

9. **La Commune:** Après la défaite française dans la guerre franco-prussienne, les Parisiens ne voulurent pas accepter la paix négociée par le chef du gouvernement, Thiers. En mars 1871, ils organisent une insurrection et instituent un régime révolutionnaire, la Commune, qui dura deux mois. En mai, l'armée de Thiers, repliée à Versailles, rentre dans Paris, et écrase la Commune en une semaine, appelée depuis la «Semaine sanglante» (11 000 fusillés, nombreuses déportations).

10. **la Sorbonne:** L'université de Paris, fondée en 1253 par Robert de Sorbon. Depuis 1968, il y a treize universités dans la région parisienne.

11. **l'Odéon:** Théâtre subventionné par l'État, situé place de l'Odéon, au Quartier latin. Dirigé alors par Madeleine Renaud et Jean-Louis Barrault.

12. **Je parle, donc tu m'entends:** Parodie du «je pense, donc je suis» de Descartes dans son «Discours de la méthode» (1637).

Questions

1. Porquoi est-il difficile à Françoise Giroud de parler de mai 1968?
2. A quoi Françoise Giroud et «L'Express» ont-ils été attentifs?
3. Quels écrivains avait-elle lus?
4. Qu'avait-elle clairement vu à travers ses enfants?
5. Quelle enquête avait-elle faite dix ans auparavant?
6. Quel malaise avait-elle senti chez les jeunes aux États-Unis?
7. Quelle interrogation la course aux biens matériels allait-elle poser?
8. Pourquoi qualifie-t-elle les parents d'«automatiques»?
9. Que croyaient-ils?
10. Quelle question pose-t-elle sur la vie en général?
11. Quel «enfant» a dit qu'il fallait «changer la vie»?
12. Quelle était l'attitude de de Gaulle et de son Premier ministre vis-à-vis du monde ouvrier?
13. Quelle conjonction a été surprenante?
14. A quoi compare-t-elle cette conjonction?
15. Où est-elle allée observer les événements?
16. Par quoi est-elle fascinée?
17. Que faisait tout le monde?
18. Quelle conséquence croyait-on que ce défoulement allait avoir?

Discussions

1. Les événements de mai 1968 en France et les révoltes d'étudiants aux États-Unis et dans le monde à la même époque.
2. Y a-t-il des mouvements de revendication parmi les étudiants dans votre université? Quelles sont ces revendications et ont-elles donné des résultats?
3. La difficulté de transmettre le respect de ce qu'on ne respecte pas. Quels exemples pouvez-vous en donner? Quelle attitude serait-il préférable d'adopter, selon vous?
4. Quand l'adaptation à la vie devient-elle de la résignation?
5. «L'admirable illusion de la communication»: Commentez et discutez.
6. «Changer la vie»? Comment la changeriez-vous?

J'ai vu arriver dans mon bureau M. Cohn-Bendit, rieur, féroce et gentil comme un jeune boxer dont il avait la couleur, qui m'a magistralement «tapée» de cinquante mille francs. C'était joliment fait. Et de quelques rames de papier.

5 Je n'étais pas autrement tranquille de savoir que mon fils gambadait sur les barricades. Mais je n'aurais pas aimé, non plus, qu'il n'y fût pas.

—Vous n'avez pas été angoissée par l'ignorance de l'inconnu?

—D'une façon générale, j'ai plutôt la curiosité de l'inconnu.

10 Ce qui était en train de trembler sur ses bases, oserai-je dire que cela ne m'attristait pas outre mesure de le voir ébranlé? Ils avaient été trop bêtes, tous, trop égoïstes, trop aveugles, trop. Et puis il y a eu des moments de véritable jubilation à voir le nombre de gens assurés de leur importance, de leur puissance, de l'éclat de leur

15 fonction, brusquement remis en question.

J'ai eu des réactions d'affreux jojo. Entre ceux qui an-

---

3 tapée *vb.* taper *fam.:* emprunter
cinquante mille francs: cinq cents «nouveaux» francs (environ 100 dollars)
4 rame *f.: ream*
5 pas autrement tranquille *fam.:* pas très tranquille

6 gambadait *vb.* gambader: sauter gaiement
11 outre mesure: excessivement
ébranlé *vb.* ébranler: bouleverser
16 jojo *m.:* affreux — *fam.; outrageous brat*

nonçaient la fin de l'Empire romain parce que leur fils leur disait merde, et ceux qui étaient à plat ventre devant tout ce qui avait moins de vingt ans, c'était drôle, non? Étrange, cette grande peur
20 de la mort qui oblige les gens vieillissants soit à se dire que le monde n'étant décidément plus ce qu'il était, on le quittera sans regret, soit à se frotter à la jeunesse comme si elle pouvait être contagieuse . . . Tout de même, Sartre agenouillé devant Cohn-Bendit ça m'a un peu serré le cœur comme de voir une dame mûre
25 en minijupe.

J'ai su que Mai était fini, dans ses aspects secondaires, le jour où, après des mois de graffiti violents, surréalistes ou obscènes couvrant les parois de nos ascenseurs, quelque chose est apparu qui semblait appartenir à des temps immémoriaux: un cœur
30 percé d'une flèche . . .

Changer la vie . . . Traduisez, cela veut dire «jouir». Rien d'autre. Et qu'est-ce qui empêche de jouir? Papa, Maman et la société, nous y revoilà. La société qui interdit, contraint, exige, impose des règles que l'on intériorise au point d'y obéir même
35 lorsque aucune sanction ne vous guette. Mettez-vous les doigts dans votre nez lorsque vous êtes seul?

Il n'existe qu'un projet totalement révolutionnaire: c'est celui des anarchistes. Détruire l'ordre, supprimer les règles, lever les interdits, jouir. Tout le reste consiste à remplacer un ordre par un
40 autre, un pouvoir par un autre, et des règles par d'autres règles.

Il n'y aura jamais, par définition, de société anarchiste puisque la contradiction est irréductible entre ces deux termes. Mais cette puissante volonté de bonheur qui s'est exprimée, qui prend parfois la forme d'une parodie de retour à la nature—on ne
45 se lave pas, on ne se rase pas, on ne range pas, on ne travaille pas, on va à la plage, on bouffe et on baise—, cette formidable revendication, tout le monde en a plus ou moins entendu en lui-même l'écho déchirant, même ceux qui l'ont le plus âprement nié.

18 merde *f.: shit*
ventre *m.:* à plat — ≠ sur le dos
22 se frotter à: s'associer
23 agenouillé *vb.* être agenouillé: être à genoux
24 mûre: *middle-aged*
28 parois *f.: walls*
29 flèche *f.: arrow*
31 jouir: *to enjoy*
33 interdit *vb.* interdire: ne pas autoriser

35 guette *vb.* guetter: menacer
45 range *vb.* ranger: mettre de l'ordre
46 bouffe *vb.* bouffer *vulg.:* manger
baise *vb.* baiser *vulg.:* faire l'amour
revendication *f.:* réclamation, *demand*
48 déchirant: poignant
âprement: sauvagement

Est-il possible que nous n'allions plus au bois? Que les lauriers
50 soient coupés?

Je ne sais pas. Mais je ressens fortement, et en moi-même qui
suis incapable de rester une heure inactive sans me sentir coupable, en moi-même qui suis au plus haut point un produit de la
contrainte, de la domination de soi, de règles, qui pour n'être pas
55 forcément celles de tout le monde ne sont pas moins implacables,
je ressens la suffocation à laquelle les enfants d'aujourd'hui se
dérobent. Cette envie qu'ils ont de bonheur partagé, ce besoin
qu'ils ont de changer les règles du jeu.

Comment cela peut-il se faire . . . Je n'ai pas de programme
60 à vous proposer. Reparlons-en dans dix ans, nous en saurons
peut-être davantage.

Notes

1. **Cohn-Bendit, Daniel:** Étudiant en sociologie à l'Université de
   Nanterre. Ses parents étaient des réfugiés juifs allemands. Organisateur du Mouvement dit du 22 mars qui a déclenché les événements de mai.

2. **Sartre, Jean-Paul (né en 1905):** Philosophe, romancier,
   dramaturge. Un des théoriciens de l'existentialisme. Écrivain
   engagé politiquement, il a été directeur de plusieurs journaux
   gauchistes et maoïstes, et dirige toujours «La Cause du Peuple».
   Prix Nobel de Littérature en 1964, qu'il a refusé. Un des écrivains
   les plus prolifiques et les plus importants de sa génération. En
   1968, il a pris nettement position en faveur des étudiants.

3. **Est-il possible que nous n'allions plus au bois:** Transposition des
   paroles d'une chanson enfantine, «nous n'irons plus au bois, les
   lauriers sont coupés».

4. **Les murs parlent; quelques graffiti de Mai:**

   Prenez vos désirs pour des réalités.

   L'imagination prend le pouvoir.

   Il est interdit d'interdire.

   Nous sommes tous des Juifs allemands.

---

56 ressens *vb.* ressentir: ici,
éprouver un sentiment

57 se dérobent *vb.* se dérober:
s'échapper

61 davantage: *more*

Salaires légers, chars lourds.

je participe
tu participes
il participe
elle participe
nous participons
vous participez
Ils . . . profitent*

Il a mis trois semaines pour annoncer en trois minutes qu'il fallait entreprendre dans un mois ce qu'il n'avait pas réussi à faire en dix ans.**

*Référence au projet de de Gaulle d'une participation des travailleurs à la gestion et aux bénéfices dans leurs entreprises.
**Écrit sur un mur de la Sorbonne, après le message de de Gaulle à la télévision, le 30 mai.

Questions

1. Qui était Cohn-Bendit? Qu'a-t-il fait?
2. De quoi Françoise Giroud est-elle curieuse?
3. Quelle a été sa réaction en voyant ce bouleversement?
4. De quoi se réjouissait-elle?
5. De quelles façons les adultes ont-ils réagi?
6. Quelle explication en donne-t-elle?
7. Comment étaient les graffiti?
8. Quand a-t-elle su que Mai était fini?
9. Quelle fonction attribue-t-elle à la société?
10. Quel est le seul projet révolutionnaire?
11. Comment définit-elle une société anarchiste? Cette sorte de société est-elle possible?
12. Quelle forme prend parfois la volonté de bonheur?
13. Qui éprouve cette volonté de bonheur?
14. De quoi le refrain de la chanson est-il symbolique?
15. Comment décrit-elle son caractère?
16. En dépit de ce caractère, quels sentiments partage-t-elle avec la jeunesse d'aujourd'hui?

Discussions

1. Le fossé des générations *(generation gap)*. Est-il possible pour les jeunes d'être compris par les adultes et vice versa?
2. Y a-t-il eu un changement dans la société française ou la vôtre depuis 1968?
3. Quelle est votre conception d'une société idéale?

Recherches

1. Les réformes universitaires après 1968.
2. La réforme Haby.
3. Les revendications étudiantes depuis 1968.

Grammaire

Le Subjonctif

Notez l'emploi du subjonctif dans les cas suivants:

Après une conjonction:

> avec assez d'éclat **pour que** l'on s'en **souvienne.**

Après un superlatif:

> **le seul** qui en **ait eu.**

Mais l'indicatif est possible si on veut indiquer que l'idée exprimée est parfaitement objective:

> **La seule personne** que je **pouvais** décemment réveiller.

Après une expression qui exprime le doute:

> **Est-il possible** que nous n'**allions** plus au bois?

Après un verbe exprimant un sentiment:

> je n'**aurais** pas **aimé** qu'il n'y **fût** pas.

Le subjonctif est utilisé aussi après un verbe exprimant la nécessité et la volonté; et après **croire, penser,** et **espérer** au négatif et à l'interrogatif.

Complétez les phrases suivantes en utilisant le subjonctif ou l'indicatif:

1. Il est important que le gouvernement _____ (avoir) de l'autorité.
2. Pense-t-elle que la défaite de la France _____ (être) une catastrophe?
3. «L'Express» veut que Mendès France _____ (venir) au pouvoir.
4. Il faut que vous _____ (être) le premier Président de l'Europe unie.
5. Elle croit que les parachutistes _____ (aller) l'arrêter.
6. Elle doute que la nouvelle génération _____ (savoir) ce qu'elle veut.
7. De Gaulle est le seul qui _____ (pouvoir) faire accepter la décolonisation.
8. Elle regrette que la violence _____ (être) nécessaire pour amener des changements en France.
9. Pour que les enfants _____ (apprendre) à respecter certaines valeurs, il faut que les parents les _____ (respecter) aussi.
10. La société exige que nous _____ (obéir) aux règles.

Le Référendum de 1969 et le départ de de Gaulle

Après les événements de mai 1968, de Gaulle dissout le Parlement et remporte une nouvelle victoire aux élections en juin (349 députés sur 482). En février 1969, il annonce un référendum. Ce référendum concerne un projet, jugé vague, de création de régions pour décentraliser l'administration de la France; il comprend aussi une réforme du Sénat. Le 27 avril, le référendum est rejeté par 53% des électeurs. Le lendemain, le Général donne sa démission.

Toute relation intense avec le pouvoir est un avatar de la sexualité. Mais cela se voit plus ou moins. Le jour d'avril 1969 où le général a dit: «Femme, réponds . . .», ça a mal tourné. Il fallait bien que cela arrive.

5   C'est qu'il n'y avait plus de femme du tout—à supposer que l'image ait jamais été adéquate—mais ces gens très gênants pour les gouvernants que sont les gouvernés, avec cette manie gran-

---

1 avatar *m.:* métamorphose   2 cela se voit = on le voit

dissante qu'ils ont prise de se mêler de ce qui les regarde. Le plus curieux, c'est que de toute sa bande, de Gaulle est peut-être le seul
10 qui en ait eu la compréhension. Mais trop tard.

Pendant trois ans, de 1962 à 1965, il a disposé d'un pouvoir illimité. Pour faire quoi? Il est probable que personne n'aura jamais plus en France une pareille possibilité d'action: celle de tout faire, sans coercition. Qu'il n'en ait pas usé pour dynamiter quel-
15 ques-uns de nos blocages, qu'il n'en ait pas usé pour faire l'Europe politique, qu'il n'en ait pas usé du tout à la fin, quel gâchis! . . .

Pour la première fois, en 1963, la moitié du corps électoral avait dépassé l'âge jugé critique en ce qui concerne le passage au
20 conservatisme, l'âge de quarante-cinq ans. C'est-à-dire que de Gaulle disposait d'un électorat imprenable, s'ajoutant à cette partie du peuple qui se sentait plus près de lui que des chefs politiques bourgeois. C'est-à-dire qu'il disposait d'un électorat auquel il pouvait tout faire avaler, y compris des réformes sauvages dès lors
25 que c'était lui. Et tout donne à penser qu'il a eu l'intuition de leur nécessité . . . Mais peut-être gouverne-t-on beaucoup moins qu'on ne le croit de l'Élysée, même quand on est de Gaulle.

Quant à l'Europe . . . Un jour, Jean Monnet lui a écrit pour lui dire: «Il faut que vous soyez le premier président de l'Europe
30 unie, et le second sera Adenauer.» De Gaulle l'a prié de venir le voir. Ils ont eu une longue conversation. Et avec Jean Monnet, les points sont toujours sur les i. Après quoi, de Gaulle a informé quelques personnes de son cabinet de ce dessein qui apparaissait, en ces termes: «Après tout, si l'Allemagne veut devenir française
35 . . .»

Pour l'Europe, sans doute, il était trop âgé. Dommage. Ces trois années, tout lui eût été possible. En France, et en Europe. Mais il était comme le soleil couchant de ce monde.

Notes

1. **l'Élysée:** Résidence du Président de la République, entre le faubourg Saint-Honoré et l'avenue des Champs-Élysées.

2. **Jean Monnet (né en 1888):** Économiste politique, créateur du Plan dit Monnet (voir p. 99) et auteur du plan Schuman (1950) qui a lancé le projet d'une Europe unie.

8 se mêler de: se préoccuper de
regarder: ici, concerner

16 quel gâchis: *what a mess*

21 imprenable: qu'on ne peut pas prendre

31 les points sont toujours sur les i: *the i's are always dotted*

3. **Adenauer, Konrad (1876–1967):** Chancelier de la République fédérale allemande de 1949 à 1963.

Questions

1. Que pense Françoise Giroud de toute relation avec le pouvoir?
2. Quand et à quelle occasion cette relation de de Gaulle avec la France a-t-elle cessé?
3. Quelle remarque ironique fait-elle à propos des gouvernés?
4. Quelles ont été les possibilités d'action de de Gaulle entre 1962 et 1965?
5. Que regrette-t-elle?
6. Comment caractérise-t-elle l'électorat de de Gaulle? Pour quelles raisons était-il ainsi?
7. Pourquoi de Gaulle n'a-t-il pas pu faire les réformes nécessaires?
8. Quelle conception de Gaulle avait-il de l'Europe?
9. Comment explique-t-elle cette attitude de de Gaulle?
10. De quelle image se sert-elle pour décrire de Gaulle?

Discussions:

1. «Toute relation intense avec le pouvoir est un avatar de la sexualité.» Commentez et discutez.
2. Une occasion dont vous n'avez pas su profiter. Racontez les circonstances.
3. Les personnalités de l'histoire que vous connaissez qui n'ont pas su profiter de l'occasion pour prendre une mesure importante ou pour accomplir une action décisive.

III
Portraits

Chapitre 11

Jean Renoir

Jean Renoir est le second fils d'Auguste Renoir, un des maîtres de l'impressionnisme. Né à Paris en 1894, il réside maintenant en Californie. Acteur, metteur en scène, et réalisateur de nombreux films muets et parlants. Ses films les plus connus sont: «Nana» (1926), «Le Crime de Monsieur Lange» (1935), «La Grande Illusion» (1937), «La Bête humaine» (1938), «La Règle du jeu» (1939), «The River» («Le Fleuve», 1951), «French-Cancan» (1955), «Le Déjeuner sur l'herbe» (1960), et, en 1969, «Le Petit Théâtre de Jean Renoir».

—Vous avez cité, tout à l'heure, Jean Renoir. Quand l'avez-vous connu?

—C'était en 1936, je crois. Ou peut-être à la fin de 1935. En tout cas, j'ai passé une bonne partie de l'année 1936 dans son
5 orbite.

Je n'avais pas de travail. J'ai été engagée pour taper à la machine un scénario en cours d'élaboration qui s'appelait «La Grande Illusion». A l'origine, il y avait un livre, je crois, mais de qui, je ne sais pas. Puis il y a eu un travail de Spaak. Puis Renoir a dix fois
10 remanié la construction et les dialogues, surtout lorsqu'il a réussi à décider Stroheim. Nous étions déjà en Alsace lorsque Stroheim a

---

1 cité *vb.* citer: ici, mentionner
7 scénario *m.: script;* scénariste
   m. et f.: personne qui écrit
   un scénario

10 remanié *vb.* remanier: modifier

rejoint l'équipe. Vous savez qu'en anglais, metteur en scène se dit
director. Directeur. Avec Renoir, j'ai vu pour la première fois un
«directeur», et le mot peut s'appliquer au gouvernement de n'im-
15 porte quelle réalisation. D'un barrage, peut-être! Tout y était: la
vue globale, le souci du détail, l'autorité, le don de susciter des at-
tachements et, surtout, surtout, l'art d'utiliser les hommes, d'en
tirer le meilleur, et, ce faisant, de les rendre heureux.

Renoir avait le calme, la patience, la faculté d'intérêt pour les
20 autres, quels que soient les autres, l'authentique modestie aussi,
que l'on trouve seulement chez les hommes qui ne se sentent pas
obligés de se rassurer perpétuellement sur leur virilité. Autant
dire qu'ils ne sont pas nombreux. Il était le premier réalisateur
français qui avait l'honneur, on peut dire l'honneur, d'avoir Eric
25 von Stroheim comme interprète. Stroheim brûlé à Hollywood,
Stroheim le magnifique, Stroheim l'homme qui avait fait «Les Rapaces». Ce n'était pas un oiseau commode, outre qu'il ne parlait
pas un mot de français. Renoir parlait allemand avec lui; Jacques
Becker, qui était le premier assistant de Renoir, lui parlait anglais.
30 L'intelligence avec laquelle Renoir a su laisser Stroheim composer
son personnage, son costume—vous vous souvenez de cet appareil
orthopédique qui lui tient l'échine?—, son texte, son décor, les
draps noirs, le géranium . . . Sans lui lâcher la main, cependant,
au contraire . . . Il fallait être un maître pour accepter ce maître
35 et l'intégrer . . . La preuve en est que personne, après lui, n'a su
le faire.

Franchement, j'ai rétrospectivement encore plus d'admiration
pour Renoir que je n'en ai eu sur-le-champ. Il reste pour moi le
modèle de ce que devrait être l'acte de diriger. Il n'y a personne
40 dont il ne savait solliciter la voix, dont il ne savait mobiliser les
ressources. Et tout cela serait sans valeur, naturellement, si au bout
il y avait eu des navets.

Je dois, moi, à Renoir d'avoir allumé la première lueur dans
l'espèce de tunnel où j'étais . . . Gagnant ma vie, bien sûr, mais

---

15 barrage *m.: dam*
18 tirer le meilleur: *to get the best*
   out of people
22 autant dire: autant vaudrait
   dire, *one might as well say*
23 réalisateur *m.* (*f.* réalisatrice):
   auteur de films
25 brûlé *vb.* être brûlé *fam.:* avoir
   perdu sa réputation

27 commode: facile
   outre: de plus
32 échine *f.: spine*
33 lâcher ≠ saisir
38 sur-le-champ: immédiatement
42 navet *m. fam.:* mauvais film
   (ou mauvais roman); *sens*
   lit.: turnip

45 petitement et pour quoi faire? Avec Renoir, tout prenait un sens,
et «La Grande Illusion», en particulier, n'en manquait pas!
—Quelle part y avez-vous réellement prise?
—Une part faible, en dehors de ma fonction de script-girl, un
bout de dialogue par-ci, une scène par-là, quelques idées, le tout
50 réintégré par Renoir naturellement. Mais, le premier, il m'a
regardée avec un vrai regard.
　　Ce que j'ai eu de Renoir, c'est la révélation de mes virtualités.
Étant entendu qu'elles étaient encore à l'état de virtualités, que
j'étais une personne en projet. Et qu'on ne sait jamais ce qui peut
55 arriver. Des candidates actrices, qu'on lui recommandait, il disait:
«Qu'elles reviennent quand elles auront eu la vérole. Avec quoi
croyez-vous qu'on joue la comédie?» Toutes choses égales, il
pensait qu'il fallait d'abord que j'aie, symboliquement, la vérole. Il
me disait: «Vous avez des dons. Il faut d'abord les gâcher.»

Notes

1. **«La Grande Illusion» (1937):** Le film raconte l'évasion de trois
prisonniers de guerre français pendant la Première Guerre
mondiale. Pierre Fresnay joue le rôle de l'officier de carrière
aristocrate. Jean Gabin est l'homme du peuple, mécanicien-pilote,
et Dalio, le fils de famille juif. Eric von Stroheim incarne le personnage
du commandant prussien du château-fort où sont
emprisonnés les trois Français.
2. **Spaak, Charles:** Scénariste français d'origine belge (1903–1975). Il
a écrit plus d'une centaine de scénarios seul ou en collaboration.
3. **Stroheim, Eric von:** Acteur, réalisateur et écrivain. Né à Vienne
(Autriche) en 1885, mort en France en 1957. Il émigre aux États-
Unis en 1909 où il est remarqué par D. W. Griffith. De 1918 à
1928, il est réalisateur à Hollywood (il tourne une dizaine de films)
mais sa violence fait scandale et son génie fait peur. Il est forcé de
redevenir acteur. En 1936, il part pour l'Europe où il devient vite
célèbre grâce à son interprétation dans «La Grande Illusion». Il
joue de nombreux rôles dans des films français et américains
jusqu'en 1955.
4. **«Les Rapaces»:** «Greed» (1924), film américain d'Eric von
Stroheim.
5. **Becker, Jacques (1906–1960):** Réalisateur français. Entre 1932 et
1939 il est l'assistant de Jean Renoir. Ses films les plus connus sont:

56 vérole f.: pox　　　　59 gâcher: to waste

«Rendez-vous de Juillet» (1951), «Casque d'Or» (1952), «Touchez pas au Grisbi» (1954).

Questions

1. Dans quelles conditions Françoise Giroud a-t-elle fait la connaissance de Jean Renoir?
2. Quel film tournait-il?
3. D'où avait-il tiré le sujet du film?
4. Quelles étaient ses qualités comme metteur en scène?
5. Qui était Eric von Stroheim? Quel portrait fait-elle de lui?
6. Qu'est-ce qui prouve que Jean Renoir était sûr de son jugement et de ses capacités?
7. Comment rétrospectivement le juge-t-elle?
8. Quelle part a-t-elle eue dans le tournage de «La Grande Illusion»?
9. Quel rôle Jean Renoir a-t-il joué dans sa vie?

Discussions

1. Allez-vous au cinéma? Quels genres de films aimez-vous? Quels sont ceux que vous détestez?
2. Les metteurs en scène français et américains que vous connaissez. Donnez votre opinion sur les qualités et les défauts de leurs films.
3. Le rôle de la script-girl dans le tournage d'un film. Avez-vous remarqué des erreurs dues à sa négligence?
4. Comment peut-on tirer le meilleur parti des individus? Que pensez-vous de la méthode de Jean Renoir?
5. Comment comprenez-vous la remarque de Jean Renoir: «Vous avez des dons, il faut d'abord les gâcher.»

CHOIX DE TEXTE:
«La Grande Illusion»

«La Grande Illusion» tournée¹ pendant l'hiver 1936 devait m'offrir l'avantage de ne pas avoir à redouter l'influence d'un chef-d'œuvre littéraire. Ce projet n'avait même pas de titre. Ce

1 tournée *vb.* tourner: *to shoot;*
tournage *m.:* action de tourner un film

n'est que lorsque le film fut terminé, monté et sous-titré que l'idée
5 me vint de proposer comme titre «La Grande Illusion». Le
producteur n'était pas enthousiaste, mais il accepta, faute de
mieux.

Mon histoire était une banale histoire d'évasion. J'affirme que
plus un sujet est banal, plus il offre à l'auteur du film la possibilité
10 de créer. Je n'entends pas cette banalité au sens où l'entendent les
producteurs. Pour eux, il s'agit de ne pas choquer. Pour moi, c'est
un canevas simple qui offre la possibilité de l'invention.

Une des raisons qui me poussait à faire de cette histoire un
film était mon irritation devant la manière dont étaient traités la
15 plupart des sujets de guerre. Pensez donc! La guerre, l'héroïsme,
le panache, le poilu, les Boches, les tranchées, que de motifs à
l'utilisation des plus lamentables clichés. Le mousquetaire et le
«Soltat t'l'Empire» s'en donnaient à cœur joie et abusaient de la faveur du public. A part «A l'Ouest, rien de nouveau», je n'étais ja-
20 mais tombé sur un film me donnant une peinture vraisemblable
des combattants. Ou bien on sombrait dans le drame et on ne
sortait pas de la boue, ce qui était tout de même exagéré. Ou bien
la guerre devenait un décor d'opérette pour héros d'image
d'Épinal: le brave épicier, provisoirement revêtu d'un uniforme
25 qu'il n'avait pas demandé, se mettait à parler un langage héroïco-
réaliste entièrement inventé par les écrivains de l'arrière.

Jean Renoir
«Ma Vie et mes films»
© Flammarion, 1974

4 monté *vb.* monter: *to edit*
  sous-titré: *with subtitles*
6 faute de mieux: *for lack of something better*
8 évasion *f.:* action de s'évader, *escape*
12 canevas *m.: outline*
16 panache *m.:* ce qui a de l'éclat, *dash*
  poilu *m. fam.:* soldat français de la Première Guerre mondiale
  tranchées *f.: trenches*

18 soltat t'l'Empire: façon dont Renoir, tout enfant, prononçait les «soldats de l'Empire» en parlant des grenadiers de Napoléon I
21 sombrait *vb.* sombrer: *to sink*
22 boue *f.:* terre pleine d'eau
24 épicier *m. sens lit.: grocer;* le brave —: *the poor slob*
26 arrière *m.:* en temps de guerre, l'intérieur du pays par rapport au front

Notes

1. «**A l'Ouest, rien de nouveau**»: «All Quiet on the Western Front» (1930), film de Lewis Milestone, réalisé d'après le roman d'Erich Maria Remarque «Im Westen nichts Neues» (1929).
2. **image d'Épinal**: La ville d'Épinal dans les Vosges est un grand centre d'imagerie populaire depuis la fin du XVIIIᵉ siècle.

Questions

1. Pourquoi Renoir n'aime-t-il pas tirer un film d'un chef-d'œuvre littéraire?
2. Quand a-t-il donné un titre à son film?
3. Pourquoi préfère-t-il un sujet «banal»? Que veut-il dire par là?
4. Pour quelle raison voulait-il faire un film de guerre?
5. Quelle image de la guerre offrait la plupart des films?
6. Quelle exception cite-t-il? Pourquoi a-t-il aimé ce film?
7. Comment caractérise-t-il le dialogue dans ces films?
8. Qui en était responsable?

Discussions

1. Quels films de guerre avez-vous vus? Pourquoi, selon vous, ces films étaient-ils bons ou mauvais?
2. L'adaptation cinématographique d'un chef-d'œuvre littéraire. Donnez des exemples de romans ou de pièces de théâtre dont on a tiré un film. Avez-vous aimé l'adaptation cinématographique ou avez-vous été déçu(e)? Pourquoi?

Recherches

Lisez le roman d'Erich Maria Remarque et discutez l'adaptation cinématographique de Lewis Milestone.

CHOIX DE TEXTE:
Qu'est-ce que le cinéma?

«Le cinéma est-il un art?» «Qu'est-ce que ça peut vous faire» est ma réponse. Faites des films ou bien faites du jardinage. Ce sont des arts au même titre qu'un poème de Verlaine ou un ta-

bleau de Delacroix. Si vos films ou votre jardinage sont bons, c'est
5 que vous pratiquez l'art du jardinage ou l'art du cinéma: vous êtes
un artiste. Le pâtissier qui réussit une tarte à la crème est un
artiste. Le laboureur non encore mécanisé fait œuvre d'art
lorsqu'il creuse son sillon. L'art n'est pas un métier, c'est la
manière dont on exerce un métier. C'est aussi la manière dont on
10 exerce n'importe quelle activité humaine. Je vous propose ma
définition de l'art: l'art, c'est le «faire». L'art poétique, c'est l'art de
faire des poèmes. L'art d'aimer, c'est l'art de faire l'amour.

* * *

En 1935, le Parti Communiste Français me demanda de faire
un film de propagande, ce que je fis avec joie. Il me semblait que
15 tout honnête homme se devait de combattre le nazisme. Je suis un
faiseur de films, ma seule possibilité de prendre part à ce combat
était un film. Je me leurrais sur la puissance du cinéma. «La
Grande Illusion», malgré son succès, n'a pas arrêté la Deuxième
Guerre mondiale. Mais je me dis que beaucoup de grandes illu-
20 sions, beaucoup d'articles de journaux, de livres, de manifestations, peuvent avoir une influence.

Jean Renoir
«Ma Vie et mes films»
© Flammarion, 1974

Notes

1. **Verlaine, Paul (1844–1886):** Poète symboliste dont l'œuvre est
remarquable par son pouvoir de suggestion et sa musicalité. «Fêtes
galantes» (1869), «La Bonne Chanson» (1870), «Sagesse» (1881).
2. **Delacroix, Eugène (1798–1863):** Chef de l'école romantique en
peinture. «Dante et Virgile aux Enfers», «Le Massacre de Scio»,
«Femmes d'Alger».

Discussions

1. Selon vous, le cinéma est-il un art?

6 pâtissier *m.* (*f.* pâtissière): personne qui fait des gâteaux
7 laboureur *m.:* celui qui
laboure; labourer: *to
till the earth*

8 sillon *m.: furrow*
17 leurrais *vb.* se leurrer: se
tromper

2. Le cinéma influence-t-il l'opinion?
3. Que pensez-vous des réponses de Jean Renoir à ces deux questions? Connaissez-vous l'opinion d'autres metteurs en scène et de critiques?
4. «L'art n'est pas un métier, c'est la manière dont on exerce un métier.» Commentez et discutez.

Vocabulaire du cinéma

Complétez les phrases à l'aide du vocabulaire suivant:

scénariste	metteur en scène
monter	adaptation cinématographique
navet	acteur
sous-titrer	tourner

1. La, Le ＿＿ écrit un scénario.
2. Le réalisateur ＿＿ le film en trois semaines.
3. Une fois terminé, le film est ＿＿.
4. Un film français est ＿＿ pour le public anglophone.
5. Un très mauvais film est un ＿＿.
6. Jean Renoir est un célèbre ＿＿.
7. Stroheim était un grand ＿＿.
8. «A l'Ouest, rien de nouveau» est une ＿＿ du roman d'Erich Maria Remarque.

Vocabulaire supplémentaire

1. Le metteur en scène tourne un film en **studio** ou **en extérieurs.**
2. La **vedette** joue le rôle principal.
3. Un film est **en noir et blanc, en couleur, en cinémascope.**
4. Il y une version **originale** et une version sous-titrée. Le film peut aussi être **doublé** *(dubbed).*
5. Le dernier film de François Truffaut **est sorti** la semaine dernière. Il **passe** dans de nombreuses **salles de cinéma.**
6. Un film est **excellent/bon/mauvais/nul.**
7. S'il est excellent, il devient **un classique** du cinéma. Il passera à la **cinémathèque** de Chaillot ou de la rue d'Ulm.
8. Un film **à succès** peut rapporter beaucoup d'argent au **producteur.**

9. Le film est bien ou mal **accueilli** par le public.

10. Avant d'aller au cinéma, il est bon de lire **la critique** *(review)* du film dans le journal. Mais **le critique** *(reviewer)* n'a pas toujours raison! C'est à vous de décider.

Faites des phrases en utilisant ce vocabulaire.

Chapitre 12

Louis Jouvet

Louis Jouvet (1887–1951) est une des grandes figures du théâtre français. Il fut acteur, metteur en scène, et directeur de la Comédie des Champs-Élysées, puis du théâtre de l'Athénée à Paris. Il monta des grandes pièces classiques (de Molière en particulier), mais aussi des pièces d'un jeune dramaturge sur qui il exerça une grande influence, Jean Giraudoux. Parmi ses créations de pièces de Giraudoux on compte: «Amphitryon 38» (1929), «La Guerre de Troie n'aura pas lieu» (1935), «Électre» (1937), «Ondine» (1939).

Il interpréta aussi avec beaucoup de succès le rôle du docteur Knock dans la pièce de Jules Romains, portée ensuite à l'écran. Il fit aussi quelques mises en scène à la Comédie Française, et tourna de nombreux films.

Donc, je suis assistante. Reconnue, certifiée. Je fais en particulier «Éducation de prince» avec un metteur en scène bien agréable, Alexandre Esway. Et j'y rencontre Jouvet. A l'intérieur du cinéma, c'est la dernière rencontre qui aura vraiment compté pour
5 moi. Il m'a aidée à devenir moins jeunette, moins verte. Il se moquait de moi, c'était salubre. Je supportais ses moqueries, c'était bon signe. J'ai eu d'interminables conversations avec lui. C'est-à-dire qu'il parlait et que j'écoutais. Ça, je savais: écouter. Le cinéma ne l'intéressait pas. Pour lui, c'était alimentaire. Sa vie était au

---

5 jeunette: *diminutif fam.* de jeune
6 salubre: bon pour la santé

6 supportais *vb.* supporter: tolérer
9 alimentaire: qui sert nourrir

145

10 théâtre. A l'Athénée qu'il dirigeait, où il jouait. Il fallait monter un
escalier raide, et on arrivait chez lui. Sa loge, un grand bureau
plein de livres et de maquettes, une chambre . . . Celle où il est
mort, dix ans plus tard, d'un infarctus, un 15 août, dans un Paris
désert où il a été impossible de trouver un médecin . . .
15   Ce théâtre, il a eu le courage insigne, dès l'Occupation, de
l'abandonner plutôt que de jouer pour les Allemands. De tourner
pour les Allemands. Il est parti, avec sa troupe, pour l'Amérique
du Sud. Ce que cela représente pour un acteur, cet abandon
volontaire du public, suffit pour le décrire.
20   Pendant un moment, en 1939, je me suis trouvée en chômage.
Pas de film à l'horizon. Rien. Il l'a su. Il m'a téléphoné de venir le
voir. Il ne m'a parlé de rien. Seulement d'un scénario qu'on lui
proposait et qu'il m'a demandé de lire. Au moment de le quitter,
j'ai ouvert mon sac. Il y avait un chèque. Je me souviens du
25 montant: trois mille cinq cents francs. Je l'ai pris assez mal. J'ai dit
quelques sottises bien conventionnelles. Il m'a laissée les débiter et
puis il m'a dit: «Tu es en train de te prendre pour une héroïne. Et
en fait, tu manques de simplicité. Garde ce chèque. En ce moment,
ça ne me gêne pas. Un jour, j'aurai des difficultés et c'est toi qui
30 m'aideras.»

Notes

1. **Alexandre Esway:** Auteur et réalisateur américain et français. Né
   à Budapest. Mort en France en 1947.

2. **l'Athénée:** Théâtre situé près de l'Opéra sur la rive droite, que
   Jouvet dirigea (sauf pendant la guerre) de 1934 jusqu'en 1951.

3. **un 15 août:** Jour de la fête religieuse de l'Assomption de la Vierge
   Marie, mais aussi fête légale qui tombe, en plus, au milieu de la
   période des grandes vacances. A cette époque Paris est presque
   vide, ce qui explique l'absence de médecins quand Louis Jouvet a
   son infarctus.

4. **trois mille cinq cents francs:** Environ 900 dollars de l'époque.

11 loge *f.:*   dans un théâtre, pièce
    où s'habillent les artistes
12 maquettes *f.:*   modèles réduits;
    ici, — de décors de théâtre
13 infarctus *m.:*   crise cardiaque
15 insigne: remarquable

20 chômage *m.:*   fait d'être sans
    travail
25 montant *m.:*   somme
26 débiter: — des sottises: *to talk
    nonsense*

Questions

1. Qui était Louis Jouvet?
2. Où Françoise Giroud l'a-t-elle recontré?
3. Quelle a été son attitude envers elle?
4. Pour quelle raison faisait-il du cinéma?
5. Où se trouvait sa loge et comment la décrit-elle?
6. Qu'a fait Jouvet au moment de l'Occupation? Pourquoi?
7. Quel sacrifice cette décision représentait-elle pour un acteur?
8. Quand et comment est-il mort?
9. Racontez l'anecdote que Françoise Giroud cite à propos de Jouvet.

Discussions:

1. Faites le portrait de l'acteur ou de l'actrice que vous préférez. Dans quels films ou dans quelles pièces l'avez-vous vu(e) jouer?
2. Dans quelles circonstances emprunteriez-vous de l'argent?
3. Dans quelles circonstances prêteriez-vous de l'argent?
4. Le 15 août, Paris est vide et il est impossible de trouver un médecin. Y a-t-il, dans votre pays, des périodes de l'année où la vie s'arrête? Racontez ce qui se passe. Quelles mesures faudrait-il prendre pour éviter cette situation?

Chapitre 13

André Gide

André Gide (1869–1951) a été pour toute une génération un modèle et un inspirateur.

Élevé dans une atmosphère puritaine, par une mère aimante mais tyrannique, il se révolta contre la famille et la femme, et osa proclamer son unicité et ses préférences (homosexualité).

De son séjour en Afrique, il tire, après une lente élaboration, «Les Nourritures terrestres», publiées en 1897. Dans ce livre qui passa presque inaperçu à l'époque, se trouvent les formules les plus souvent citées pour définir le gidisme: ferveur devant ce que la vie peut offrir de plaisirs, disponibilité à soi et aux autres, et libération des tabous moraux et sociaux.

«La Porte étroite» (1909) attire sur lui l'attention de la critique et du public. Il participe ensuite à la fondation de la «Nouvelle Revue française» et atteint la notoriété avec «Les Caves du Vatican» (1914). A partir de cette date, il réserve ses confessions les plus hardies pour son «Journal», commencé en 1889.

Obsédé par l'individualisme, il est aussi tenté par l'engagement collectif et la réflexion sociale et politique. Il passe alors à un altruisme positif et proclame sa confiance dans l'homme. En 1932, il est présent au Congrès Mondial pour la paix et adhère au communisme. Toutefois, en 1936, il est obligé, par sa loi de sincérité, d'exprimer sa répugnance devant le stalinisme dans son «Retour d'U.R.S.S.».

Pendant la guerre, il vit en Tunisie. En 1947, il reçoit le Prix Nobel de littérature. Son œuvre, où tous les genres sont représentés, compte plus de soixante titres.

Gide, la première fois que je l'ai vu, il m'a emmenée voir «La Dame de chez Maxim's» un film de Korda avec Florelle. J'étais

étonnée. Cela détruisait quelques-unes de mes idées reçues et à quinze ans—à soixante-quinze aussi d'ailleurs—on a des idées
5 reçues.

—Les grands hommes, c'est toujours banal, finalement . . .

—Ah! il n'était pas banal, non, vraiment pas! D'ailleurs je crois que vous vous trompez. Je n'ai pas connu de grand homme banal. Ils sont pris, comme tout le monde, dans les filets du quotidien, et
10 ils ont, plus ou moins, la simplicité de s'y laisser voir. Mais l'anecdote, familière, même savoureuse—et Dieu sait que j'en connais à propos de beaucoup d'hommes de grande dimension!—, l'anecdote rend beaucoup moins compte de la vérité du grand homme que du regard de celui qui l'a observé. Quand on regarde bas, on
15 voit bas. Aussi je ne vous en raconterai pas. Ou peut-être une à propos de Gide, parce que c'est un «mot», un mot superbe. Un jour que nous étions assis à la terrasse du «Flore», lui enroulé dans sa cape, quelqu'un s'est approché pour lui demander un autographe, qu'il a donné. Le garçon lui a dit: «Ah! monsieur
20 Gide, qu'est-ce que ça doit être embêtant quelquefois d'être connu!» Et Gide a répondu: «Vous vous trompez . . . Ce qui est embêtant, quand on est connu, c'est le nombre de gens qui ne vous connaissent pas.»

—Il était très connu?
25 —Il était célèbre, mais pas comme on l'est aujourd'hui . . . Un jour, il m'a demandé d'aller porter un télégramme à la poste. Ce télégramme était adressé à Paul Valéry. Son libellé était banal, du genre: «Vous attendrai lundi à 5 heures», mais je portais tout de même ce télégramme comme le saint sacrement, persuadée que
30 j'impressionnerais grandement la demoiselle des postes. Eh bien, rien. Gide, Valéry . . . Ces deux noms ne lui disaient rien. Imaginez aujourd'hui un télégramme signé Sartre adressé à Malraux. Entre le transistor et la télévision, qui, en France, ignore

3 idées reçues *f.:* idées toutes faites
9 les filets du quotidien: la routine de ce qui arrive tous les jours
10 s'y laisser voir = se laisser voir dans le quotidien
16 mot *m.:* histoire qui repose sur un «mot» bien trouvé
20 embêtant: ennuyeux
27 libellé *m.:* contenu

29 saint sacrement *m.:* the blessed sacrament; porter quelque chose comme le —: porter avec respect
30 demoiselle des postes *f.:* la postière (en France, on envoie les télégrammes par la poste)
31 ne lui disait rien: *meant nothing to her*
33 transistor *m.* = une radio à transistor

ces noms même si l'on ne sait pas bien ce qu'ils recouvrent? Qui
35 ignore même leur visage? En fait, c'est une familiarité très
artificielle qui détruit une part de mystère donc de prestige. Mais
enfin, elle existe. Il y a quarante ans, la société était encore
étanche.

—Gide a-t-il eu une influence directe sur vous, comme sur
40 tant d'autres jeunes gens à l'époque?

—Directe? . . . Oui, mais comment vous dire . . .
L'extrême jeunesse où j'étais quand je l'ai connu, lui et d'autres,
l'extrême jeunesse me préservait d'avoir des conduites. Je n'étais
pas, je veux dire, une jeune fille qui se tortillait devant le grand
45 écrivain, ou le grand ceci ou le grand cela, en essayant de plaire,
mais plutôt quelqu'un de grave, comme sont généralement les
enfants, silencieux, complètement inconsciente de ce qui nous dis-
tinguait, en dehors de l'âge, et capable de spontanéités parfois in-
congrues. En échange de quoi, eux-mêmes avaient avec moi plus
50 de patience et de tolérance qu'ils ne m'en auraient accordé si
j'avais eu dix ans de plus. Il se peut que Gide ait, sans le savoir, fixé
pour longtemps la nature et la santé de mes relations avec tout ce
qui se pare de célébrité ou de titres.

Mais cela n'est rien, évidemment, à côté de l'influence de ses
55 livres . . . «Les Nourritures terrestres», c'est peut-être illisible
aujourd'hui, je ne sais pas, mais à l'époque c'était dévastateur!

—En quel sens?

—Le courage de «devenir sa vérité» . . . La moindre des
choses! «L'impérieuse obligation d'être heureux . . .» «Familles,
60 je vous hais, Nathanaël, prends la route, je t'enseignerai la ferveur.
Une existence pathétique, Nathanaël, plutôt que la tranquillité
. . .» Une existence pathétique! . . . C'était la contestation
radicale! Plus radicale que celle de Sartre aujourd'hui.

—Mais moins politique.

65 —Pensez donc! «Voyage au Congo», pas politique? Et
«Retour d'U.R. S. S.»? Et qu'y a-t-il de plus politique que l'exalta-
tion de la sexualité assumée jusque dans sa déviation? En 40,
Pétain expliquait que la France avait perdu la guerre à cause de
Gide, corrupteur de la jeunesse.

---

34 recouvrent *vb.* recouvrir: *to cover*
38 étanche: ici, *insulated*
43 conduites *f.* avoir des —: se conduire d'une certaine manière

44 se tortillait *vb.* se tortiller: *to squirm*
53 se pare *vb.* se parer: s'orner
62 contestation *f.*: ici, remise en question

70 —Mais vous, en lisant «Les Nourritures terrestres», qu'est-ce que vous vous êtes dit?

—Je ne sais plus. Et je ne voudrais pas inventer. Je n'aurais aucune peine à vous décrire aujourd'hui un Gide reconstitué, à travers ce que j'ai lu, appris ou compris depuis. Mais c'est 75 précisément ce que je ne veux pas faire ici. Nous sommes dans la subjectivité, restons-y, et la subjectivité d'une fille de quinze ans, c'est étroit. Je n'ai que le souvenir d'un choc. Le choc que vous donnent les idées qui vous surprennent avec ce que l'on attend.

Notes

1. **Korda, Sir Alexander (1893–1956):** Producteur de films et metteur en scène anglais, d'origine hongroise. «La Dame de chez Maxim's» fut réalisé en 1932.

2. **Florelle, Odette (née en 1901):** Actrice du cinéma muet.

3. **le Flore:** Café à Saint-Germain des Prés, sur la rive gauche de Paris, fréquenté encore aujourd'hui par les intellectuels et les étudiants.

4. **Paul Valéry:** Voir p. 25.

5. **Sartre:** Voir p. 128.

6. **Malraux, André (1901–1976):** Romancier, essayiste, et critique d'art. Auteur de «La Voie royale» (1930), «La Condition humaine» (1933), «L'Espoir» (1937), «Psychologie de l'art» (1947), «Antimémoires» (1967), «Les Chênes qu'on abat» (1971). Organisateur et chef de l'aviation étrangère au service du gouvernement républicain espagnol (1936), Ministre d'État chargé des Affaires culturelles sous de Gaulle (1958–1968).

7. **Pétain:** Voir p. 67.

Questions

1. Où Gide a-t-ile emmené Françoise Giroud la première fois qu'ils se sont rencontrés?

2. Pourquoi a-t-elle été étonnée?

3. Quelles idées reçues pouvait-elle avoir sur lui?

4. Que révèle une anecdote sur la personne qui la raconte?

5. Que révèle l'anecdote que Françoise Giroud raconte sur le caractère de Gide? Sur son caractère à elle?

73 à travers: au moyen de, grâce à

6. Qu'est-ce que Gide lui demande de faire un jour?
7. Pourquoi les grands hommes d'aujourd'hui sont-ils mieux con-nus?
8. Quels exemples contemporains donne-t-elle?
9. Comment se conduisait-elle avec les grands hommes qu'elle ren-contrait?
10. Comment se conduisaient-ils avec elle?
11. Quel livre de Gide a exercé une grande influence sur les jeunes de son époque?
12. D'après les citations, que conteste-t-il?
13. En quoi Gide est-il aussi politique que Sartre?
14. De quoi Pétain a-t-il accusé Gide?
15. Quel sentiment Françoise Giroud conserve-t-elle de sa lecture des «Nourritures terrestres»?

Discussions

1. Quelles anecdotes connaissez-vous à propos de grands hommes? A propos de grandes femmes? Racontez-les et dites pourquoi elles vous ont plu et de quelle manière elles expliquent le caractère et la conduite de ces personnes.
2. Les idées reçues. Quelles sont les vôtres, à propos de qui, et sur quelles questions?
3. «Les grands hommes, c'est toujours banal, finalement.» Com-mentez et discutez.
4. Comment vous conduisiez-vous en général, avec les adultes, quand vous étiez adolescent(e)?

Chapitre 14

Antoine de Saint-Exupéry

Antoine de Saint-Exupéry (1900–1944) était romancier et essayiste, pilote de ligne, puis pilote de guerre. Dans «Courrier Sud» (1929), son premier livre, il romance ses aventures personnelles. Dans ses œuvres suivantes, «Vol de nuit» (1931), «Terre des hommes» (1939), il raconte directement ses expériences et les méditations qu'elles lui inspirent.

Mobilisé en 1939, il s'engage, après l'armistice, dans les Forces françaises libres et relate ses missions au-dessus des lignes allemandes dans «Pilote de guerre» (1941). En exil aux États-Unis, il publie à New York «Le Petit Prince» (1943). Ayant repris le combat, il disparaît en avion le 31 juillet 1944 au cours d'une mission de reconnaissance au-dessus de la Corse.

Son œuvre, entièrement inspirée par l'expérience vécue et enrichie de réflexions, célèbre l'héroïsme, l'affrontement de l'homme avec le danger et l'accomplissement de sa destinée dans l'action et la fraternité. Saint-Exupéry est classé parmi les plus grands écrivains de son temps, pour la pureté et l'élan lyrique de sa prose, la hauteur morale de sa pensée, et la valeur exemplaire de son témoignage.

Le cinéma m'a donné Saint-Exupéry, Jean Renoir, Jacques Becker, Louis Jouvet . . .

—Qu'est-ce que ça veut dire, «donné»?

—Ça veut dire donné. Ça veut dire que je n'ai fait aucun ef-
5 fort pour les connaître, qu'ils se sont trouvés là, au hasard d'un film, et que j'ai fait un bout de chemin avec eux.

6 un bout de chemin: un peu de
   route

—Il a fait des films, Saint-Exupéry?

—Il a écrit le scénario et il a suivi les prises de vues de «Courrier Sud» un film tiré de son roman.

10 —Comment était-il?

—Romantique. Un ange gardien.

Physiquement, il ressemblait à un ours en peluche, il avait l'air plus grand que son avion, un petit Caudron rouge. Il n'avait jamais froid. Ses ailes lui allaient bien. Campé à l'hôtel Lutétia, tou-
15 jours fauché, disant: «On devrait s'arranger pour faire partie des 200 familles (c'était l'époque où les 200 familles étaient à la mode, si je peux dire) pendant huit jours. Le temps de se refaire une garde-robe.»

«Courrier Sud» s'est tourné en grande partie dans le Sud
20 marocain. C'était évidemment l'histoire d'un pilote de l'Aéropostale dont l'avion tombait dans le désert. Au moment où la troupe est partie, le producteur s'est avisé qu'il y aurait là, au fond du Maroc, quarante hommes pendant un mois. Et une seule femme. C'était moi, la femme, si l'on peut dire. J'avais dix-huit
25 ans. Il a jugé qu'il ne pouvait pas prendre cette responsabilité. Alors Saint-Ex est arrivé, le chevalier dans son armure, et a dit: «Qu'elle parte! Je la prends sous ma protection.» Et je suis allée rejoindre les autres, à Mogador. C'était la première fois que je prenais un avion de ligne. Il fallait aller en train à Toulouse, puis
30 prendre l'avion pour Casa. Dans cet avion, j'étais seule. Complètement seule et passablement terrorisée parce qu'il survolait l'Espagne, et qu'à l'escale de Barcelone ça tirait de tous les côtés. C'était la guerre.

Cet épisode a brusquement surgi dans ma mémoire l'année
35 dernière, après trente-cinq ans, quand j'ai curieusement refait le même trajet, Paris-Toulouse, l'hôtel à Toulouse, et puis l'avion pour franchir la Méditerranée. Mais cette fois, c'était avec Concorde, pour le premier vol vers Dakar. Un autre genre d'aventure.

40 C'est beau, Concorde. Étroit. On a un peu l'impression de

8 prises de vues *f.:* tournage	22 s'est avisé *vb.* s'aviser: remarquer soudain
12 ours en peluche *m.: teddy bear*	26 chevalier dans son armure: *knight in armor*
14 ailes *f.: wings*	29 avion de ligne *m.:* avion assurant le service entre deux points
15 fauché *fam.:* se dit d'une personne que n'a pas d'argent	32 escale *f.:* lieu d'arrêt
17 garde-robe *f.:* ensemble des vêtements d'une personne; se refaire une —: acheter de nouveaux vêtements	40 étroit ≠ large

voyager dans un cigare, mais dans un beau cigare. Dommage que çe soit invendable. Voilà où l'on retrouve la révocation de l'édit de Nantes. La rentabilité? Comment peut-on parler de choses aussi vulgaires?

45 Tous ceux qui travaillent sur Concorde, pour le réaliser, le commercialiser, mènent une véritable histoire d'amour avec cet oiseau, et on peut les comprendre. Ils deviennent furieux quand on suggère que l'argent public est, là, mal employé en fonction d'une fausse estimation du bien commun, dont ils ne portent évidem-
50 ment pas la responsabilité. Ils réagissent comme si on leur disait: «Votre enfant est beau, mais qu'est-ce qu'il vous rapporte?»

La notion même de profit est jugée basse, et méprisable en face de la notion de prestige, du prestige que la France et l'Angleterre devraient tirer de cette réalisation commune.

55 Cette priorité donnée au prestige dans l'emploi de l'argent public, c'est-à-dire les impôts, que vous et moi payons, est d'autant plus intéressante à observer que rien n'interdit d'avoir les deux. Prestige et profit. Regardez Marcel Dassault qui s'y connaît. Mais ce n'est pas lui qui produit Concorde! Lui, il produit des Mystère,
60 des Mercure, des avions qui se vendent.

Concorde, c'est vous et moi qui le subventionnons. Nous sommes les petits ouvriers égyptiens de cette pyramide-là. Et tous les Français avec nous.

Quelquefois, j'ai envie de faire faire des badges que les
65 enfants porteraient et où on lirait: «Je joue dans la rue parce qu'il faut payer Concorde.» Ou, pour les banlieusards, compressés dans leurs trains: «Je ne peux pas m'asseoir parce qu'il faut payer Concorde.»

Nous parlions de Saint-Exupéry; Concorde, il aurait aimé,
70 évidemment . . . La figure de Saint-Exupéry a mal vieilli, il me semble, en dépit de ses succès posthumes de librairie. On a fait de lui un genre de boy-scout, un peu niais . . . C'est absurde. Cela ne me choque pas seulement parce que je l'ai bien aimé, mais parce que rien n'est plus sot que de juger les gens hors de leur
75 situation historique.

43 rentabilité *f.: profitability*
51 rapporte *vb.* rapporter: faire gagner de l'argent
56 impôts *m.: taxes*
58 s'y connaît *vb.* s'y connaître *fam.:* être compétent
61 subventionnons *vb.* subventionner: *to subsidize*

61 nous sommes les ouvriers égyptiens de cette pyramide-là: les pyramides ont été construites par des esclaves
66 banlieusards *m.:* personnes qui habitent la banlieue *(suburb)* d'une ville
72 niais: stupide

Saint-Exupéry était un homme d'autrefois. Il n'avait même pas accédé aux valeurs bourgeoises. Il vivait selon un système de valeurs aristocratiques, qui privilégiait l'honneur et il le situait dans l'exploit individuel, ce qui est essentiellement français . . .
80 C'était un Français d'autrefois, d'un autrefois qui se situe si loin dans le temps qu'on a peine aujourd'hui à le concevoir. Il ne faut pas compter le temps en années. On peut vivre, on a pu vivre, de longues années sur les mêmes valeurs, aristocratiques pour quelques-uns, bourgeoises pour un grand nombre, et alors rien ne
85 change sensiblement que l'écume des choses.

Le changement, le vrai, c'est celui qui affecte les images mentales. Ce que je veux vous dire, c'est qu'entre l'imaginaire d'un homme comme Saint-Exupéry en 1935, et celui de son équivalent aujourd'hui, il n'y a pas évolution, même rapide, il y a à propre-
90 ment parler fracture, solution de continuité. A la fois comme homme, comme Français, comme produit d'une classe qui a disparu pratiquement.

La dernière fois que j'ai vu Saint-Ex, c'était là, à Lyon. Il a sorti de sa poche l'éternel paquet de cartes avec lequel il était le
95 plus agile prestidigitateur. Et il m'a dit: «Je vais faire le tour que vous préférez . . . Et après, je vous dirai comment on s'y prend . . .» Il n'avait jamais voulu livrer les secrets de sa magie . . .

Notes

1. **Jean Renoir:** Voir p. 136.
2. **Jacques Becker:** Voir p. 138.
3. **Louis Jouvet:** Voir p. 145.
4. **Caudron:** Marque d'avion, construit par les frères Caudron, ingénieurs.
5. **l'hôtel Lutétia:** Hôtel de luxe sur la rive gauche au carrefour Sèvres-Babylone.
6. **Les 200 familles:** Nom donné, sous la IIIe République, aux dynasties bourgeoises representées dans de nombreux conseils d'administration *(board of directors)* des grandes compagnies industrielles, bancaires et commerciales.
7. **Mogador:** Port du Maroc sur l'Atlantique.

85 écume *f.: froth, foam*
90 solution de continuité *f.: gap*
95 tour *m.* — de cartes: *card trick*

97 s'y prend *vb.* s'y prendre: *to go about*

8. **Toulouse:** Ville du sud-ouest (6ᵉ ville de France) sur la Garonne et chef-lieu du département de la Haute-Garonne. Population: 370 000.

9. **Casa:** Casablanca, principal port du Maroc sur l'Atlantique et capitale économique du pays.

10. **Barcelone:** capitale de la Catalogne, grand centre industriel et port.

11. **Concorde:** Avion supersonique franco-britannique. La France et la Grande-Bretagne ont investi 2 milliards de dollars dans les recherches commencées en 1962. Chaque avion construit coûte 65 millions de dollars. Le Concorde, qui transporte un maximum de 128 passengers, traverse l'Atlantique en 3 heures 40 minutes (Paris-New York) à deux fois la vitesse du son (2100 km/heure). L'autorisation pour Concorde d'utiliser les aéroports américains a été le sujet de longues controverses car l'avion est très bruyant et aussi considéré comme un danger pour l'environnement.

12. **le premier vol vers Dakar:** Le 25 mai 1971, première sortie internationale du Concorde. Vol Paris-Dakar, 4500 km en 2 heures 35 minutes.

13. **la révocation de l'édit de Nantes:** Voir p. 223.

14. **Marcel Dassault (né en 1892):** Ingénieur aéronautique. Député U.D.R. (voir p. 236). Constructeur de plusieurs prototypes d'avion civils et militaires (1918–1939), puis des avions Ouragan, Mystère, super-Mystère, Mirage III et IV.

15. **Lyon:** Troisième ville de France, située au confluent de la Saône et du Rhône. Population: 535 000.

Questions

1. En quel sens le cinéma a-t-il «donné» Saint-Exupéry et d'autres à Françoise Giroud?

2. A quelle occasion a-t-elle connu Saint-Exupéry?

3. A quoi ressemblait-il physiquement?

4. Pourquoi voulait-il faire partie des 200 familles?

5. Quel est le sujet de «Courrier Sud»?

6. Dans quelles circonstances Saint-Exupéry l'a-t-il protégée?

7. Quel sentiment a-t-elle éprouvé dans l'avion? Pourquoi?

8. Que se passait-il en Espagne à cette époque?

9. Quand a-t-elle refait ce voyage et dans quelles circonstances?

10. Quelle impression a-t-on quand on vole à bord de Concorde?

11. Quelle est son objection vis-à-vis de Concorde?
12. Comment réagissent les gens qui travaillent sur l'avion?
13. Quel motif a dicté sa construction?
14. Quelle notion ne compte pas? Pourquoi?
15. Qui souffre de la construction de Concorde?
16. Quelle aurait été la réaction de Saint-Exupéry à Concorde?
17. Qu'est devenue l'image de Saint-Exupéry après sa mort?
18. Selon quel système de valeurs vivait-il?
19. En quels termes décrit-elle la différence entre Saint-Exupéry et son équivalent d'aujourd'hui?
20. Qu'a-t-il fait la dernière fois qu'elle l'a vu?

Discussions

1. Imaginez le système de valeurs de Saint-Exupéry d'après son portrait.
2. Un tel système existe-t-il aux États-Unis? Quels exemples donneriez-vous?
3. Que feriez-vous si vous étiez seul(e) de votre espèce dans un groupe?
4. Concorde et la réaction du public et du gouvernement américains. Quelle est votre opinion? Donnez vos arguments.
5. La notion de prestige est-elle une valeur défendable pour une nation? Donnez des exemples.
6. Peut-on réconcilier progrès et écologie?

Recherches

1. «Le Petit Prince»: Comment ce livre illustre-t-il les valeurs de Saint-Exupéry?
2. «Courrier Sud»: Faites un compte-rendu de ce livre. En quoi illustre-t-il le système de valeurs de Saint-Exupéry?

Chapitre 15

François Mauriac

François Mauriac est né à Bordeaux en 1885, dans une famille de la grande bourgeoisie catholique. Élevé par une mère très pieuse, son œuvre reste marquée par cette éducation morale et provinciale et par le paysage de son enfance (les forêts de pins et les étangs des Landes). Après des études secondaires dans une école religieuse, il vient à Paris passer une Licence de lettres. Très vite, il décide de se consacrer à la littérature et débute avec deux recueils de vers. Puis il s'essaie au roman avec «L'Enfant chargé de chaînes» (1913) et «La Robe prétexte» (1914). Sa maîtrise s'affirme au lendemain de la Première Guerre mondiale dans une série de romans décrivant la vie provinciale, les conflits de l'individu et de la famille, les tourments de l'âme face aux tentations des sens et aux appels de la grâce: «Génitrix» (1924), «Le Désert de l'amour» (1925), «Thérèse Desqueyroux» (1927), «Le Nœud de vipères» (1932), «Le Mystère Frontenac» (1933). Il est élu à l'Académie française en 1933. Outre cesœuvres romanesques, il publie entre 1928 et 1938 les premiers volumes de son « Journal» et des essais où s'expriment ses préoccupations d'écrivain et de catholique: «Le Roman», «Vie de Racine» (1928), «Souffrances et bonheur du chrétien» (1931), «Le Romancier et ses personnages», «Dieu et Mammon» (1933). En 1938, il se tourne vers le théâtre et donne, avec succès, sa première pièce «Asmodée». Pendant la Seconde Guerre mondiale, il participe à la résistance intellectuelle et écrit un journal de guerre «Le Cahier noir» (1943). Après la Libération, avec une ardeur juvénile et en pleine gloire, il met sa plume au service de toutes les grandes causes dans des articles publiés dans divers journaux et revues. Un certain nombre de ces articles sont recueillis dans les nouveaux volumes de son « Journal» et plus tard dans «Bloc-Notes». Polémiste brillant et convaincu, il est souvent critiqué pour ses prises de position jugées trop à gauche et considérées comme autant de trahisons envers la bourgeoisie

François Mauriac et Jean-Jacques Servan-Schreiber au marbre de
«L'Express» *(«L'Express»)*

à laquelle il appartient par ses origines. Cependant, il n'a pas renoncé à la fiction et dès 1950, il revient au roman et au théâtre. En 1952, il obtient le Prix Nobel de littérature. En 1959, il publie «Mémoires intérieurs» suivis en 1965 de «Nouveaux Mémoires intérieurs» où il offre réflexions et méditations sur sa longue vie et sur sa carrière littéraire. Son dernier roman «Un Adolescent d'autrefois» est une évocation lucide et mélancolique de sa jeunesse provinciale. Il meurt le 1er septembre 1970 quelques semaines avant le Général de Gaulle qu'il avait toujours admiré et souvent défendu.

Écrivain et Chrétien mais non romancier catholique édifiant, François Mauriac laisse une œuvre énorme dont l'originalité et l'unité tiennent à sa personnalité et à la puissance de son style. Enfin, guide moral en matière politique d'une intelligentsia catholique de gauche, il exerça une influence comparable à celle d'André Gide, en son temps, sur la jeunesse intellectuelle.

Cher Mauriac . . . Inimitable. On dit que les cimetières sont pleins de gens irremplaçables. Sans doute. Mais, parfois, ils ne sont pas remplacés.

Cela a été superbe, le spectacle de ce vieux monsieur cousu
5 d'honneurs, enroulé de toutes les bandelettes avec lesquelles l'establishment attache les siens, quittant l'honorable «Figaro» pour rejoindre le journal quasi inconnu de deux rebelles qui ne pouvaient même pas lui payer ce qu'il était en situation d'exiger.

Mauriac nous est arrivé grâce à une poignée de colonialistes
10 outragés, parmi lesquels une dame qui signait Comtesse de X . . . catholique cent pour cent. Ils avaient eu raison de Pierre Brisson, le directeur du «Figaro». Il s'était laissé intimider, ou bien son propre sentiment s'y mêlait-il? Toujours est-il qu'il avait demandé à Mauriac de mettre une sourdine à ses articles qui paraissaient
15 chaque mardi, et où il menait grand bruit au sujet du Maroc. Le résultat a été que, un, deux, trois mardis de suite, il n'y a pas eu de Mauriac a là une du «Figaro». Cela m'a alertée.

Et quand Jean-Jacques lui a dit: «Voulez-vous une page de notre journal?», il l'a prise, pour écrire en novembre 1953 cet
20 article éclatant intitulé «Les Prétendants», où il mettait en pièces les candidats à la succession de Vincent Auriol à l'Élysée. «Il faut rendre justice à M. Joseph Laniel. En voilà un qui ne trompe pas son monde. Ce président massif, on discerne du premier coup

---

5 bandelettes *f.: wrappings*
11 avaient eu raison *vb.* avoir raison: vaincre la résistance
13 toujours est-il: *the fact remains that*

14 mettre une sourdine *fam.:* baisser le ton
15 mener grand bruit: attirer l'attention
16 de suite: l'un après l'autre

d'œil ce qu'il incarne: il y a du lingot dans cet homme-là.» C'était
25 parti.

Mais il ne faut pas l'oublier, parce que c'est l'une des gloires de
Mauriac: jamais il n'a contribué, comme tant d'autres polémistes
qui sont le plus souvent des anarchistes de droite, à entretenir le
public dans l'idée que la politique est une affaire entre arrivistes
30 médiocres et corrompus. Dans le même article, d'ailleurs, il disait à
ces prétendants: «Nous ne vous en voulons pas d'être ambitieux.
Si l'un de vous nourrissait ce haut désir: restaurer l'État dans sa
puissance, de quelle ferveur nous saurions l'entourer! Car chaque
Français voit qu'il n'y a plus d'État et que sa patrie est au moment
35 d'en mourir.»

A partir de janvier, je crois, son «Bloc-Notes» est devenu
régulier. Il a continué d'écrire, dans «Le Figaro littéraire», de très
beaux articles mais où il n'était plus question que de
Chateaubriand et de Barrès, ce qui n'indisposait pas les comtesses.
40 Son amitié avec Pierre Brisson a ainsi été préservée, et il y tenait.
Mais il n'a plus jamais signé dans «Le Figaro».

Apparemment, «L'Express» n'avait bénéficié que d'une heureuse coïncidence: un nouveau journal, un conflit avec l'ancien . . . Mais, en fait, c'était un signe qui s'ajoutait à un faisceau
45 de signes. Mauriac avait un radar. Non seulement sa sensibilité
l'avertissait de ce que son intelligence aurait pu négliger, mais il
avait acquis cette position où plus rien ne l'occultait. Quel homme
a-t-il été du temps que sa voix était pleine, du temps qu'il rêvait de
la rosette et de l'Académie, ou du Nobel s'il en a rêvé, je ne sais
50 pas. Courageux, incontestablement, au moment de la guerre
d'Espagne, surtout si l'on songe de quelle droite il venait! Celle où
on lui avait appris à appeler son pot de chambre un Zola, à la suite
de l'affaire Dreyfus. Mais pris, sans doute, comme tout le monde,
dans le réseau de ses ambitions, de ses intérêts, de ses désirs.
55 En 1953, tout était joué pour lui. Et gagné. Même sa santé,
dont il disait qu'elle avait été préoccupante et fragile, était devenue
de fer, et sa voix blessée un élément de charme. Il était libre

28 entretenir: ici, maintenir
29 arrivistes *m.* et *f.:* personnes
    qui désirent réussir à tout
    prix
30 corrompus *vb.* corrompre: *to
    corrupt*
31 nous ne vous en voulons pas *vb.*
    en vouloir à quelqu'un:
    avoir de la rancune

33 saurions: conditionnel
    présent de savoir
    entourer: ici, soutenir
44 faisceau *m.:* ensemble
47 occultait *vb.* occulter: cacher
57 blessée *vb.* blesser: *to injure*

comme personne n'est libre, ou si rarement. Libre des autres et de
lui-même. Il avait fait ce qu'il avait à faire, il était sûr d'être aimé
60 par quelqu'un, là-haut, qui lui pardonnait ses indignités vécues ou
pensées. Écrire lui était un plaisir, pas un effort.

Tout en lui évoquait le chat, et pas seulement les coups de
griffe. La distance, l'indépendance, le choix impérieux de ceux
par qui il consentait à se laisser approcher, ronronnant, yeux mi-
65 clos, patte de velours, et puis, pfft . . . remontant sur son arbre.
L'instinct infaillible.

La composante féminine, què tout le monde possède en
même temps qu'une composante masculine, était très forte chez
lui. Il aimait qu'un moteur le hale. Sans pour autant se laisser con-
70 duire où il ne voulait pas aller. Mauriac a agi comme témoin, ce qui
est la vocation naturelle du journaliste. Un témoin qu'on ne fait jamais taire mais qui se réserve, à tout instant, de se retirer du jeu.

Il allait être, de la façon qui lui convenait le mieux, un acteur
du jeu politique au sens le plus noble, puisqu'il ne s'agissait pas
75 d'aider à satisfaire des ambitions vulgaires, mais de mettre Mendès
France et ses idées au pouvoir, en action, pour le meilleur de la
France.

Dans cette espèce d'orchestre que nous formions, il a été
pendant sept ans le soliste. Heureux, je crois, bien qu'il ait ainsi
80 soulevé des haines terribles, qui se sont accompagnées de menaces
jusque sur sa vie.

Notes

1. **«Le Figaro»:** Quotidien fondé en 1826, considéré comme un
journal conservateur.

2. **Pierre Brisson (1896–1964):** Directeur du «Figaro» de 1934 à
1942. Il en reprit la direction d'août 1944 jusqu'à sa mort.

3. **«Les Prétendants»:** Article paru le 14 novembre 1953. **Vincent
Auriol (1896–1966):** Président de la IVe République de 1947 à
1954.

4. **à l'Élysée:** C'est-à-dire à la Présidence de la République.

---

63 griffe *f.: claw*
64 ronronnant *vb.* ronronner: *to
purr*
mi-clos: à moitié fermé
65 velours *m.: velvet*
66 infaillible: qui ne peut pas se
tromper

67 composante *f.:* partie
69 hale *vb.* haler: pousser
sans pour autant: *yet without*
71 faire taire: *to silence*
72 jeu *m.: game*

5. **Joseph Laniel (né en 1889):** Industriel et homme politique. Député et Président du Conseil (1953–1954). Candidat à la Présidence de la République en 1954.

6. **«Bloc-Notes»:** rubrique hebdomadaire de François Mauriac dans «L'Express».

7. **Chateaubriand, François-René de (1768–1848):** Écrivain, historien et diplomate. Un des précurseurs du mouvement romantique.

8. **Barrès, Maurice (1862–1923):** Romancier, essayiste, et homme politique. Défenseur du nationalisme.

9. **la rosette:** La rosette de la Légion d'honneur, décoration portée par les officiers de cet ordre national de mérite créé par Napoléon I en 1804. François Mauriac est devenu Grand-croix de la Légion d'honneur en 1958.

10. **l'Académie:** L'Académie française, fondée en 1635 par le Cardinal de Richelieu et composée de 40 membres, élus à vie, appelés «Immortels.»

11. **«Le Figaro littéraire»:** A cessé de paraître, maintenant un supplément du «Figaro» publié le samedi.

12. **sa voix blessée:** Mauriac avait été opéré d'un cancer de la gorge.

13. **Zola, Émile (1840–1902):** Romancier, chef de l'école naturaliste. Défenseur d'Alfred Dreyfus dans un article retentissant paru dans «L'Aurore» en 1898, «J'accuse».

14. **l'affaire Dreyfus:** Le capitaine Dreyfus, israélite alsacien, fut accusé de trahison au profit de l'Allemagne et condamné aux travaux forcés en 1894. «L'affaire» divisa profondément la France pendant des années. Dreyfus fut réhabilité en 1906, grâce à une campagne de la gauche, et son innocence prouvée en 1930.

Questions

1. Quelle était la réputation de Mauriac au moment où il a quitté «Le Figaro»?

2. Quelle était la situation de «L'Express» à ce moment-là?

3. Comment Mauriac a-t-il commencé à écrire pour «L'Express»?

4. De quoi parlait Mauriac dans son premier article? Quand l'a-t-il écrit?

5. Quelle a été l'une des gloires de Mauriac?

6. Quelle ambition des prétendants Mauriac aurait-il acclamée?

7. Quel genre d'articles continua-t-il à écrire pour «Le Figaro littéraire»?

8. Comment Françoise Giroud essaie-t-elle d'expliquer la décision de Mauriac de collaborer à «L'Express»?
9. A quel moment Mauriac s'était-il montré courageux? En quoi était-ce remarquable?
10. Comment le décrit-elle en 1953?
11. A quel animal Françoise Giroud le compare-t-elle? Qu'avait-il de cet animal?
12. Qu'y avait-il de féminin chez lui? Quelle comparaison fait-elle?
13. Selon Françoise Giroud quelle est la vocation naturelle du journaliste?
14. Qu'a donné «L'Express» à Mauriac?
15. En quoi son action était-elle désintéressée?
16. Combien de temps François Mauriac a-t-il collaboré à «L'Express»?

Discussions

1. En quoi l'évolution politique de François Mauriac sort-elle de la norme?
2. Connaissez-vous des écrivains qui sont entrés dans le jeu politique? Dans quelles circonstances et pour quelles causes?
3. Le rôle des intellectuels dans la vie politique.
4. Faites le portrait de quelqu'un dont la conduite et les idées s'opposent à celles de son milieu.

Grammaire

Les négatifs

1. **ne . . . pas**
2. **ne . . . point** (littéraire)
3. **ne . . . plus** (*no longer*)
4. **ne . . . jamais** (*never*)

5. **ne . . . guère** (*scarcely*)
6. **ne . . . personne**
7. **ne . . . rien**
8. **ne . . . que** (*only*)

Voici quelques exemples de phrases négatives:

Ils **ne** sont **pas** remplacés.

Il **n'**a **plus** jamais signé dans «Le Figaro».

Il **n'**était **plus** question **que** de Chateaubriand.

Un témoin qu'on **ne** fait **jamais** taire.

Personne n'est libre.
Plus rien ne l'occultait.
Jamais il **n'**a contribué.

Ne se place avant le verbe, le deuxième négatif après. A un temps composé, **ne** se place avant l'auxiliaire et l'autre négatif après. Notez cette exception: **personne** se place après le participe passé:

Il **n'**est venu **personne.**

Personne et **rien,** comme sujets, se placent avant le verbe:

personne n'est venu
rien ne se passe

Plus peut se combiner avec **jamais** et **rien: (ne) plus jamais, (ne) jamais plus, (ne) plus rien.** Il n'y a pas d'inversion comme en anglais quand ces négatifs sont placés en début de la phrase:

Plus rien ne sera comme avant.

ne . . . que: ne se place avant le verbe et **que** introduit le mot auquel s'applique la restriction:

«L'Express» **n'**avait bénéficié **que** d'une heureuse coïncidence.

Dites en français:

1. He had nothing to lose.
2. I have never worshipped politicians.
3. Nothing bores me more.
4. They were scarcely known.
5. Nobody is ever completely free.
6. The nation no longer exists.
7. I do not vary in my feelings.
8. He wrote only beautiful literary articles.
9. Never again did he contribute to «Le Figaro».
10. I do not know and do not want to know.

Chapitre 16

Albert Camus

Albert Camus est né à Mondovi en Algérie en 1913. Son père, ouvrier agricole, meurt à la bataille de la Marne en 1914. Sa mère, réfugiée à Alger dans un quartier populaire de la ville, travaille comme femme de ménage pour faire vivre sa famille. Malgré une situation matérielle difficile, Camus fait des études de philosophie à l'Université d'Alger et songe à une carrière professorale. Il doit y renoncer pour des raisons de santé (tuberculose) et exerce divers métiers. Passionné de théâtre, il dirige une troupe de comédiens amateurs de 1934 à 1938 et se lance dans le journalisme d'abord à Alger puis en France («Paris-Soir»). Il publie deux volumes d'essais «L'Envers et l'endroit» (1937) et «Noces» (1938). Pendant la guerre, il joue un rôle actif dans un groupe de résistance appelé «Combat». En 1942, il donne «Le Mythe de Sisyphe» où il propose sa philosophie de l'absurde et un court roman qui en est l'illustration «L'Étranger». En août 1944, il devient rédacteur en chef de «Combat» et le reste jusqu'en 1947 (le journal a cessé de paraître en 1974). Éditorialiste remarqué et écrivain, Camus devient rapidement un guide écouté et, avec Jean-Paul Sartre, l'un des porte-parole de l'existentialisme. Toutefois, Camus développe une philosophie qui lui est personnelle et évolue vers un humanisme que Sartre rejette. Les deux hommes liés d'amitié se séparent en 1952 après une polémique célèbre. Le succès de Camus grandit encore après la publication de «La Peste» (1947), expression la plus complète et la plus juste de son message et d'un essai parallèle «L'Homme révolté» (1951). Il continue à publier textes littéraires et philosophiques: un volume d'essais «L'Été» (1954), un roman «La Chute» (1956) et un recueil de nouvelles «L'Éxil et le royaume» (1957). Le théâtre a été aussi pour lui un moyen de donner forme à ses idées: «Le Malentendu» (1944), «Caligula» (1945), «Les Justes» (1949). Prix Nobel de littérature à l'âge de quarante-quatre ans, sa carrière est tragiquement interrompue par sa mort, en 1960, dans un accident de voiture.

Même si aujourd'hui son œuvre n'est plus unanimement admirée, Camus reste l'écrivain le plus universellement connu de sa génération. Un des reproches que l'on fait à son égard concerne l'Algérie. Européen attaché à son pays natal, Camus a défendu l'idée d'une Algérie française, gardienne d'une culture méditerranéenne, et préconisé le fédéralisme comme solution politique (voir «Actuelles» III, recueil de ses principaux écrits politiques). Refus de l'engagement, inconscience ou trahison pour certains, cette prise de position est cependant conforme à ses principes et à sa pensée: il refuse l'idéal abstrait qu'on doit défendre à n'importe quel prix et préfère donner à l'humanité ses chances de vie et de bonheur.

Camus s'est tué en voiture, en janvier 1960, je crois. Depuis qu'il s'était désengagé, qu'il avait choisi d'être moralement infirmier de la Croix-Rouge plutôt que combattant, il m'avait écrit mais je ne l'avais pas revu. Sans doute ceux qui sont nés en Algérie
5 et qui ont été déchirés par cette guerre autrement que nous ne l'avons été ont le droit d'en juger. Et puis, au nom de quoi exigerait-on que les gens s'engagent . . . On savait au moins que, chez lui, ce n'était pas lâcheté. Plutôt un mélange de désespérance et d'ardeur à vivre. On prête à Sartre ce mot terrible, quand
10 Camus a eu le Nobel: «C'est bien fait», aurait-il dit.

Mauriac le détestait, et c'était réciproque. Du temps où ils écrivaient tous les deux dans «L'Express», ils se croisaient dans les couloirs, échangeaient un salut. Rien de trop. Plus tard, Mauriac a découvert avec stupeur que Camus était le fils d'une femme de
15 ménage, et il l'en a reconsidéré, avec plus de sympathie et de compréhension. Tant de gens ont tant écrit sur Camus dont on se demande parfois s'il n'a pas eu plus d'amis d'enfance que toutes les écoles d'Algérie n'ont pu contenir d'élèves pendant vingt ans, que je n'y ajouterai pas. Seulement deux mots. Il avait le plus beau
20 regard du monde. Un regard bleu et nocturne à la fois.

Note

le Nobel: Le Prix Nobel de littérature. Camus l'a obtenu en 1957. Sartre a refusé le sien en 1964.

3 infirmier de la Croix-Rouge *m.*
   (*f.* infirmière): *Red Cross nurse*
7 au moins: *at least*
10 c'est bien fait: *it serves him right*

10 aurait-il dit: *he is reported to have said*
14 femme de ménage *f.*: *cleaning woman*

Questions

1. Quand et comment Camus est-il mort?
2. Quelle position avait adoptée Camus vis-à-vis de la guerre d'Algérie?
3. Selon Françoise Giroud, qui seul a le droit de juger son désengagement?
4. A quoi ne pouvait-on pas attribuer ce désengagement? Pourquoi?
5. Comment Françoise Giroud interprète-t-elle sa conduite?
6. Qu'aurait dit Sartre quand Camus a reçu le prix Nobel? Que révèle cette remarque?
7. Quels étaient les rapports entre Mauriac et Camus?
8. Qu'est-ce qui a modifié l'attitude de Mauriac?
9. Pourquoi Françoise Giroud ne veut-elle pas écrire sur Camus?
10. Quelle impression conserve-t-elle de lui?

Discussions

1. La difficulté d'un choix dans une situation où deux points de vue sont également défendables.
2. Que pensez-vous de l'attitude de Camus devant le conflit en Algérie?
3. Que pensez-vous du mot de Sartre à propos du Prix Nobel de Camus? Comprenez-vous le refus de Sartre?
4. Connaissez-vous des exemples d'une carrière aussi remarquable que celle de Camus, fils d'une femme de ménage?

Recherche

Lisez «L'Hôte». De quelle manière l'histoire de l'instituteur illustre-t-elle le dilemme de Camus vis-à-vis de l'Algérie?

Chapitre 17

Charles de Gaulle

De Gaulle (1890–1970) est né à Lille (Nord). En 1909, il entre à l'École militaire de Saint-Cyr et combat pendant la Première Guerre mondiale sous les ordres de Pétain. Fait prisonnier, il est interné et promu capitaine. Après la guerre, il enseigne l'histoire militaire à Saint-Cyr puis entre à l'École supérieure de guerre. Nommé commandant en 1927, il est chargé de diverses missions au Moyen-Orient. A la déclaration de la guerre, de Gaulle, colonel, reçoit le commandement des chars de la Ve armée. Le 25 mai, il est promu général de brigade et du 6 au 17 juin, il est sous-secrétaire d'État à la Défense nationale dans le Cabinet de Paul Reynaud. En mission à Londres à deux reprises, il rentre en France le 16, refuse l'armistice et repart pour l'Angleterre. Le 18 juin, il lance à la BBC son appel invitant les Français à poursuivre avec lui la lutte (voir p. 67). Il est privé de la nationalité française et condamné à mort pour trahison et désertion en août. Chef des Forces françaises libres, il défend l'indépendance et la représentativité de la France libre devant Churchill et contre Roosevelt. Après le débarquement allié en Afrique du Nord (1942), il regroupe sous sa seule autorité la Résistance intérieure et ainsi consolide sa position. En même temps, il annonce son futur programme d'action politique une fois à la tête de la France libérée. Tenu à l'écart des opérations du débarquement de Normandie (juin 1944), il prouve sa légitimité quand, entouré des ministres et généraux de la France libre et des chefs de la Résistance, il se fait acclamer par deux millions de Parisiens rassemblés sur les Champs-Élysées (26 août). Il fait alors reconnaître son gouvernement provisoire par les grandes puissances et, après le retour des prisonniers, il peut consulter l'électorat. Comme il le désirait, électeurs et électrices (les Françaises votent pour la première fois) ratifient l'existence de la IVe République et élisent une Assemblée constituante (21 octobre 1945). Cependant, incapable d'imposer sa volonté aux partis élus, de

Gaulle donne sa démission le 20 janvier 1946, certain d'être rappelé. Il le sera mais douze ans plus tard. De 1947 à 1952, de Gaulle dirige le Rassemblement du peûple français (R.P.F.) qu'il a fondé pour lutter contre ce qu'il pense être un mauvais régime. Mais le R.P.F. n'arrive pas à s'imposer comme majorité aux élections et de Gaulle l'abandonne. Il quitte la vie publique et s'installe dans sa maison de Colombey-les-deux-églises. Dans sa retraite, il se consacre à la rédaction de ses «Mémoires de guerre» qui connaissent un grand succès. Cette «traversée du désert», comme les gaullistes ont appelé cette période, se termine en 1958 quand il revient au pouvoir après la crise du 13 mai (voir p. 104 pour le retour de de Gaulle et p. 118 pour ses années à la Présidence de la Ve République).

—C'était votre grand homme ou pas, de Gaulle?

—Pendant la guerre? C'était plus. C'était le symbole. Avec ce nom fabuleux . . .

—Plus tard, vous l'avez cependant soupçonné d'être fasciste
5   . . .

—Fasciste, de Gaulle? Ah! non, jamais! Je vous défie de trouver un mot sous ma plume dans ce sens. Je n'ai même jamais été effleurée par cette idée dans le plus secret de la pensée. Fasciste, non vraiment!

10   En mai 1958, devant la décomposition des gouvernants de la IVe République dès qu'il s'agissait de maîtriser la décolonisation, devant ce défaut vertigineux de caractère et de vision politique, cette façon de se déculotter devant trois tomates et deux colonels, et de traiter Hô Chi Minh, Bourguiba, le sultan du Maroc comme
15   de méprisables chiens, j'étais vraiment tout près d'applaudir au retour de de Gaulle . . . Mais pas sur les épaules des officiers factieux qu'il ne désavouait pas.

Et puis ce mensonge délibéré, à propos du balcon de la mairie d'Arras où il disait avoir été, à la Libération, à côté de Guy Mollet,
20   histoire d'attendrir les socialistes toujours prêts à verser une larme. Alors qu'il savait bien—sa mémoire était sans faille—que c'était faux.

C'est un détail, je sais bien, et on ne prend pas le pouvoir avec de la franchise, de la candeur, mais avec de la ruse, il l'a écrit lui-
25   même le plus clairement du monde. Seule compte la fin, et si la fin

---

8 effleurée   *vb.*   effleurer: toucher légèrement

13 se déculotter *lit.:* enlever son pantalon (ici, *sens fig.*)

17 factieux: qui cherche à créer des troubles

18 mensonge   *m.:*   affirmation contraire à la vérité

21 faille *f.:* sans —: sans faute, parfaite

est noble . . . Les grands hommes se servent de tout, n'est-ce pas? Parfois tant pis pour eux.

Son génie du verbe, par quoi il a remplacé pendant des années le poids et la taille que la France n'avait plus.

30 De Gaulle était un prince des mots.

Sa sortie, enfin, dont il est piquant que l'on débatte pour savoir s'il voulait ou non perdre le référendum d'avril 1969. Comme si Charles de Gaulle, seul, était indemne d'ambivalence. Hé quoi! Lui aussi voulait qu'on l'aimât et qu'on le lui répète.

35 De Gaulle avait besoin de preuves d'amour sans cesse renouvelées. Peut-être parce que, par une singularité de son destin, il n'a jamais eu la France rassemblée derrière lui. Il a été à deux reprises le chef de guerre d'une partie de la France contre l'autre.

40 De Gaulle s'est renseigné. Et nous sommes tous très sots—je le suis, en tout cas—d'avoir pu penser qu'il ne saurait pas sortir de l'Histoire avant que la vieillesse ne lui soit un naufrage, puisque plus que tout, il était orgueil. Ses rapports avec Dieu . . . Voilà ce qu'on aimerait connaître et que l'on ne connaîtra jamais. Ce
45 serait plus intéressant cependant que ses rapports avec M. Couve de Murville.

Il reste que son départ a été superbe.

Le bilan de de Gaulle, ça ne me passionne pas. C'est de la comptabilité. Son histoire, oui. Cette ahurissante et sublime
50 identification d'un homme à son pays, cette saisie du destin, ces amours avec une personne nommée France, cruelle, versatile, infidèle à peine conquise, révoltée à peine soumise, ingrate à peine guérie de ses polissonneries avec des Mollet et des Pinay, et le trompant, pour finir, avec un Pompidou, là, sous ses yeux . . .
55 Et il regarde, et il se tait, et il meurt . . .

---

27 tant pis pour eux: *too bad for them*
28 verbe *m.*: le —: la parole
29 le poids et la taille: *weight and height* (ici, *sens fig.*)
31 débatte *vb.* débattre: discuter
33 indemne: ici, libre
38 reprises *f.*: à deux —: deux fois
40 renseigné *vb.* se renseigner: s'informer
   sots: stupides

42 naufrage *m.*: ruine totale; le — d'un bateau: *shipwreck*
43 orgueil *m.* ≠ modestie
48 bilan *m.*: inventaire
49 comptabilité *f.*: *bookkeeping*
52 ingrate: qui montre de l'ingratitude
53 guérie *vb.* guérir: *to cure*
   polissonneries *f.*: *naughty behavior*

—Vous n'avez pas écrit, cependant, au moment de sa mort. Pourquoi?

—Je n'ai pas écrit, en effet. J'ai été à Notre-Dame, le jour de son enterrement. Et quelqu'un m'a dit, après: «Je vous ai vue . . .
60 C'est incroyable! Et vous aviez les larmes aux yeux.» Et pourquoi pas? Aux enterrements, d'ailleurs, chacun sait que c'est sur soi que l'on pleure. D'abord, le départ de de Gaulle a été admirable. Digne du plus grand respect. Et puis, c'était l'homme du 18 juin. Et ce n'est certainement pas la cohorte des gaullistes politiques et autres
65 personnages plus ou moins respectables qui pouvait m'enlever quatre ans de ma vie pendant lesquels de Gaulle a été le char auquel j'avais attaché mon étoile. Le chef de la France libre.

Sa mort a été pour moi une affaire privée. L'affaire publique, le retournement de circonstance auquel tant de gens se sont livrés,
70 le vibrato dans la voix et l'œil sur le public, j'aurais eu, franchement, honte.

—De Gaulle fera vingt lignes?

—Non. Une. A sauvé l'honneur de la France le 18 juin 1940.

—C'est tout le bilan, selon vous?

75 —Ce ne serait pas mal, comme bilan! Qui ne s'en contenterait au soir de sa vie? . . .

---

28 AVRIL 1969

COMMUNIQUÉ

Je cesse d'exercer mes fonctions de Président de la
80 République. Cette décision prend effet aujourd'hui à midi.

Notes

1. **ce nom fabuleux:** Le nom du Général évoque la Gaule, vaste région située entre le Rhin, l'Océan Atlantique, les Alpes et les Pyrénées et qui fut conquise peu à peu par Jules César (58–51 avant Jésus-Christ) malgré l'opposition de plusieurs chefs gaulois dont Vercingétorix.

2. **trois tomates et deux colonels:** Allusion à la reception à Alger, en février 1956, de Guy Mollet, alors Président du Conseil. Venu en

59 enterrement *m.:* funérailles
66 char anquel j'avais attaché mon étoile: *the wagon to which I had hitched my star*

69 retournement *m.:* changement, reversement
de circonstance: conforme à la situation présente

médiateur, Guy Mollet est accueilli par des tomates et des insultes de la part de la communauté européenne opposée à sa politique algérienne. Devant cette pression, le gouvernement cède aux exigences des Européens appuyés par l'armée.

3. **Hô Chi Minh (1890–1969):** Sens littéral—celui qui apporte les lumières. Né en Annam. Installé en France, il adhère au Parti communiste en 1921. Nommé Président de la République démocratique du Vietnam en 1946, il poursuit la lutte contre la France jusqu'en 1954, date des accords de Genève. Voir p. 103.

4. **Bourguiba, Habib (né en 1903):** Quitte son métier d'avocat pour se consacrer à l'action politique. Fonde le premier journal tunisien de langue arabe. Plusieurs fois arrêté et mis en résidence surveillée par les Français. Participe aux conversations aboutissant à l'autonomie puis à l'indépendance de la Tunisie (1956). Président de la République tunisienne depuis 1957.

5. **le sultan du Maroc:** Muhammed V, reconnu sultan en 1956 et roi en 1957. Mort en 1961.

6. **Guy Mollet (1905–1975):** Député, Président du Conseil (1er février 1956–13 juin 1957), Secrétaire général du Parti socialiste S.F.I.O. (Section française de l'internationale ouvrière) de 1946 à 1969. Responsable de l'Organisation civile et militaire pour le Pas-de-Calais et Secrétaire du Comité de libération de 1942 à 1944.

7. **le référendum d'avril 1969:** Sur la régionalisation et la réforme du Sénat, rejeté par 53% de non contre 47% de oui. Suivi d'une démission immédiate de de Gaulle. Voir communiqué officiel p. 173.

8. **à deux reprises:** en 1940 et en 1958.

9. **avant que la vieillesse ne lui soit un naufrage:** Dans le volume «L'Appel» de ses «Mémoires de guerre» de Gaulle dit: «La vieillesse est un naufrage. Pour que rien ne nous fût épargné, la vieillesse du maréchal Pétain allait s'identifier avec le naufrage de la France.»

10. **Couve de Murville, Maurice (né en 1907):** Inspecteur général des Finances, Ambassadeur de France, Ministre des Affaires étrangères de 1958 à 1968. Après les événements de mai et le renvoi de Georges Pompidou, nommé Premier Ministre par de Gaulle et le reste jusqu'en juin 1969, date de l'élection de Pompidou à la Présidence. Depuis 1973, député U.D.R. (voir p. 236) du 8e arrondissement à Paris.

11. **ingrate à peine guérie de ses polissonneries avec des Mollet et des Pinay:** Mollet et Pinay, deux Présidents du Conseil. Allusion

aux nombreux changements de gouvernement sous la IVe République. Voir p. 98.

12. **Pompidou, Georges (1911–1974):** Deuxième Président de la Ve République. Agrégé de lettres, professeur à Marseille, puis à Paris. Chargé de mission au Cabinet du Général de Gaulle (1944–1946). Directeur général à la Banque Rothschild (1954–1958). Directeur du Cabinet du Général de Gaulle (1958–1959). Il remplaça Michel Debré comme Premier Ministre en 1962. Après les événements de Mai 1968, il est remplacé par Maurice Couve de Murville. Le 17 janvier 1969, Pompidou se déclare prêt à assumer la Présidence, au cas où de Gaulle s'en irait. Après la démission du Général, il se déclare candidat et est élu au deuxième tour contre François Mitterrand. Il meurt d'un cancer en avril 1974.

13. **Notre-Dame:** Cathédrale gothique au cœur de Paris, dans l'île de la Cité.

14. **l'homme du 18 juin:** Le 18 juin 1940, de Gaulle a lancé, de Londres, son appel à la résistance. Voir p. 63.

15. **vingt lignes:** Vingt lignes dans les livres d'histoire.

Questions

1. Que représentait de Gaulle pour Françoise Giroud pendant la guerre?

2. Pourquoi son nom était-il fabuleux?

3. Que dit-elle pour prouver qu'elle ne l'a jamais soupçonné d'être fasciste?

4. Pourquoi aurait-elle été prête à accueillir le retour de de Gaulle?

5. Pourquoi ne l'a-t-elle pas fait?

6. Quel mensonge délibéré lui reproche-t-elle?

7. Comment prend-on le pouvoir? Qu'est-ce qui compte?

8. Quel éloge adresse-t-elle à de Gaulle?

9. Qu'est-ce que ce génie a remplacé?

10. Quelle question s'est-on posée sur ses intentions en avril 1969?

11. Quel trait humain de Gaulle possédait-il comme tout le monde?

12. Quelles raisons historiques expliquent son besoin d'être aimé?

13. Pourquoi pense-t-elle que son départ a été volontaire?

14. Qu'est-ce qui est de la comptabilité pour elle?

15. Avec qui de Gaulle s'identifiait-il complètement?

16. Comment voyait-il la France?

17. Comment s'est conduite cette femme envers lui?
18. Quelle a été la réaction de Françoise Giroud au moment de la mort de de Gaulle et à son enterrement?
19. Quelle place a eue de Gaulle dans sa vie?
20. Quelle place aura-t-il dans l'histoire?

Discussions

1. Peut-on prendre le pouvoir sans la ruse?
2. Quelle image de de Gaulle avez-vous maintenant?
3. L'âge et l'exercice d'une fonction. Pensez-vous qu'il devrait y avoir une mise à la retraite obligatoire pour les personnalités politiques et ecclésiastiques, pour les gens d'affaires? Donnez vos arguments.
4. Trouvez-vous que de Gaulle ait su éviter que sa vieillesse soit un naufrage?
5. Faites une liste des personnalités politiques les plus importantes dans le monde aujourd'hui et imaginez le jugement de l'histoire dans cinquante ans.

Recherches

1. De Gaulle et les États-Unis de 1940 à sa mort.
2. Les États-Unis d'Europe. Mesures prises et mesures qui restent à prendre.

Chapitre 18

Maurice Thorez

Maurice Thorez (1900–1964): Fils et petit-fils de mineur, il commence à ˙
travailler dans la mine à l'âge de douze ans. Très jeune, il adhère au Parti communiste et devient, en 1924, le secrétaire de la région du Nord. En 1925, il entre
au Bureau politique du Parti et en devient le Secrétaire général en 1930, ac-
complissant ainsi une carrière fulgurante. Élu député en 1932, il signe le pacte
avec les Socialistes pour un Front populaire. Passé en Union soviétique, en juin
1940, il rentre en France en 1944. Député dans les deux Assemblées
constituantes, puis à l'Assemblée nationale, il est Ministre d'État dans le
gouvernement de de Gaulle. En 1950, il est atteint d'un congestion cérébrale
qui le laisse en partie paralysé. Il reprend la direction effective du Parti en 1953
et en mai 1964, il quitte le Secrétariat pour la Présidence, poste créé spéciale-
ment pour lui. Sous·sa direction, le Parti adopta toujours une ligne stalinienne.

Renoir m'a emmenée un soir entendre Maurice Thorez, en
1936. Il était ensorcelant. C'était Jean Gabin plus la dialectique. Je
l'ai revu, dans une entrevue privée alors, vingt ans plus tard . . .
Il avait vraiment le charisme. Je ne sais pas en quelle année c'était,
5   1955, je crois. Mais je peux vous dire la date, le 4 juillet, à cause
d'un incident comique.
Jean-Jacques Servan-Schreiber, Simon Nora et moi attendions Thorez chez Jean-Jacques où nous avions rendez-vous,

2 ensorcelant: fascinant
3 dialectique *f.:* système de rai-
    sonnement

4 charisme *m.:* qualités person-
    nelles   qui   permettent
    d'exercer de l'autorité et de
    l'influence sur les autres

177

au début de l'après-midi. Jean-Jacques avait déjà eu quelques
10 entretiens avec lui, seul, au siège du P.C.
Nous le guettions, du balcon. Une voiture noire arrive,
s'arrête. Le chauffeur descend pour ouvrir la portière. Nous le
voyons aider Thorez, qui était très handicapé physiquement, et au
même moment éclate dans la rue une musique militaire. «Ce n'est
15 pas possible! dit Simon Nora. Il ne se fait tout de même pas accompagner par sa musique!» C'était extravagant, parce que ça en
avait, vraiment, toutes les apparences.
Il nous a fallu un moment pour comprendre que, par une bizarre coïncidence, la voiture de Thorez était arrivée au moment
20 précis où un peu plus loin, dans la rue, on rendait un hommage
musical au buste de George Washington, à l'occasion de la fête nationale américaine.
Il y avait deux personnes avec lui, dont un syndicaliste.
Thorez avait beaucoup changé depuis 1936. Son bras droit
25 était mort. Il pouvait à peine se servir de sa jambe droite. Quelque
chose s'était crispé, figé, dans son visage. Mais il avait gardé son
regard bleu ciel et surtout sa force, sa puissance. Et cette distinc-
tion populaire qui est le contraire de la vulgarité qu'affiche Marchais.
30 Il avait aussi son côté Pinay, si vous voyez ce que je veux dire.
Français cabochard. Mais avec une autre machine intellectuelle. Il
a fait une analyse très serrée, très fine, de la situation.
Cela a été une très longue conversation, une sorte d'explora-
tion jusqu'aux frontières mais dont il n'y aurait rien à rapporter
35 aujourd'hui qui soit bien original. L'intéressant était d'y procéder
directement avec lui. Il faisait très chaud. Pour servir quelque
chose à boire, j'ai enlevé ma veste, et je ne l'ai pas remise. Ce qui a
donné lieu à un autre incident comique, à peine nos invités partis.
Il y avait incompatibilité complète, dans l'esprit de Jean-
40 Jacques, entre une blouse transparante—que je portais—et le
sérieux communiste. Simon Nora partageait cette vue superbe des
choses. Ils n'étaient pas contents de moi, tous les deux. J'avais été,
paraît-il, provocante, involontairement, certes, mais enfin quelle
opinion allait-on avoir de moi, de nous?

10 P.C.:   Parti communiste
14 éclate *vb.* éclater: *to burst out*
23 syndicaliste   *m.* et *f.: union
member*

31 cabochard *fam.:* obstiné, qui ne
fait que ce qui lui plaît
32 serrée: concise
37 veste *f.:*   jaquette
41 superbe: ici, noble

45 Le lendemain, je recevais sur papier à en-tête de la C. G. T. la plus jolie déclaration de sentiments vifs qui m'ait jamais été adressée par lettre.

Rétrospectivement, ce qui me plaît dans cette histoire, c'est la jeunesse, l'inexpérience des hommes que supposait la réaction de 50 mes deux censeurs et aussi cette façon de diviniser la politique, de la vouloir en quelque sorte intacte d'humanité.

J'ai été à l'enterrement de Thorez en juillet 1964. Il avait officiellement passé la main depuis un an à Waldeck-Rochet. On disait que devant le conflit latent entre la tendance libérale et la 55 tendance dure du Parti, il avait donné le poste clef à Waldeck considéré comme libéral, mais en le flanquant d'hommes neufs formés par la fraction stalinienne. Il se gardait ainsi le pouvoir d'arbitrage au sein du Parti. Aujourd'hui, Waldeck n'existe plus. Et qui arbitre entre quoi et quoi? . . .

60 L'admirable—qui est pour moi l'horreur—c'est cette docilité des militants, applaudissant, en 1936, Thorez s'écriant: «Nous te tendons la main, catholique, ouvrier, employé, artisan, paysan, parce que tu es notre frère et que tu es comme nous accablé par les mêmes soucis.»

65 Applaudissant, en 1924, Thorez s'écriant: «Tous les bavardages sur le mariage entre communistes et socialistes sont foncièrement étrangers à l'esprit du bolchevisme. Nous ne voulons pas nous unir avec la social-démocratie. On ne marie pas l'eau et le feu.»

70 Applaudissant, en 1939, le pacte germano-soviétique. Là, tout de même, ça a été dur. Mais ils ont avalé. Et depuis, juste Ciel! Que n'ont-ils pas avalé?

Notes

1. **Jean Gabin (1904–1976):** Acteur de cinéma. Très populaire pour ses rôles d'hommes virils et durs («Quai des Brumes», «Pépé le Moko», etc.).

2. **Simon Nora (né en 1921):** Inspecteur général des Finances. Conseiller technique dans plusieurs Cabinets dont celui de Mendès France. Spécialiste de l'énergie et de la télévision. Directeur général de la librairie Hachette (1971–1974).

45 en-tête *f.* papier à —: *letterhead stationery*
56 flanquant *vb.* flanquer: accompagner

62 employé *m.: white-collar worker*
65 bavardages *m.: idle discussions*

3. **Marchais, Georges (né en 1920):** Secrétaire général du Parti communiste français depuis 1972. Co-signataire avec Mitterrand d'un Programme commun de gouvernement de la gauche (juillet 1972). Député du Val-de-Marne. Responsable de l'assouplissement doctrinal du Parti qui, en 1976, a renoncé à l'idée de la dictature du prolétariat.

4. **Pinay, Antoine (né en 1891):** Industriel, homme politique. Président du Conseil et Ministre des Finances (1952–1953). Ministre des Finances (1958–1960) responsable de la dévaluation du franc au début de la Ve République. Symbolise le Français moyen soucieux de la stabilité financière.

5. **la C.G.T.:** Confédération Générale du Travail, syndicat lié au Parti communiste français.

6. **Waldeck-Rochet, Emile (né en 1905):** Député, Président du groupement communiste de l'Assemblée nationale en 1958–1959 et entre 1962 et 1964. Secrétaire général adjoint du Parti communiste français en 1961 et Secrétaire général 1964–1972. Président d'honneur du Parti communiste français depuis décembre 1972. Remplacé par Marchais.

Questions

1. Quand Françoise Giroud a-t-elle vu Thorez pour la première fois?
2. Comment le décrit-elle et à qui le compare-t-elle?
3. Quand l'a-t-elle revu et dans quelles circonstances amusantes?
4. De quelle façon avait-il changé? Qu'avait-il conservé?
5. Quelles étaient ses qualités?
6. Quel reproche Servan-Schreiber et Nora ont-ils fait à Françoise Giroud?
7. Quelle a été la réaction de Thorez?
8. Pourquoi la réaction des deux hommes lui plaît-elle?
9. Quelle conception de la politique leur critique implique-t-elle?
10. Quand Thorez est-il mort?
11. Qui lui avait succédé et quelle tendance avait-il?
12. Comment Thorez avait-il gardé un pouvoir d'arbitrage dans le Parti?
13. Quelle attitude ont eue les militants communistes en 1936?
14. Que révèlent les citations données par Françoise Giroud sur l'attitude du Parti communiste?

Discussions

1. Doit-on ou non séparer la politique de la vie? Pourquoi divinise-t-on la politique?
2. L'attitude des militants dans un parti ou dans un groupe.

Recherches

1. Les réactions en France devant le pacte germano-soviétique.
2. Le Parti communiste français aujourd'hui.
3. Les Partis communistes dans le monde.

Chapitre 19

Pierre Mendès France

Mendès France, à l'époque [1953], c'était quoi? Un monsieur qui répétait inlassablement: il faut investir, il faut réduire nos dépenses improductives—dont la principale était évidemment la guerre d'Indochine—, il faut équiper le pays en logements, en ma-
5 chines, en usines, en écoles, il faut créer des emplois pour ceux qui ont six, sept, huit ans aujourd'hui et qui arriveront dans dix ans sur le marché du travail. Il faut en finir avec ces gouvernements qui vont se faire investir à Washington parce que nous vivons aux frais des États-Unis.
10 Il était planificateur, mais partisan résolu de l'économie de marché, autoritaire mais démocrate, libéral, et fermement attaché aux formes parlementaires dont il eût aimé qu'elles fonctionnent à l'anglaise, vigoureusement hostile au communisme, par raison—il n'y voyait rien qui puisse être souhaitable pour la France—et aussi
15 par sentiment. Par horreur de la coercition.

2 inlassablement: sans se lasser, *untiringly*
investir: placer de l'argent
4 logements *m.:* habitations
7 il faut en finir: *we must put an end to*
8 se faire investir: entrer en possession d'une fonction

9 frais *m. pl.:* dépenses
10 planificateur: partisan de mesures (ou plans) pour organiser le développement économique et social d'un pays ou d'une entreprise

Il racontait volontiers une histoire dont il avait été témoin, à Londres, pendant la guerre. Un député communiste qui s'y trouvait était tombé amoureux de la femme d'un autre membre du Parti qui l'aimait en retour. L'ordre de rupture était venu d'en
20 haut. Les deux intéressés avaient obtempéré. C'était, pour Mendès, une sorte de préfiguration du cauchemar. Je l'ai entendu raconter cette histoire dix fois. Il y avait de quoi, d'ailleurs.

Quand Mendès France a été au pouvoir, l'année suivante, il y eut d'abord, bien sûr, pendant un mois, la négociation sur
25 l'Indochine qui l'a entièrement requis puisqu'il avait dit qu'il démissionnerait s'il échouait.

Après Genève, donc, il a eu ce vote unanime du Parlement pour ratifier les accords. Et puis . . . C'est un homme très concentré qui ne peut pas faire deux choses en même temps. Et il
30 en avait malheureusement beaucoup à régler.

Le projet de C. E. D., de Communauté européenne de défense, d'intégration des armées européennes, était comme un abcès dans la vie politique. Un abcès que personne n'osait opérer. Vous vous souvenez qu'à l'époque les États-Unis favorisaient la
35 C. E. D., l'Union soviétique la combattait, donc le parti communiste aussi, tandis que le M. R. P. et la moitié des socialistes la soutenaient ardemment.

Aucun gouvernement ne s'était hasardé à faire venir le projet devant le Parlement. Mendès a décidé d'en finir, et je continue à
40 croire qu'il n'avait pas de doctrine personnelle très ferme au sujet de l'Europe, sinon qu'il eût aimé y voir la Grande-Bretagne.

Je ne sais pas quels dangers la C. E. D. nous aurait fait courir, et quelles auraient été ses répercussions dans le domaine international.
45 Mais je crois que, dans le domaine intérieur, Mendès France a sous-estimé les forces qu'il déchaînerait contre lui, au Parlement, en faisant échouer la C. E. D. La haine irréductible de la démocratie-chrétienne, du M. R. P., qui était puissant à l'époque, contre lui, date de là; en même temps qu'il devenait encore plus suspect
50 d'être le fourrier du communisme aux yeux des Américains. Ce qui est un comble pour un homme que les communistes ont tou-

---

19 rupture *f.:* séparation
20 obtempéré *vb.* obtempérer: obéir sans discuter
22 il y avait de quoi = c'était justifié
26 échouait *vb.* échouer: ne pas réussir

38 hasardé *vb.* se hasarder: se risquer
50 fourrier *m. fam.: harbinger*
51 comble *m.:* point culminant; ici, ce qui était tout à fait ridicule

jours craint et détesté, même quand il leur est arrivé de voter pour lui.

Il reste, pour en revenir à l'Europe, que Mendès France a
55 voté, en effet, plus tard, comme parlementaire, contre le Marché commun. Et que «L'Express» ne l'a jamais suivi sur ce terrain.

Peut-être est-ce cela qui reste, aujourd'hui, de Mendès France. L'image de l'homme qui tient parole. Et qui la tient parce qu'il ne s'engage pas pour séduire en se disant: «Après, on verra
60 bien . . .» C'est tout à fait admirable chez lui, cette façon de spéculer sur l'intelligence de l'interlocuteur—et de l'électeur—et non sur sa crédulité. Ah! avec lui, on ne rêve pas!

—Vous ne donnez donc pas à cette attitude l'interprétation que l'on a souvent entendue: conduite d'échec?
65 —Qu'est-ce que ça veut dire «conduite d'échec» dans le langage courant? Laissons ce que cela veut dire en vérité. Les gens entendent par là que l'on recherche inconsciemment l'échec plutôt que le succès, et que l'on crée donc les conditions de l'échec. Soit pour s'autopunir, soit pour pouvoir ensuite avoir des raisons de se
70 plaindre de son sort, soit, etc. C'est ça, n'est-ce pas?

Ne faisons pas de la psychanalyse de salon ou de cuisine. Mais en s'en tenant à l'observation extérieure, ce n'est pas du tout ce qui apparaît dans le comportement de Mendès France. Je dirai même que c'est le contraire. Tout se passe comme s'il ne pouvait littérale-
75 ment pas supporter l'idée, la perspective de l'échec. L'échec semble être pour lui quelque chose qui met en danger toute son économie interne, tout son équilibre psychique. Aussi mène-t-il superbement l'action, au contraire, quand il est engagé dedans. Mais c'est l'engagement qui est rendu difficile, qui est différé, re-
80 douté en même temps qu'il est souhaité, auquel il faut qu'il soit à la limite forcé de l'extérieur, par quelqu'un ou par quelques-uns sur lesquels il pourra se décharger de la culpabilité de l'échec, s'il survient. Déchargé vis-à-vis de lui-même naturellement. Il ne s'agit pas d'accabler un tiers. Il s'agit que cette force tierce existe et
85 lui épargne, en son for intérieur, d'être en péril.

Mais, ou je me trompe complètement, ou c'est le même mécanisme qui l'empêche, en janvier 1956, de dire à Guy Mollet:

64 conduite d'échec *f.* ≠ désir de réussir, *failure syndrome*
72 s'en tenant *vb.* s'en tenir: se limiter
77 aussi mène-t-il = voilà pourquoi il mène

79 différé *vb.* différer: retarder
84 un tiers: une troisième personne
85 for intérieur *m.:* conscience

c'est moi qui serai président du Conseil. Ce serait «à qui la faute»
alors? Avec toutes les conséquences dramatiques que cela a eues, et
90 pas seulement en ce qui concerne l'Algérie. C'est toute la gauche,
son image, son crédit, son aptitude à gouverner qui en ont été
anéantis, brisés pour des années. C'est le même mécanisme qui l'a
fait cafouiller—de mon point de vue—en mai 1968, et surtout,
surtout en avril 1969.
95 J'ai été longue à l'élucider. Encore est-ce peut-être, de ma
part, une construction de l'esprit . . . Si on m'en propose une
autre, meilleure, qui rende compte d'attitudes si déroutantes, je
suis preneur. Mais la conduite d'échec . . . Non, je ne crois pas.
—Vingt ans après, vos sentiments à l'égard de Mendès France
100 sont . . .
—Inchangés. Je ne suis pas variable dans mes sentiments.
—Alors disons votre jugement?
—Je n'ai aucune envie de porter des «jugements», et de
surcroît je n'ai jamais divinisé les hommes politiques, ni les
105 hommes tout court, d'ailleurs. Mendès France est un homme de
grande dimension, intellectuelle et par son courage. Ça n'a jamais
épargné à personne les blocages et les conduites névrotiques.
—Comment expliquez-vous qu'il n'ait pas vu partir la guerre
d'Algérie?
110 —Quoi? Le Ier novembre 1954? Qui l'a vue partir? Personne.

Notes

1. **Mendès France:** Voir biographie p. 103.
2. **Après Genève:** Les accords de Genève qui mirent fin à la guerre
   d'Indochine en juillet 1954. Voir p. 103.
3. **C.E.D.:** Communauté européenne de défense. Projet qui n'est
   jamais entré en vigueur.
4. **y voir la Grande Bretagne:** La Grande-Bretagne est effective-
   ment entrée dans le Marché commun en 1973.
5. **M.R.P.:** Mouvement républicain populaire, formé en 1944. Sa
   doctrine est fondée sur la démocratie chrétienne. Le Parti M.R.P.
   a été influent pendant la IVe République. Promoteur d'une

88 à qui la faute: *whose fault is it*
92 anéantis *vb.* anéantir: détruire
  complètement
93 cafouiller *fam.:* agir avec
  confusion

97 rende compte *vb.* rendre
  compte: justifier
  déroutantes: difficiles à expliquer
105 tout court: en général

Europe supranationale. Lié au Centre démocrate fondé par Jean
Lecanuet.

6. **Marché Commun:** Communauté économique européenne
(C.E.E.). Créé en 1955, le Marché Commun n'entre en vigueur
qu'en 1958.

7. **Guy Mollet:** Voir p. 174.

8. **Mai 1968:** Pendant les événements de mai, Mendès France se
déclara prêt à former un gouvernement provisoire.

9. **avril 1969:** Mendès France ne se déclara pas candidat à la
Présidence après la démission de de Gaulle.

10. **le 1ᵉʳ novembre 1954:** Début de la rébellion en Algérie.

Questions

1. Que répétait inlassablement Mendès France?
2. En quoi fallait-il équiper le pays?
3. Que fallait-il créer?
4. Que pensait-il de la dépendance des gouvernements français vis-
à-vis des États-Unis? Pourquoi?
5. Quels étaient les aspects de sa pensée économique? De sa pensée
politique?
6. Quel système politique admirait-il?
7. Que pensait-il du communisme? Pour quelles raisons?
8. De quoi s'est-il occupé quand il est arrivé au pouvoir?
9. Comment le Parlement a-t-il ratifié les accords de Genève?
10. Qu'est-ce que la C. E. D.? Qui était pour? Qui était contre?
11. Quel a été le résultat du vote au Parlement?
12. Quelles ont été les conséquences politiques de ce vote?
13. Comment a-t-il voté sur la question du Marché commun?
«L'Express» l'a-t-il approuvé?
14. Quelle image de Mendès France reste selon Françoise Giroud?
15. De quoi a-t-on accusé Mendès France?
16. Comment explique-t-elle une «conduite d'échec»?
17. Quelle analyse donne-t-elle de sa conduite?
18. Quel premier pas est difficile pour lui?
19. En cas d'échec, qui blame-t-il?
20. Dans quelles situations cette analyse explique-t-elle son comportement? Quelles en ont été les conséquences?
21. Vingt ans après, quel est son jugement sur Mendès France?

22. Comment explique-t-elle qu'il n'ait vu partir la guerre d'Algérie?

Discussions

1. Avoir une «conduite d'échec». D'après vous, en quoi consiste-t-elle? Donnez des exemples. Comment faut-il agir si on veut réussir?
2. La parole des hommes politiques. Donnez des exemples d'hommes politiques qui ont tenu parole.

Recherche

Le Ministère de Pierre Mendès France (20 juin 1954–5 février 1955)

CHOIX DE TEXTE:
«Choisir»

—1938, Blum. 1943, de Gaulle . . . En cinq ans, vous travaillez avec deux hommes exceptionnels. N'est-ce pas une chance assez unique au début d'une carrière politique? Vous aviez trente-six ans . . .

5 —Oui. J'ai eu ce double privilège et j'ai conscience de ma chance. Voyez-vous, j'ai toujours eu une très haute idée de la politique. Je n'ai jamais aimé la «cuisine». Il existe des servitudes subalternes, mais je ne m'y suis jamais trouvé à l'aise; c'est peut-être la cause de beaucoup d'échecs. Je n'arrive pas à le regretter.

10 Léon Blum, de Gaulle, c'était autre chose, deux patrons que je pouvais m'honorer de servir.

Blum était un homme d'État qui voyait loin, qui savait sacrifier le présent à l'avenir et sa personne à la cause qu'il servait. Il avait un rare courage intellectuel. Je n'ai pas toujours été d'accord avec

15 lui. Mais ses motifs étaient élevés, désintéressés et nobles et méritaient la réflexion et le respect. J'en dirai autant de de Gaulle, surtout de 1940 à 1945, dans un style évidemment bien différent. Un personnage très extraordinaire. On pouvait éprouver de l'or-

7 cuisine *f. fam.:* manœuvres
sans dignité

gueil à travailler dans son sillage, à l'aider dans sa tâche. A
20 Londres, à Alger, de Gaulle faisait l'histoire, le devoir était d'être
derrière lui.

J'étais chargé des Finances. Finalement, tout se traduit par
des décisions financières. Il faut toujours, à un moment donné,
des crédits: l'armement des troupes, le ravitaillement des ter-
25 ritoires libérés, l'organisation de la Résistance, les paquets aux
prisonniers, etc. J'avais donc d'une manière ou d'une autre à m'occuper de tout — avec peu de moyens.

—Je reviens à Blum et à de Gaulle, vos deux premiers patrons, disiez-vous. Comment les voyiez-vous sur le plan humain?
30 —Comment je les voyais? De Gaulle était timide, aussi curieux
que ce soit, et intimidant, ce qui vous étonne moins. Léon Blum
aussi était intimidant, par sa supériorité intellectuelle, notamment
par son style, sa qualité. Mais il n'était pas abrupt d'aspect comme
de Gaulle. Au contraire, il essayait de se montrer agréable, de se
35 mettre au niveau, de venir au-devant. Il était affectueux à sa
manière, il aimait les jeunes, les femmes. Il expliquait, il rassurait.
De Gaulle, c'était l'inverse: il gardait ses distances, car il restait
gêné ou paralysé par sa timidité, par la haute idée qu'il avait de lui
et de sa mission.

40 Blum était peut-être plus brillant par son langage, par son vocabulaire. Partout chez lui, je le répète, la qualité dominait. Chez
de Gaulle, ce qui impressionnait le plus, c'était sa volonté, son
relief, sa certitude, sa force. Il s'était attelé à une grande tâche:
sauver l'honneur et l'espoir de chacun de nous et les chances de
45 notre pays. En Angleterre, je le voyais de temps en temps lorsque
je venais en permission à Londres. Plus tard, à Alger, plusieurs
fois par semaine; puis à Paris, tant que je fus dans son gouvernement, pour parler des questions qui relevaient de ma responsabilité, notamment de la politique économique. Très vite, il
50 évoquait d'autres affaires; il parlait facilement avec les inter-
locuteurs qui avaient sa confiance, il aimait former et préciser ses
jugements en discutant avec eux. Je ne veux pas dire qu'il
modifiait ainsi des opinions arrêtées, mais il aimait réfléchir à
haute voix avec eux sur ce qui le préoccupait le plus: les relations

19 sillage *m.: track*
26 m'occuper *vb.* s'occuper: *to see to*
35 venir au-devant: *to meet people halfway*
43 relief *m.:* personnalité marquée
43 s'était attelé *vb.* s'atteler: s'attaquer
46 permission *f.: leave*
48 relevaient *vb.* relever: dépendre
53 arrêtées: fixées

55 avec les Alliés, la politique étrangère, l'armée, la place de la France
dans le monde, les négociations de paix, l'Afrique, l'Indochine,
l'occupation d'une zone en Allemagne, y compris Berlin, le val
d'Aoste . . . Voilà ce qui était prioritaire pour lui. Il n'aimait pas
se soucier d'autres choses, leur donner de son temps qui était
60 compté.
Je ne suis pas arrivé à l'intéresser aux affaires économiques.
C'est mon grand regret. Il n'en voyait pas l'importance qui était
prioritaire. Je l'ai souvent entendu dire: «Peut-être . . . On
verra . . . Rien ne dit qu'il ne faudra pas, à un moment donné,
65 faire cette politique-là. Mais pas pour le moment . . . On ne peut
pas tout faire à la fois . . .»
Et, cependant, il jouait son autorité et son prestige sur le terrain économique. Il les aurait accrus encore, il aurait affirmé son
aptitude à jouer un rôle dans la reconstruction du monde, s'il avait
70 montré rapidement qu'il était capable de maîtriser les problèmes
de l'après-guerre. Alors que, très vite, il personnifia plutôt un pays
ambitieux, à tradition purement militaire et où régnaient le
marché noir, un déficit budgétaire gigantesque, la démagogie des
partis, etc.
75 Il ne le sentait pas. Il croyait aux forces traditionnelles:
L'armée, la diplomatie, les territoires, le nombre. Il n'a guère
changé: quand il a parlé aux Allemands vers 1960, il a insisté sur
leur population, sur leur position géopolitique au centre de
l'Europe, il a visité leurs écoles militaires, il s'est adressé à leurs
80 officiers, mais il n'a pas éprouvé le besoin d'avoir le moindre
contact avec les syndicats, avec les patrons, avec les financiers. Il ne
sentait pas que l'industrie était le premier facteur de la puissance
allemande. Dans ses discours, il ne mentionnait ni le commerce
extérieur, ni les réserves monétaires, ni le rôle du mark qui étaient
85 croissants.

Pierre Mendès France
«Choisir»
©Editions Stock, 1974

59 se soucier: se préoccuper	70 maîtriser: dominer	
68 accrus *vb.* accroître: aug- menter	71 alors que: *while*	

Questions

1. Comparez et contrastez les qualités de Blum et de de Gaulle.
2. Quelles étaient les responsabilités de Mendès France à l'époque où il travaillait pour de Gaulle?
3. Quelle importance attribuait de Gaulle aux questions économiques? Quelle en était la conséquence, selon Mendès France?
4. A quelles forces croyait de Gaulle?
5. Qu'aurait dû faire de Gaulle, selon Mendès France?

Chapitre 20

François Mitterrand

Qu'est-ce que c'était, alors [1965], Mitterrand? Un homme seul, sans parti, sans appareil, suspect d'avoir organisé un simulacre d'attentat quelques années plus tôt. C'est ce qu'on appelait l'«affaire de l'Observatoire», qui était arrivée, dans sa carrière,
5 cinq ans après l'«affaire des fuites».

En 1965 j'ai eu peur. Peur pour lui, que j'aime vraiment bien, et à travers lui pour ce qu'il représentait, de voir la rumeur s'enfler à nouveau. Mais comment le lui dire? D'autres ont peut-être avec François Mitterrand une intimité, ou une aisance dans la com-
10 munication que je n'ai pas en dépit de tant d'années, de tant de combats, de tant d'heures passées ensemble. Quelque chose, en lui, est insaisissable, et me tient en échec, quelque chose comme un ressort secret qui m'échappe . . . Je ne me décourage pas de le découvrir un jour, surtout s'il continue à écrire . . . L'écriture
15 quand on sait la lire, finit par tout livrer.

2 appareil *m.:* machine politique
simulacre d'attentat *m.:* attentat simulé (contre lui-même)
7 s'enfler: augmenter
10 en dépit de: malgré
12 insaisissable: qu'on ne peut pas saisir

12 tient en échec *vb.* tenir en échec: mettre hors d'état d'agir
13 ressort *m.:* ici, force morale
15 livrer: ici, révéler

François Mitterrand *(Quideau, «L'Express»)*

Mais il a sauté le pas. Et c'était bien joué.

—Vous dites: c'était bien joué. Mais il a perdu!

—Perdu quoi? Il n'avait rien à perdre, et il s'est retrouvé réunissant sur son nom 32% des voix à l'élection présidentielle, 20 promu subitement et de son propre chef leader de la gauche. Avec tous les avatars qui ont suivi, l'effondrement de la Fédération de la gauche en 1968, c'est tout de même à cela qu'il doit d'avoir pris le parti socialiste. On peut dire aussi, il est vrai, qu'il le doit indirectement à Mendès France.

25 —Le parti socialiste? Pourquoi?

—A cause de l'effondrement de la gauche non communiste aux élections présidentielles de 1969. 5% des voix, c'est ce qu'on appelle un bide.

—Vous croyez au socialisme de Mitterrand?

30 —A ses convictions? Je crois qu'il est chrétiennement, sincèrement, du côté des faibles, des exploités, des malheureux, je crois qu'il sent le malheur et ne se contente pas d'en parler, qu'il est du fond du cœur un «partageux», mais qu'il n'a aucune idée de la complexité des mécanismes économiques des sociétés indus-35 trielles. C'est un avocat. Donnez-lui un dossier, il peut l'assimiler très vite et le plaider à merveille. Son talent d'expression est grand, et ce qui est rare, qu'il parle ou qu'il écrive. Cela n'indique ni une connaissance profonde, ni surtout un intérêt profond pour ce qu'il plaide. Il se dit: «Une fois au pouvoir, je verrai bien.» Je le crois ca-40 pable, d'ailleurs, d'y être implacable. Envers qui, toute la question serait là.

Ne vous méprenez pas sur ce que je vous dis. Je ne verrais aucun inconvénient à vivre dans une société socialiste, et même à y être moins bien payée qu'un ouvrier qualifié, ce qui ne me 45 paraîtrait pas tellement injuste puisque je fais un métier plus intéressant que lui.

---

16 a sauté le pas *vb.* sauter le pas: prendre une décision hasardeuse

20 promu *vb.* promouvoir: élever à une fonction

de son propre chef: de sa propre initiative

21 effondrement *m.: collapse*

28 bide *m. fam.:* échec de première grandeur

33 partageux: personne qui veut partager, *sharer*

35 dossier *m.:* ensemble de documents sur un sujet

37 qu'il parle ou qu'il écrive: *whether . . . whether*

42 ne vous méprenez pas *vb.* se méprendre: se tromper

44 ouvrier qualifié *m.: skilled worker*

Mon amour pour le progrès et ma faculté d'adaptation s'arrêtent en deçà. Je crois que la liberté, c'est toujours la liberté de celui qui pense autrement. Et celle-là, j'y tiens. Mitterrand aussi,
50 d'ailleurs, cela ne fait aucun doute.

Notes

1. **Mitterrand:** voir biographie p. 108.
2. l'**«affaire de l'Observatoire.»** En 1959, Mitterrand est attaqué à la mitraillette en rentrant chez lui, mais peut se sauver. Quelques jours plus tard, un ancien député de droite l'accuse d'avoir lui-même organisé cet attentat. Mitterrand ne cède pas à la pression de l'opinion et continue à siéger au Parlement. L'affaire est restée obscure et pèse toujours sur sa réputation.
3. l'**«affaire des fuites»:** Elle éclate en 1955 quand Mitterrand est Ministre de l'Intérieur dans le Cabinet Mendès France. On dit que des renseignements ont été transmis au Vietminh avec sa complicité. Mitterrand fait arrêter l'homme qu'il soupçonne responsable des fuites. Cette affaire est souvent considérée comme une vengeance d'une équipe de la Police que le Ministre avait voulu éliminer.
4. **il n'a aucune idée de la complexité des mécanismes économiques des sociétés industrielles:** Depuis 1972, il s'est efforcé de réunir au sein du Parti socialiste des spécialistes de l'économie et des technocrates.

Questions

1. Qu'était Mitterrand en 1965?
2. Dans quelles «affaires» avait-il été impliqué?
3. De quoi Françoise Giroud avait-elle peur?
4. Pourquoi était-il difficile pour elle de le lui dire?
5. Quel facteur lui échappe dans la personnalité de Mitterrand?
6. Comment pourra-t-elle le découvrir un jour?
7. Pourquoi pense-t-elle que c'était bien joué en 1965?
8. Qu'est-il devenu grâce à son initiative?
9. Pourquoi doit-il indirectement sa position dans le Parti socialiste à Mendès France?
10. Que pense-t-elle du socialisme de Mitterrand?

48 en deçà ≠ au delà

11. Comment juge-t-elle ses connaissances en matière d'économie?
12. Quels talents possède-t-il?
13. Qu'est-ce que ces talents n'indiquent pas?
14. De quoi serait-il capable une fois arrivé au pouvoir? Où réside l'incertitude?
15. A quoi Françoise Giroud n'est-elle pas opposée?
16. Quelle définition de la liberté donne-t-elle? Qui la partage avec elle?

Discussions

1. Les scandales politiques ou les scandales privés. Leur impact sur la carrière des hommes politiques.
2. «La liberté, c'est toujours la liberté de celui qui pense autrement.» Que pensez-vous de cette définition? Donnez votre propre définition de la liberté.

Recherches

1. La carrière politique de François Mitterrand depuis 1969. Sa campagne pour la Présidence en 1969 et en 1974.
2. Le Parti socialiste en France aujourd'hui. Ses rapports avec le Parti communiste. Le programme commun de la Gauche.

CHOIX DE TEXTE:
«La Rose au poing»

Un parti pour le socialisme

Séparés depuis 1920 socialistes et communistes se sont retrouvés à trois reprises, les deux premières fois sans lendemain. En 1936, avec le Front populaire. En 1941, dans la Résistance. En 1965, pour l'élection présidentielle. Ma candidature à cette élec-
5 tion a tourné une page de l'histoire de la gauche. Je l'ai souhaité et je m'en flatte.

L'Union de 1965, j'en mesure les imperfections, avec ses élans

6 m'en flatte *vb.* se flatter: se féliciter

romantiques et ses grands mots de toujours. Mais elle a remué quelque chose au cœur de notre peuple. L'espérance, je crois.

10   Reconstruire un grand Parti socialiste exige que plusieurs conditions soient remplies et d'abord qu'il récupère la confiance de ceux qu'il a pour mission de défendre en les rejoignant sur le terrain des luttes. L'authenticité ne s'invente pas, elle se prouve à l'usage. Fini le temps où l'on pouvait se faire élire à gauche pour
15 gouverner à droite. Il était également urgent de savoir à qui s'adressent les socialistes, quelles couches sociales ils représentent. Pour développer son appareil de production le capitalisme a besoin de millions de nouveaux salariés. Dans notre pays ceux-ci forment aujourd'hui 75% de la population active. Mais le nombre
20 s'accroît aussi sans cesse de ceux qui, dans l'agriculture, le commerce, l'artisanat ou bien membres des classes moyennes prennent conscience de l'identité profonde de leur condition et de leurs intérêts. Entre eux et la classe ouvrière se crée un front de classe homogène et divers, à l'intérieur duquel le Parti socialiste peut,
25 s'il en recherche les moyens, équilibrer le Parti communiste. Troisième condition, la leçon de mai 68 retenue, il convenait de préparer la réconciliation du socialisme historique avec la génération montante lancée à l'assaut d'un ordre où, comme l'avait annoncé Marx, les maîtres du capitalisme après avoir fabriqué l'objet
30 pour le sujet fabriquaient le sujet pour l'objet. La révolte contre la société de consommation que l'on a tournée en dérision visait juste, puisqu'elle exprimait le refus de tout conditionnement, prélude à la civilisation des robots. Cette révolte, le Parti socialiste l'assumera ou bien, pour son malheur il basculera dans un système
35 de pensée dont seront exclus les besoins spirituels et culturels de l'homme, et il disparaîtra. *(A suivre)*

François Mitterrand
«La Rose au poing»
© Flammarion, 1973

---

8 a remué *vb.* remuer: ici,
  toucher
16 couches *f.: layers*
21 classes moyennes *f.: middle classes*
  prennent conscience *vb.*
    prendre conscience: se
    rendre compte

25 équilibrer: contrebalancer
26 la leçon de mai 68 retenue:
    once the lesson of May 68 was assimilated
34 assumera *vb.* assumer: se
  charger
  basculera *vb.* basculer: tomber

Questions

1. A quelles reprises les socialistes et les communistes se sont-ils retrouvés?
2. Qu'avait réussi à faire l'Union de 1965, malgré ses imperfections?
3. Quelle est la première condition à remplir pour pouvoir reconstruire un grand Parti socialiste?
4. Avec quelles couches de la société le Parti socialiste peut-il équilibrer le Parti communiste?
5. Avec qui le socialisme historique doit-il s'associer?
6. Quelle révolte le Parti socialiste doit-il assumer?

CHOIX DE TEXTE
« La Rose au poing »

(SUITE)

La droite situe l'âge d'or dans un passé mythique, modèle parfait d'un monde fini vers lequel tend l'humanité dont l'accomplissement rejoint ainsi les origines. Elle considère que tout a été donné une fois pour toutes à l'homme qui, égaré par les mirages
5   du changement, ne cesse de dissiper cet héritage fabuleux, l'Ordre par exemple, avec une majuscule, projection sur la terre du paradis perdu. La gauche, au contraire, croit à l'avenir et construit au futur la cité idéale. Elle sait que l'homme n'est pas né libre, même s'il est partout ou presque dans les fers. Pour un socialiste la
10   liberté n'existe pas à l'état naturel. Elle s'invente chaque jour. En 1789, on a appelé Révolution l'avènement de la démocratie politique. C'en était une, en effet, que la reconnaissance des droits individuels: parler, écrire, aller, venir. Mais ces droits la classe dirigeante les a confisqués chaque fois qu'elle l'a pu. La liberté de
15   s'exprimer pour Camille Desmoulins c'était la possibilité de vendre à la criée, sur les boulevards de Paris, une petite feuille recto verso.

4 une fois pour toutes: *once and for all*
    égaré: désorienté
11 avènement *m.:* établissement
12 c'en était une = le fait de reconnaître les droits individuels était une Révolution, *it really was one*

16 à la criée: en criant le titre, dans la rue
    recto verso: avec le texte imprimé sur les deux côtés de la page

Aujourd'hui ce serait le droit de parler à la télévision. Ou d'éditer un journal sans passer par les fourches caudines de la publicité. Mais la bourgeoisie, qui possède la propriété du capital, fonde-
20 ment du pouvoir dans notre société, tient les cordons de la bourse et dispose des mass media. Camille Desmoulins attendra la prochaine révolution. D'ici là il devra se taire ou parler à mi-voix.

> François Mitterrand
> «La Rose au poing»
> ©Flammarion, 1973

Note

Camille Desmoulins (1760–1794): Homme politique et journaliste. Il soutint Danton pendant la Révolution contre le Comité de Salut public de Robespierre, et mourut avec lui sous la guillotine. Son premier journal (1786–1791) «Révolutions de France et de Brabant» eut un grand succès. Son deuxième, «Le Vieux Cordelier», n'eut que quelques numéros.

Questions

1. Où la droite situe-t-elle l'âge d'or?
2. Comment la gauche envisage-t-elle la cité idéale?
3. Qu'est-il nécessaire de faire avec la liberté, selon les socialistes?
4. A quoi correspondrait la liberté de Camille Desmoulins aujourd'hui?
5. Qui, selon François Mitterrand, s'oppose à la liberté?

---

17 éditer: *to publish*
18 fourches caudines *f. pl.:* passer par les —: se résoudre à une humiliation (allusion à une défaite des Romains obligés de passer sous le joug, *to be put in a yoke*)
20 cordons de la bourse: *purse strings*

Chapitre 21

Hélène Lazareff

Entre Hélène Lazareff et moi, il y a eu une sorte de coup de foudre. Elle était irrésistible. Un petit oiseau d'acier.

Sans doute suis-je vulnérable au coup de foudre puisqu'il m'a frappée deux fois. Au cours de cette rencontre et, beaucoup plus
5 tard, le jour où j'ai rencontré Jean-Jacques Servan-Schreiber chez l'éditeur René Julliard.

Par «coup de foudre», j'entends ce choc immédiat d'où jaillit une lumière intense, un éclair, sous laquelle vous voyez l'autre tout entier d'un seul coup d'œil: vous voyez tout ce que les autres ne
10 voient pas, car loin d'être aveugle comme on le dit bêtement, l'amour est extralucide. C'est le désir qui aveugle et qui pare de beautés et de vertus totalement imaginaires son objet, jusqu'à ce que ce désir passe et que ledit objet soit rendu à sa vérité.

Mais l'amour, non.
15 Et c'est une manière d'amour, il n'y a pas d'autre nom, qui a existé entre Hélène Lazareff et moi. La preuve est qu'il n'y a jamais eu, entre nous, de l'amitié, c'est-à-dire le contraire. Je

1 coup de foudre *m.*: *love at first sight*
2 acier *m.*: *steel*
7 jaillit *vb.* jaillir: sortir soudainement
8 éclair *m.*: *flash of lightning*
10 aveugle: qui ne peut pas voir
13 ledit: *the said*
16 preuve: ce qui établit la réalité, la vérité de quelque chose

199

pratique attentivement l'amitié, surtout avec des hommes, j'y mets
tout le soin et la vigilance possible; je crois que je sais ce qu'est
20 l'amitié. Aucune passion ne peut s'y glisser qui ne la détruise, ou
ne l'altère. C'est l'a-passion. Avec Hélène, tout était passion, posi-
tive ou négative.

La force de cette femme menue, frêle, la faculté qu'elle avait
de voir les choses comme elle voulait qu'elles soient—ce qui est en
25 principe un dérèglement de l'esprit, mais qui est surtout une façon
d'arriver à infléchir ces choses, à les rendre conformes à ce que
l'on veut—, sa façon d'«arranger» la réalité qui n'était pas
mensonge puisqu'elle était la première à y croire, à sa version . . .
Tout cela et bien d'autres choses, sa soumission totale à ses
30 passions, sa façon d'ignorer ce qui pouvait les entraver, et quand il
s'agissait d'obstacles humains, de les rendre littéralement
transparents en les niant, tout cela fait qu'Hélène Lazareff est, aux
yeux de ceux qui l'ont vraiment connue, une héroïne de roman
russe . . . Captivante, vraiment, et hors de toute mesure.
35 Et puis elle venait d'ailleurs. Et pour nous qui étions enfermés
depuis cinq ans, dans un cercle de sang et de mort, elle était
comme un voyageur qui arrive du bout du monde avec cent valises
multicolores pleines de trésors exotiques. Elle était la vie, la gaieté,
l'optimisme . . . Elle apportait l'Amérique.
40 Hélène Lazareff était une remarquable professionnelle. Avec
une formidable longueur d'avance sur ses contemporains français,
parce qu'elle venait de passer cinq ans aux États-Unis dans le
meilleur journal du monde, le «New York Times» puis dans un
grand magazine féminin.
45 Sur le plan technique, par exemple, elle maîtrisait l'utilisation
de la photo en couleurs, qui était encore inconnue en France, et
irréalisable pratiquement faute de pellicule appropriée. Dans le
«Marie-Claire» d'avant-guerre, les photos étaient mises en couleur, ce qui n'a aucun rapport.
50 L'énergie avec laquelle elle a imposé à des gens qui ne voulaient pas s'en servir, son mari le premier, la photo en couleurs, a
été prodigieuse. Tout le matériel venait des États-Unis. Pour

20 se glisser: s'introduire peu à
   peu
21 a-passion: absence de passion
23 menue: très petite
25 dérèglement *m.:* désordre
26 infléchir: modifier la direction
30 entraver: mettre obstacle

32 niant *vb.* nier: refuser avec
   force
34 hors de toute mesure: *larger
   than life*
41 longueur d'avance *f.:* *headstart*
42 venait de: *had just*
47 pellicule *f.:* *film*

Hélène Lazareff (*«Elle»*)

dédouaner les films vierges, il fallait faire, à chaque envoi, le siège
du ministre des Finances en personne. Je n'ai jamais tant vu un
55 ministre des Finances.

Tout ce qui concerne la présentation d'un journal, Hélène le
possédait à fond. Au début, le contenu dérapait parce qu'elle était
terriblement américanisée.

—Qu'est-ce que cela voulait dire, très américanisée?

60 —Hervé Mille m'a rappelé, l'autre jour, que je lui avais dit à
l'époque: «C'est étrange qu'Hélène fasse un journal féminin en
France; elle déteste les femmes et elle déteste la France.» C'était
une boutade, très excessive dans les termes, mais dont le fond était
vrai.

65 Je suis persuadée que l'une des raisons pour lesquelles Hélène
Lazareff a si brillamment réussi son journal, c'est qu'elle a coïncidé
avec le début d'un formidable bouleversement dans les habitudes,
d'une rupture née de la guerre et de la pénurie, qu'elle l'a senti
avant tout le monde, et qu'elle l'a accompagné, au lieu d'y résister.
70 De même qu'elle a senti l'appétit de frivolité, de parure, de
changement né de la guerre.

Questions

1. Quels ont été les deux «coups de foudre» de Françoise Giroud?
2. Quelle définition donne-t-elle du coup de foudre?
3. Quelle différence Françoise Giroud établit-elle entre l'amour et le
   désir?
4. Quelle est la preuve qu'il y avait de l'amour entre elle et Hélène
   Lazareff?
5. Comment était Hélène Lazareff physiquement?
6. Quelle faculté possédait-elle? Comment s'en servait-elle?
7. Comment Françoise Giroud explique-t-elle sa façon d'arranger la
   réalité?
8. A quoi la compare-t-elle? Pourquoi?
9. Que représentait Hélène Lazareff et qu'apportait-elle?
10. Pourquoi était-elle en avance sur ses contemporains français?

53 dédouaner: faire sortir de la
   douane *(customs)*
  vierges: jamais utilisés
57 à fond: complètement
  dérapait *vb.* déraper: ici,
   passer à côté   •

63 boutade *f.:* mot d'esprit
  fond *m.:* *bottom*
68 pénurie *f.:* manque

11. Quelle technique a-t-elle imposée?
12. D'où venait le matériel et que fallait-il faire pour l'obtenir?
13. Quelle était la grande réussite de la revue?
14. Pourquoi le contenu n'était-il pas aussi réussi?
12. Pourquoi était-il étrange qu'Hélène Lazareff fasse un journal féminin?
16. Comment Françoise Giroud explique-t-elle le succès de «Elle»?

Discussions

1. Croyez-vous au «coup de foudre»? En avez-vous jamais fait l'expérience? Racontez les circonstances.
2. Êtes-vous d'accord avec la différence qu'établit Françoise Giroud entre l'amour et le désir? Discutez.
3. L'amitié. Que représente-t-elle pour vous? Pensez-vous que l'amitié soit possible entre deux personnes de sexe opposé?

Recherches

L'influence de l'Amérique en France depuis la Seconde Guerre mondiale (mode, journalisme, logements, musique, théâtre, etc.).

Jean Prouvost (*«Paris-Match»*)

Chapitre 22

Jean Prouvost

Jean Prouvost est né en 1885 dans une vieille famille d'industriels du textile du Nord. En 1910, il fonde la Lainière de Roubaix, aujourd'hui une société de dimension internationale. Mais c'est le journalisme qui l'intéresse vraiment et, peu à peu, il va se construire un empire dans la presse. En 1924, il achète «Paris-Midi», et en 1930, «Paris-Soir». En 1937, il crée «Marie-Claire», un magazine féminin et en 1949, «Paris-Match», un hebdomadaire abondamment illustré. En 1960, il a l'idée de lancer «Télé-7 Jours», le premier journal de radio et de télévision en France. Il devient co-propriétaire du «Figaro» en 1950 et son Président-Directeur général en 1970. En 1976, Jean Prouvost s'est retiré de la presse en vendant ou en cédant ses principaux titres.

Quand «Paris-Soir» est parti s'installer à Lyon, j'y suis allée. Les quotidiens publiaient des «contes» autrefois. Tous les jours. Il y avait des spécialistes. Un conte, ça ressemblait un peu à un scénario. J'en ai proposé. Hervé Mille les a acceptés. Par un coup
5 de chance, le jour où l'un des premiers a été publié, le chef des ventes du journal, rencontrant Jean Prouvost dans l'escalier, lui a dit: «Ah! patron, il y a longtemps qu'on n'avait pas eu un conte comme ça!» Il aurait pu aussi bien dire le contraire. Ce n'était pas une histoire pour chef des ventes. La guerre fait de ces miracles!
10 . . .
—Vous vous en souvenez?

---

2 conte *m.:*   ici, courte histoire   6 vente *f.:*   action de vendre

—Vaguement. C'était du sous-Mark Twain. De l'humour triste, de dérision. Jean Prouvost a regardé la signature, qu'il ne connaissait évidemment pas. Notre premier contact n'a pas été le meilleur possible. Il m'a dit: «Ah! c'est vous la petite brune . . . C'est très bien, c'est très bien, continuez! . . .» J'ai dit: «Oui, monsieur, merci, monsieur.» On m'a soufflé: «Il faut l'appeler patron.» Ah! J'ai dit non. Non. Patron, je ne pouvais pas.

Heureusement que j'étais sous l'aile d'Hervé Mille. Prouvost, je ne sais pas si je l'amusais ou si je l'agaçais. Il disait avec cette diction traînante très particulière que tous ses collaborateurs savent imiter: «Hervé, elle a mauvais caractère, la petite brune . . .»

Un soir, il m'a emmenée dîner, avec cinq ou six de ses collaborateurs, dans l'un des grands restaurants de Lyon. Je crois que c'était «La Mère Brazier». Nous étions assis autour d'une table ronde. Je ne sais pas ce qu'il mangeait. Il a dit: «Ah! C'est bon. Tenez, goûtez . . .» Et il a tendu sa fourchette, à tour de rôle, à tous ceux qui l'entouraient. C'est répugnant, le pouvoir.

Il vivait au milieu d'une cour. Il n'avait jamais un franc sur lui, comme les rois. Il intervenait partout à «Paris-Soir» naturellement, mais aussi à «Marie-Claire», qui se faisait dans le même local, à «7 Jours», une sorte de sous-«Match» qu'il a sorti à ce moment-là et pour lequel j'ai écrit beaucoup de «short stories». C'était vraiment le patron, l'autocrate paternaliste, adoré d'ailleurs et impressionnant dans son métier . . . Où ce grand bourgeois du Nord, né dans le textile et le sucre, avait-il pris ce sens du public populaire . . . Un crocodile qui a avalé une midinette, disait-on de lui. Car il ne suffit pas de vouloir «vendre du papier», il faut en être capable. Et c'est une loi de la presse, comme de bien d'autres métiers, que l'on ne fait bien que les produits dont on serait soi-même l'acheteur . . . Jean Prouvost était le lecteur type de ses propres journaux. Allez comprendre!

Il a été ce qu'il y a de plus rare dans la presse; un homme qui

---

12 du sous-Mark Twain *fam.:* une histoire écrite à la manière de Mark Twain mais inférieure

13 dérision *f.:* le fait de se moquer

20 agaçais *vb.* agacer: irriter légèrement
diction traînante: lente et monotone

27 à tour de rôle: l'un après l'autre

29 cour *f.:* entourage d'un roi ou d'une reine

32 sous-«Match»: même idée que «du sous-Mark Twain»

34 autocrate *m.* et *f.:* personne qui exerce un pouvoir absolu

37 avalé *vb.* avaler: manger rapidement
midinette *f.:* jeune ouvrière parisienne de la couture

45 réunit en une seule main le sens créateur, l'argent et les qualités de chef d'entreprise. L'un des derniers grands entrepreneurs autocrates.

Prouvost croit, lui, qu'il est immortel. Je suis sûre qu'il le croit vraiment. Il pense qu'il y aura une exception pour lui. Qu'il vivra en tout cas assez vieux pour voir son arrière-petit-fils, qui est son
50 seul héritier mâle et qui, de surcroît, s'appelle Jean Prouvost, prendre sa succession.

L'un a quatre-vingt-six ans, et l'autre doit en avoir dix ou douze. Intéressante succession, n'est-ce pas?

Je ne parle pas de ses affaires industrielles, ni même de toutes
55 ses affaires de presse. Mais il est seul propriétaire du «Figaro», et il possède une poignée d'actions de R. T. L. dont les autres action-naires devront s'assurer pour avoir le contrôle de la station . . . «Le Figaro» plus R. T. L. C'est ce qu'on peut appeler avoir un certain pouvoir. A condition de réussir à l'exercer, naturellement,
60 ce qui n'est pas le plus simple, aujourd'hui.

Tous ces hommes sont d'un autre temps. Ils ne peuvent pas partager leur pouvoir. D'ailleurs, peut-on partager le pouvoir? Et comment? C'est peut-être la question la plus explosive de notre époque. Bien plus explosive que le partage de la propriété, si la
65 propriété ne s'accompagne pas du pouvoir.

Notes

1. **«Paris-Soir»:** Voir p. 25.
2. **Lyon:** Voir p. 157.
3. **Hervé Mille:** Voir p. 25.
4. **cette diction traînante:** Diction caractéristique des gens du Nord.
5. **il est seul propriétaire du «Figaro»:** Jean Prouvost a vendu ses ac-tions du «Figaro» en juillet 1975.
6. **R. T. L.:** Radio-Télé-Luxembourg, station de radio périphérique (voir p. 238).

Questions

1. Que faisait Françoise Giroud à «Paris-Soir»?
2. Comment Jean Prouvost a-t-il entendu parler de son travail?
3. Qu'a-t-elle refusé de faire?
4. Que disait Jean Prouvost d'elle?

56 actions *f.: shares*

5. Qu'a-t-il fait au restaurant qu'elle a trouvé répugnant?
6. Quelle comparaison fait-elle sur sa façon de vivre?
7. Qu'admire-t-elle chez lui?
8. D'où venait la fortune familiale?
9. Quelle est une des lois de la presse?
10. Pourquoi Prouvost a-t-il réussi dans le journalisme?
11. Quels sont les facteurs qui ont contribué à son succès? Que représente-t-il?
12. Que croit-il et qu'espère-t-il?
13. De quoi était-il alors propriétaire?
14. De quoi est-il incapable comme d'autres hommes de son temps? Pourquoi est-ce important?

Discussions

1. «C'est répugnant, le pouvoir.» Connaissez-vous des exemples de «pouvoir répugnant»? En avez-vous fait l'expérience?
2. Est-il possible ou impossible de partager le pouvoir (en politique, dans les affaires, dans un couple)?

Recherches

1. Consultez un numéro de «Paris-Match». Comment le choix de photographies et des articles reflète-t-il un «sens du public populaire»?
2. Jean Prouvost et l'affaire du «Figaro».

Grammaire

Le pronom adverbial **y**

Exemples:

Je mets tout le soin possible **à l'amitié.**
J'**y** mets tout le soin possible

Aucune passion ne peut se glisser **dans l'amitié.**
Aucune passion ne peut s'**y** glisser.

Pensez **à la gloire**
Pensez-**y.**

Le pronom adverbial **y** remplace un nom ou une expression introduit par la préposition **à**. Il remplace aussi un nom ou un pronom précédé d'une préposition qui indique le lieu (**à, dans, devant, derrière, sous, sur,** etc.).

Noter la place de **y:** avant le verbe à un temps simple; avant l'auxiliaire à un temps composé; après l'impératif affirmatif.

Refaites les phrases suivantes en employant **y** *à la place des mots en italiques:*

1. Elle n'a pas résisté *au bouleversement dans les habitudes.*

2. Elle était la première *à croire à sa version de la réalité.*

3. Quand je pense *à l'attitude de mes oncles* . . .

4. Je suis sortie de la librairie parce que Marc Allegret est entré *dans la librairie.*

5. Nous sommes dans la subjectivité. Restons *dans la subjectivité.*

6. J'ai été à *l'enterrement de Thorez* en juillet 1964.

7. J'étais *à Clermont* par hasard.

8. Quand «Paris-Soir» est parti s'installer à Lyon, je suis allée *à Lyon.*

9. J'étais presque *au métro* quand j'ai entendu courir derrière moi.

IV

Réflexions

Chapitre 23

La Mode

—Vous vous êtes intéressée à la mode?

—Je m'y suis toujours intéressée. Aujourd'hui encore. Le jour où les robes, ou ce qui en tiendra lieu, ne m'intéresseront plus, j'aurai un pied dans la tombe. Mais ce qui me fascine, c'est d'abord
5 le langage de la mode, ce que l'on exprime collectivement et individuellement par le vêtement, la parure, les signes que l'on émet si vous voulez. La façon dont une femme—et maintenant un homme, mais un peu moins—se présente, s'habille, se coiffe, en dit autant sur son état psychique et mental qu'une analyse de labora-
10 toire sur son état physique.

Il y a la mode, reflet d'un moment, d'une société, et puis le choix individuel, reflet des rapports de chaque femme avec son corps, avec son image, avec ce qu'elle voudrait être, et la façon dont elle s'assume, se camoufle ou se refuse. J'ai souvent été
15 frappée par le fait que les femmes apparemment les moins frivoles se souviennent toujours de la façon dont elles étaient habillées dans les circonstances importantes de leur vie. Quand elles sont romancières, elles le racontent et en font parfois de la mauvaise

1 mode *f.: fashion*
3 tiendra lieu *vb.* tenir lieu: remplacer
6 parure *f.:* ce qui sert à se parer, ornement

14 s'assume *vb.* s'assumer: s'accepter
18 romancière *f.* (*m.* romancier): personne qui écrit des romans

212

littérature. Ce qu'il faudrait décrire, c'est le personnage que
20 proposait la robe que l'on portait, et pourquoi elle a pu, de la sorte,
commander certaines conduites. Personne n'est absolument
identique, vêtu de blanc ou de noir, en pantalon ou en crinoline.
Sur tout cela, j'aimerais bien avoir, un jour, le temps de réfléchir
davantage, parce que je crois à une relation directe entre la situa-
25 tion des femmes dans la société et leurs vêtements.

Et puis j'aime ce qui est beau, ou du moins qui me semble
beau. Une matière, une coupe, un accord de tons, un équilibre
réussi entre les volumes . . . Une jolie femme bien habillée, c'est
très joli.

Questions

1. Dans quel état sera Françoise Giroud quand elle ne s'intéressera
   plus à la mode?
2. Qu'est-ce qui la fascine dans la mode?
3. Que révèle la façon de s'habiller d'une femme? Est-ce vrai d'un
   homme?
4. Que reflète la mode?
5. Que reflète le choix individuel?
6. De quoi se souviennent les femmes, même les moins frivoles?
7. Que font-elles si elles sont romancières?
8. Quelle réaction psychologique se produit quand on porte un
   certain type de vêtements?
9. Quelle relation voit-elle entre la mode et la situation des femmes
   dans la société?

Discussions

1. Quelles sortes de vêtements portez-vous? Quels vêtements
   préférez-vous porter?
2. La mode d'aujourd'hui. Y a-t-il une seule mode que tout le monde
   doit adopter ou y en a-t-il plusieurs? Quelles sont les tendances
   générales selon vous?

19 c'est le personnage que propo
    sait la robe que l'on
    portait = c'est le personnage
    que la robe que l'on portait
    proposait

27 matière *f.:* ici, tissu
    coupe *f.:* manière dont un
    vêtement est fait
    tons *m.:* couleurs

3. Pour une femme, le fait de porter un pantalon ou une salopette *(overalls)* influence-t-il l'attitude des gens envers elle? Le genre d'habillement modifie-t-il l'attitude des hommes? Quelle est votre propre expérience?

4. L'évolution de la mode masculine dans les dix dernières années.

Chapitre 24

La Condition féminine

—Vous étiez féministe?

—Non, pas du tout. Les filles m'ennuyaient. Je les trouvais assommantes, avec leurs histoires et cette façon qu'elles avaient d'user de leurs charmes et ensuite de crier au loup. Au fond, j'étais
5 le traître, qui passe dans le camp des hommes. Je commençais à très vaguement pressentir, sur le plan social, le poids de l'idéologie, au sens marxiste, des infrastructures sur les superstructures et inversement—pas en ces termes naturellement. Mais c'est beaucoup, beaucoup plus tard que j'ai commencé à
10 percevoir la relation entre l'idéologie et la condition féminine.

J'étais la plus mal placée pour la percevoir, puisque, dans ce secteur-là, elle m'avait été en quelque sorte épargnée. Je n'avais même pas eu à la secouer, puisque je n'ai, par exemple, jamais été en état de dépendance économique et jamais imaginé de pouvoir
15 l'être par rapport à un homme. Alors je trouvais les jeunes femmes faibles, sournoises et geignardes. Sans y voir d'excuse.

L'évolution actuelle des femmes, la façon dont elle tournera—

---

3 assommantes: très ennuyeuses
4 au fond: en réalité
6 pressentir: soupçonner
13 secouer: se débarrasser

16 sournoises: qui dissimulent
geignardes *fam.:* qui se plaignent sans cesse

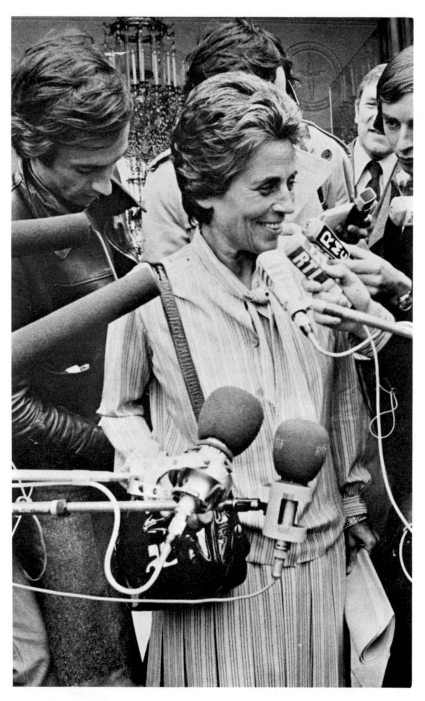

Françoise Giroud à la sortie de son premier Conseil des Ministres
(*Chalon, «L'Express»*)

et elle peut tourner court—, c'est à mon sens le sujet d'ébranlement le plus profond des sociétés développées, avec le partage du
20 pouvoir de décision. Un incendie s'est allumé, qui touche à
l'essentiel des choses, et d'abord à la famille. L'origine, c'est la
pilule, naturellement. Pas parce qu'elle permet d'éviter les enfants.
C'est l'aspect accessoire, aussi commode qu'il soit. Parce que, pour
la première fois dans l'histore de l'humanité, cette décision ap-
25 partient aux femmes sur l'objectif le plus fondamental. Biolo-
gique. Et non seulement la décision leur appartient, mais elles ne
peuvent pas s'y soustraire, puisque ne pas la prendre, c'est une
façon de la prendre.

Cette responsabilisation majeure, c'est clair qu'elle est à
30 l'origine de ce mouvement de fond qui se manifeste en ce moment, et qu'elle conduit à l'exigence de responsabilités sociales.

Mais tout cela est compliqué. Les femmes n'ont pas peur de
perdre ce qu'elles n'ont pas, n'est-ce pas? . . . L'autorité, le commandement, le pouvoir en un mot, la décision exercée par
35 quelqu'un qui ne se sent pas menacé dans sa virilité ou obligé de se
rassurer à son sujet, n'auront ni les mêmes effets ni le même
caractère. Donc, toute accession massive des femmes à des postes
de responsabilité devrait avoir des conséquences considérables,
inestimables, dans la conduite des affaires humaines.
40 Mais quand aura-t-elle lieu? Et aura-t-elle lieu? Quand cet an-
tidote à l'angoisse n'est pas nécessaire, cherche-t-on la responsabilité? Je ne parle pas de cas individuels fondés sur des névroses
individuelles, et qui pourront plus facilement, en effet, se réaliser.
Mais de l'ensemble de la population féminine. De ce qu'on appelle
45 «les femmes». Ne vont-elles pas être paralysées par la peur
panique—bien entretenue d'ailleurs—de perdre leur féminité?
Comme si on pouvait la perdre à volonté, comme s'il s'agissait d'un
sac à main, tiens où ai-je donc mis ma féminité? Et qu'est-ce, en
vérité, que la féminité, je veux dire cette part réellement irréducti-
50 ble de différence avec l'homme hors la différence anatomique, qui
ne doit rien au poids de la culture, qui constitue la véritable
spécificité féminine? Nous n'en sommes pas, et de loin, à pouvoir
la cerner. Mais elle n'a pas fini, croyez-moi, de faire parler d'elle.

18 tourner court: être brusque-
    ment arrêté dans son évolu-
    tion
    ébranlement *m.*: violente se-
    cousse
20 incendie *m.*: grand feu
22 pilule *f.*: *pill*

27 s'y soustraire *vb.* se soustraire
    à: y échapper
30 mouvement de fond *m.*: *deep-*
    rooted movement
41 angoisse *f.*: anxiété
53 cerner: marquer les limites

Depuis la fameuse phrase de Freud sur le «continent noir»
55 ainsi qu'il appelait la sexualité féminine à laquelle il reconnaissait
ne rien comprendre, depuis son interrogation: «Mais que veulent
les femmes?» et son impuissance à répondre, les progrès dans
l'élucidation de ce qu'on a appelé commodément le mystère
féminin ne sont pas éclatants.
60   Il est évident que ce sont les femmes elles-mêmes, et elles
seules, qui peuvent y procéder.
    Il reste que les théories sur les femmes, c'est une chose. La
pratique, c'est autre chose. Et singulièrement, la pratique quand
on est une femme. Avec une seule vie, une seule jeunesse, vite
65 évanouie, et l'idée que l'on se fait inévitablement de sa posture
dans la société, une idée qui vous a été injectée avec le lait de votre
mère. Qu'on l'adopte, ou qu'on la conteste, de toute façon, elle
vous détermine.
    J'exècre ceux qui envoient les autres se faire tuer. Je n'enver-
70 rai jamais une femme «se faire tuer» en l'engageant à vivre
psychologiquement au-dessus de ses moyens, c'est-à-dire par
exemple seule, ou divorcée, ou en ayant un enfant sans être
mariée, si elle doit se sentir malheureuse, coupable, misérable.
Beau progrès, en vérité.
75   J'ai été irritée, autrefois, par les prises de position de Simone
de Beauvoir, non pas à cause de ce qu'elle disait, mais parce que la
femme qui encourageait les autres à assumer leur liberté était, elle,
assurée matériellement d'un traitement de professeur agrégé, et,
moralement, de l'appui indéfectible d'un homme. «Je savais que si
80 Sartre me donnait rendez-vous dans deux ans sur l'Acropole, il y
serait . . . Je savais qu'aucun malheur ne pouvait me venir de
lui . . .» La liberté comme ça qui dit non? C'est du travail en
atelier protégé, si j'ose dire! Sécurité matérielle, sécurité affective
. . . L'histoire de Simone de Beauvoir, qui est belle, parce qu'il n'y
85 a rien de plus rare qu'une relation humaine réussie, est tout de

63 singulièrement: particulière-
    ment
65 évanouie: ici, disparue
69 exècre vb. exécrer: détester
78 traitement m.: salaire
    professeur agrégé: professeur
        reçu à l'agrégation, concours
        qui permet de devenir
        professeur titulaire de
        l'enseignement secondaire

79 appui m.: soutien
    indéfectible: qui ne cessera
        pas, éternel
83 atelier protégé: *public works
        project;* ici, pour caractériser
        la sécurité matérielle de Si-
        mone de Beauvoir

même, par rapport aux femmes, une imposture, involontaire, puisqu'elle ne peut pas dire: «Faites comme moi . . .» Qu'en fait d'exemple, elle est l'exemple même de la femme vivant pour et par un homme, et n'ayant jamais eu en particulier, si je l'ai bien lue, à
90 sacrifier rien de sa relation avec cet homme à la réalisation de son œuvre.

C'est une réussite probablement enviable, enviée aussi. Mais proprement inimitable et qui n'apporte pas une pierre à la construction d'une vie de femme quelconque. Et ces vies de
95 femmes quelconques sont trop difficiles pour qu'on ait le droit de .leur mentir. On ne devient pas plus Simone de Beauvoir trait d'union Sartre parce qu'on décide d'avorter et de vivre sans être mariée, qu'on ne devient Brigitte Bardot parce qu'on emploie la même crème de beauté.

100 On peut seulement, si on le veut fortement, et si on y a été convenablement préparée, devenir économiquement autonome, faute de quoi je ne sais même pas ce que signifie le mot liberté. Et on peut ne jamais abdiquer cette autonomie dont toutes les autres dépendent. Et on peut aussi être ravie d'être celle qui dit
105 régulièrement: «N'oublie pas de me laisser de l'argent . . .» à un homme que cela attriste profondément de payer le gaz, et qui répond: «Je ne sais pas comment tu fais, mais nous dépensons trop . . .» Pour moi, c'est l'enfer.

Mais même autonome, même incontestée professionnelle-
110 ment, c'est difficile d'avoir la confiance en soi nécessaire pour aller chasser sur le territoire des hommes.

Notes

1. **Freud, Sigmund (1856–1939):** Théoricien et fondateur de la psychanalyse.

2. **le «continent noir» de la sexualité féminine:** Voir en particulier «La féminité», «De quelques conséquences psychiques de la différence anatomique entre les sexes», «De la sexualité féminine.»

3. **Simone de Beauvoir (née en 1908):** Agrégée de philosophie, romancière et essayiste. Disciple et compagne de Jean-Paul Sartre, elle a publié des romans, «L'Invitée» (1943), «Les Mandarins»

93 pierre *f.: stone*
103 et on peut ne jamais abdiquer   prendre des mesures pour ne
    cette autonomie = on peut   jamais devoir abdiquer cette
                                          autonomie

(1954), des essais dont «Le Deuxième Sexe» (1949), ouvrage fondamental sur la condition féminine du point de vue philosophique et historique, et son autobiographie, qui comporte cinq volumes, «Mémoires d'une jeune fille rangée», (1958) «La Force de l'âge» (1960), «La Force des Choses» (1963), «Une mort très douce» (1965), «Tout compte fait» (1972). Voir choix de texte p. 221.

4. **Brigitte Bardot (née en 1934):** Elle est la vedette du cinéma des années 60. C'est dans des rôles de femme-enfant à l'attrait essentiellement érotique qu'elle s'impose au public. Ses principaux films sont: «Et Dieu créa la femme» (1956) de Roger Vadim; «La Vérité» (1960); «Le Repos du Guerrier» (1961); «Le Mépris» (1963); «Viva Maria» (1964) de Louis Malle.

Questions

1. Que pensait Françoise Giroud des autres filles quand elle était jeune? Pourquoi?
2. Pourquoi était-elle traître?
3. Quand a-t-elle commencé à comprendre la relation entre l'idéologie et la condition féminine?
4. Pourquoi était-elle mal placée pour la percevoir?
5. Quels sont les deux faits qui ont ébranlé les sociétés développées?
6. Qu'est-ce qui a changé radicalement la condition féminine à notre époque?
7. Quelle liberté la pilule procure-t-elle aux femmes?
8. A quoi devrait conduire cette libération?
9. Comment qualifie-t-elle les conséquences qui doivent en résulter?
10. Pourquoi n'est-il pas certain que les femmes voudront assumer ces responsabilités?
11. De quoi auront-elles peut-être peur?
12. Quelle est la différence irréductible entre les hommes et les femmes qui ne doit rien à la culture?
13. En dehors de ce fait, quelle est la véritable spécificité féminine?
14. Que veulent les femmes?
15. Qui peut seulement donner la réponse?
16. Qu'est-ce qui détermine la condition de chaque femme?
17. Pouquoi ne voudrait-elle pas engager une femme à assumer sa liberté au-delà de ses moyens? Quel reproche fait-elle à Simone de Beauvoir à cet égard?
18. Pourquoi la vie de Simone de Beauvoir n'est-elle pas exemplaire?

19. Pourquoi les femmes ordinaires ne peuvent-elles pas l'imiter?
20. Quel est le facteur qui détermine la véritable autonomie des femmes?
21. Que pense-t-elle de la dépendance économique de certaines femmes?
22. Qu'est-ce qui reste difficile pour les femmes?

Discussions

1. Qu'est-ce que la féminité pour vous? Est-ce une réalité ou un mythe (créé par les hommes)? Donnez des exemples dans la littérature ou dans la vie contemporaine de femmes que vous considérez comme de «vraies femmes».
2. La pilule: Instrument de libération. Discutez.
3. Que pensez-vous du Mouvement de libération des femmes?
4. Pour vous, quelles sont les conditions d'une véritable libération de la femme?
5. Les femmes qui travaillent. Qu'en pensez-vous? Quelle est l'attitude des différentes classes sociales devant les femmes qui travaillent.

Recherches

1. Quelles sont les idées principales développées par Simone de Beauvoir dans «Le Deuxième Sexe»?
2. La condition féminine en France aujourd'hui.
3. Les femmes qui ont bénéficié de l'encouragement et du soutien d'un homme. Quels exemples connaissez-vous?

CHOIX DE TEXTE:
«La Force de l'âge»

«Entre nous m'expliquait-il [Sartre] en utilisant un vocabulaire qui lui était cher, il s'agit d'un amour nécessaire; il convient que nous connaissions aussi des amours contingentes.» Nous étions d'une même espèce et notre entente durerait autant que
5 nous: elle ne pouvait suppléer aux éphémères richesses des ren-

---

4 espèce *f.*: *species*   5 suppléer: remplacer
durerait *vb.* durer: *to last*

contres avec des êtres différents; comment consentirions-nous, délibérément, à ignorer la gamme des étonnements, des regrets, des nostalgies, des plaisirs que nous étions capables aussi de ressentir . . . Jamais nous ne deviendrions étrangers l'un à
10 l'autre, jamais l'un ne ferait en vain appel à l'autre, et rien ne prévaudrait contre cette alliance; mais il ne fallait pas qu'elle dégénérât en contrainte ni en habitude: nous devions à tout prix la préserver de ce pourrissement. J'acquiesçai. La séparation qu'envisageait Sartre n'était pas sans m'effrayer: mais elle s'estom-
15 pait dans les lointains, et je m'étais fait une règle de ne pas m'encombrer de soucis prématurés; dans la mesure où tout de même la peur me traversait, je la tenais pour une faiblesse et je m'efforçai de la réduire; ce qui m'y aidait, c'est que j'avais déjà éprouvé la solidité des paroles de Sartre. Avec lui, un projet n'était
20 pas un bavardage incertain, mais un moment de la réalité. S'il me disait un jour: «Rendez-vous, dans vingt-deux mois exactement, à 17 heures, sur l'Acropole», je serais assurée de le retrouver sur l'Acropole, à 17 heures exactement, vingt-deux mois plus tard. D'une manière plus générale, je savais qu'aucun malheur ne me
25 viendrait jamais par lui, à moins qu'il ne mourût avant moi.

Simone de Beauvoir
«La Force de l'âge»
© Éditions Gallimard, 1960

Notes

1. **Simone de Beauvoir:** Voir p. 219.
2. **Sartre:** Voir p. 128.
3. **l'Acropole:** L'Acropole d'Athènes, partie haute de la ville, sur laquelle est construite un ensemble de chefs-d'oeuvre de l'architecture grecque classique.

7 gamme *f.: gamut, range*
10 ferait en vain appel = ferait appel en vain
11 prévaudrait *vb.* prévaloir: être plus important
13 pourrissement *m.:* détérioration
14 qu'envisageait Sartre = que Sartre envisageait

14 s'estompait *vb.* s'estomper: devenir moins visible
16 dans la mesure où: *in so far as*
17 la peur me traversait = j'avais peur
18 m'efforçai *vb.* s'efforcer: essayer
25 à moins qu'il ne mourût: *unless he were to die*

Chapitre 25

La Révocation de l'édit de Nantes

L'édit de Nantes, promulgué en 1598 par le roi Henri IV, accorda la liberté de conscience et de culte aux Protestants en France. Sous Louis XIV, les persécutions reprennent, particulièrement violentes après 1680 avec les dragonnades, et en 1685 l'édit est révoqué. Cette révocation entraîna l'exil de nombreux Protestants (appelés Huguenots) et eut de graves conséquences économiques et sociales.

Quel malheur pour la France que la révocation de l'édit de Nantes. Cette affreuse Maintenon, ce Bossuet, ils ont fait du beau travail, tous les deux. Encore que, là aussi, il ne faille pas accabler l'«entourage». Si Louis XIV n'avait pas mérité la Maintenon, il ne
5 l'aurait pas eue. S'il n'avait pas voulu écraser la Réforme, il aurait aussi bien pu écouter Colbert, au lieu de l'envoyer dans la tombe en le querellant à cause du prix de la grille de Versailles . . . Le pauvre Colbert est allé se coucher, et il ne s'est jamais relevé.

Michelet dit que la Maintenon a rendu Louis XIV violent et
10 méchant en s'employant à sa conversion, parce que, après l'avoir sermonné, elle l'envoyait dormir dans le lit de la reine où il s'ennuyait énormément. Il n'avait «plus d'amusement de femmes», dit

---

2 affreuse: horrible
3 encore que: bien que
    faille: subjonctif présent de
        falloir

3 accabler: tenir responsable
7 querellant *vb.* quereller: faire
        des reproches
    grille *f.: gate*

223

Michelet. Alors, il s'est mis à boire, à boire beaucoup. Ce qui, selon lui, explique sa politique provocante des dix dernières années du
15 règne et sa guerre aux protestants.

Il aurait mieux fait de continuer à semer des bâtards.

Quel cadeau à l'Angleterre, à la Hollande, à l'Allemagne! Quelle perte de substance! Combien étaient-ils, ceux qui ont réussi à émigrer, trois cent mille, trois cent cinquante mille, sur une
20 population d'environ vingt millions d'âmes, ça doit être à peu près ça . . . Mais surtout les plus intelligents, les plus laborieux, les plus actifs . . .

—Les managers, en somme?

—Ah! comme vous dites cela! Avec ce beau mépris français
25 pour l'industrie, le commerce, la finance, le négoce, tout ce dans quoi les protestants avaient concentré leur activité en effet, plutôt que dans la terre, comme tous les gens qui se sentent menacés dans leur personne et dans leurs biens et qui veulent pouvoir se replier rapidement . . . Vous savez ce qu'ils ont emporté, ceux qui ont
30 réussi à fuir au moment des dragonnades, outre leur personne et leur argent: l'art du tissage de la soie et du drap, qui a cessé d'être exclusivement français, et celui de la chapellerie, et celui de la coutellerie . . . Mais le vrai désastre, c'est qu'ils ont emporté le protestantisme, c'est-à-dire la substitution du pouvoir civil au
35 pouvoir religieux, les libéraux, la négation de toute autorité supérieure à la raison individuelle, l'intelligence des persécutés qui sont bien obligés d'être intelligents, une relation entièrement différente avec l'argent.

Ce fameux réactionnaire de Balzac dit que le protestantisme
40 doute, examine et tue les croyances. Qu'il est donc la mort de l'art et de l'amour. Il est, en tout cas, la mort du dogmatisme. Résultat: il n'y a de partis communistes puissants que dans les pays catholiques.

A treize ans, j'ai voulu fermement être protestante, et je m'y
45 suis préparée avec le pasteur d'Épinay. J'étais en pension. On ne me l'a pas permis. Ça aurait été mon affaire pourtant. Bien des choses m'en sont restées. Pas la foi.

13 s'est mis à *vb.* se mettre à: commencer	31 soie *f.:* *silk* drap *m.:* *cloth*
16 semer: *to sow, to spread*	32 chapellerie *f.:* fabrication de chapeaux
20 âmes *f.:* *souls;* ici, personnes	33 coutellerie *f.:* fabrication de couteaux
25 négoce *m.:* commerce	
31 tissage *m.:* l'art de tisser, *weaving*	47 foi *f.:* *faith*

Notes

1. **Maintenon, Madame de (1635–1719):** Gouvernante des enfants de Louis XIV, Après la mort de la reine, elle devint l'épouse morganatique de celui-ci. Certains historiens ne lui accordent pas un rôle décisif dans la révocation de l'édit de Nantes.

2. **Bossuet, Jacques Bénigne (1627–1704):** Précepteur du fils aîné de Louis XIV. Évêque *(Bishop)* de Meaux et défenseur de l'orthodoxie catholique. Il entre en controverse avec les Protestants, qu'il veut convertir. Il est connu pour ses Sermons.

3. **Louis XIV (1638–1715):** «Le Roi Soleil», qui consolida la monarchie. Son règne marque une des grandes périodes de la vie littéraire et artistique de la France.

4. **la Réforme** *(the Reformation)*. Mouvement religieux du XVIᵉ siècle qui amena un schisme dans la chrétienté.

5. **Colbert, Jean Baptiste (1619–1688):** Ministre de Louis XIV. Il encourage l'industrie et le commerce en vertu d'un système mercantile appelé le colbertisme.

6. **Versailles:** Palais à l'ouest de Paris, construit par Louis XIV de 1661 à 1691 et où il installa la cour.

7. **Michelet, Jules (1798–1874):** Historien et écrivain français. Auteur d'une «Histoire de France» (1833–1867) et d'une «Histoire de la Révolution» (1847–1853).

8. **Balzac, Honoré de (1799–1850):** Romancier, auteur de «La Comédie humaine».

Questions

1. Quels sont les responsables de la révocation de l'édit de Nantes selon Françoise Giroud?
2. Que pense-t-elle du rôle de Louis XIV dans l'affaire?
3. Qui était Colbert? A quoi s'intéressait-il?
4. Pourquoi Louis XIV n'a-t-il pas écouté Colbert?
5. Selon Michelet, pourquoi Louis XIV s'est-il mis à boire?
6. Quels pays ont profité de l'émigration des Huguenots?
7. Combien d'entre eux ont émigré?
8. Dans quels domaines avaient-ils concentré leurs activités? Pourquoi?
9. Qu'ont-ils emporté avec eux?
10. Quel a été le vrai désastre selon elle?

11. Que représentait le protestantisme?
12. Que dit Balzac sur le protestantisme?
13. Qu'est-ce que le protestantisme tue?
14. Quelles conséquences cela a-t-il dans les pays catholiques?
15. Que lui reste-t-il de sa période protestante?

Discussions

1. La tolérance religieuse. En quoi consiste-t-elle? Existe-t-elle vraiment?
2. L'intolérance religieuse. Donnez des exemples. Quelles en ont été les conséquences?
3. Êtes-vous jamais passé(e) par une période de foi religieuse intense?

Recherches

1. Louis XIV et la révocation de l'édit de Nantes.
2. La France et les croisades.
3. Les Protestants en France.

Chapitre 26

La Guerre

—La guerre, qu'est-ce que ça voulait dire, pour vous?

—Si je vous disais la vérité . . . Je crois qu'il faut la dire parce qu'elle permet de comprendre certaines choses d'aujourd'hui. La vérité, c'est que je me suis dit: «La guerre, cette chose énorme dont
5 on m'a rebattu les oreilles, c'est tout de même intéressant de voir ce que c'est.»

—Qu'est-ce qui vous intéressait? L'héroïsme?

—Non, pas du tout. Je n'imaginais pas une seconde la tournure qu'elle prendrait et la guerre, en général, ce n'était pas
10 une affaire de femme. C'était . . . la curiosité. La guerre, comment est-ce? Quand j'ai vu, en Mai 1968, et depuis, les adultes s'écrier: «Mais ces enfants sont fous! Ils vont tout casser: S'ils savaient!» je me suis souvenue de mes vingt ans. S'ils savaient, oui. Mais ils ne savent pas. Et ils ont envie de savoir. Quand on a eu les
15 oreilles rebattues par les récits de guerre, de résistance, et même de la guerre d'Algérie, on ne se dit pas: «Comme j'ai de la chance de n'avoir pas vécu ça!» on se dit: «Et moi? Mon aventure, ce sera

---

5 on m'a rebattu les oreilles *vb.*   9 tournure *f.:* aspect
    rebattre les oreilles à   12 casser: détruire
    quelqu'un: répéter sans
    cesse la même chose

quoi?» Je sais que ce que je vous dis est choquant, j'ai, aujourd'hui,
une horreur profonde de la guerre, et au-delà. Mais je me
20 souviens, et parfois cela me fait peur. Je me souviens d'autant
mieux que le jour où, à la radio, j'ai entendu l'annonce du pacte
germano-soviétique, me mère chez qui j'étais a dit: «Cette fois,
c'est la guerre . . .», j'ai répondu: «Enfin, je vais voir ça . . .» et
elle m'a giflée. C'est la seule, l'unique fois de sa vie où elle m'a
25 giflée . . . Je ne l'avais pas volé.
    —Au fond, je comprends votre sentiment. Mais pourquoi
peut-on l'éprouver?
    —Par attente du changement, de l'aventure, de l'action . . .
Par besoin de s'éprouver.
30   —Par goût de la violence?
    —Pas en ce qui me concerne.
    —Est-ce que vos concitoyens, à l'époque, exprimaient des
sentiments analogues?
    —Ah! non, pas du tout! Parmi les filles et les garçons de mon
35 âge, peut-être . . . J'en voyais peu. On les entendait peu. Les
jeunes, comme on dit aujourd'hui, ça n'existait pas. Et les autres
n'étaient vraiment pas belliqueux. Moi non plus d'ailleurs. Je ne
souhaitais pas la guerre, loin de là, mais dès lors qu'elle était là, j'y
voyais un sombre éclat.

Notes

1. **Mai 1968:** Voir p. 121.
2. **la guerre d'Algérie:** Voir p. 104.
3. **l'annonce du pacte germano-soviétique:** Le 23 août 1939, Hitler
   signe un pacte de non-agression avec l'Union soviétique. Libéré de
   la crainte de devoir combattre sur deux fronts, il envahit la
   Pologne, sans déclaration de guerre, le 1er septembre. La France et
   la Grande-Bretagne ripostent en déclarant la guerre à l'Allemagne
   le 3 septembre.

Questions

1. Que s'est dit Françoise Giroud quand la guerre a éclaté?
2. Quel sentiment a-t-elle éprouvé?

24 m'a giflée *vb.* gifler: donner
une gifle, *to slap*
25 je ne l'avais pas volé = je l'avais
bien mérité

29 s'éprouver: se mettre à
l'épreuve, *to test oneself*
39 éclat *m.: radiance*

3. Quel événement ultérieur a-t-elle pu ainsi mieux comprendre?
4. Que disent les adultes dans ces cas-là?
5. Quelle anecdote personnelle raconte-t-elle pour illustrer cette fascination de l'inconnu?
6. Pour quelles raisons peut-on éprouver ce sentiment?
7. Pourquoi ne sait-elle pas si ses sentiments étaient partagés par les jeunes de son âge?

Discussions

1. Désirez-vous on non vivre une grande aventure ou un événement historique? Pourquoi?
2. Quel événement historique auriez-vous aimé vivre?
3. La fascination de l'inconnu.

Chapitre 27

La Constitution de la Vᵉ République

Aussitôt arrivé au pouvoir, de Gaulle se préoccupe de modifier la Constitution. La nouvelle Constitution, votée en 1958, combine régime parlementaire et régime présidentiel. Un premier amendement instaure l'élection directe du Président. Toutefois, l'équilibre entre les pouvoirs du Président, ceux du Premier Ministre et du Parlement, reste difficile, comme a pu le constater de Gaulle quand, en 1967, son Premier Ministre, Georges Pompidou, gouverne avec une majorité d'une voix. L'incertitude demeure devant la possibilité, dans l'avenir, de l'élection d'un Parlement dont le parti majoritaire serait opposé à celui du Président de la République.

Il y a plusieurs aspects de la Constitution actuelle qui sont critiquables ou dangereux. Le plus critiquable étant sans doute que le régime n'est ni parlementaire ni présidentiel. Et puis, c'est terriblement long, sept ans, s'il s'agit vraiment de l'homme qui
5 détermine la politique du pays. Tout le monde sait, depuis que Lamartine l'a dit fortement, que les institutions modérées ennuient. Que les gens s'y ennuient. Il n'est pas sain de laisser les Français s'ennuyer longtemps, sans perspective de pouvoir agir par voie de vote pour faire triompher leurs opinions, leurs reven-
10 dications, leurs idées. Les législatives? Mais si le résultat est en contradiction avec celui des présidentielles? Que fait le président? Que ferait M. Pompidou? Nous verrons bien. Ce qui est évident, c'est que les institutions sont ce que les hommes veulent qu'elles

10 législatives = les élections légis-   11 présidentielles = les   élections
latives   présidentielles

soient. C'est un cadre. Et il a été efficace en 1969, alors qu'il fallait
15 prétendument s'attendre à je ne sais quel chaos, le jour où de
Gaulle disparaîtrait de la scène politique.

Cela ne suffit pas pour en conclure que ce pays est devenu
réellement démocratique et civilisé dans ses mœurs politiques. Il
en ferait la preuve si un candidat de la gauche, élu avec les indis-
20 pensables voix communistes, entrait aussi tranquillement à l'Élysée
que M. Pompidou en 1969.

Notes

1. **Lamartine, Alphonse de (1790–1869):** Poète, historien, et homme
   politique. Royaliste dans sa jeunesse, il évolue vers le libéralisme et
   l'opposition de gauche jusqu'à devenir, en 1848, après le renverse-
   ment de la monarchie de Louis-Philippe, le Chef du Gouvernement provisoire de la République. Il a défendu ardemment les
   principes démocratiques comme la traduction politique de l'idéal
   évangélique. Grand orateur, certaines de ses formules sont restées
   célèbres («La France est une nation qui s'ennuie»).
2. **Pompidou, Georges:** Voir p. 175.
3. **l'Élysée:** Le Palais de l'Élysée, résidence du Président de la
   République.

Questions

1. Quelle est la plus grande critique que l'on puisse faire de la Constitution française actuelle?
2. Quel autre aspect de cette Constitution critique Françoise Giroud?
3. Quelle situation politique dangereuse envisage-t-elle?
4. En fin de compte, que sont les institutions?
5. Quand la Constitution actuelle a-t-elle déjà été efficace?
6. Quand pourrait-on dire que la France est devenue véritablement
   démocratique?

Discussion

«Les institutions sont ce que les hommes veulent qu'elles soient.»
Commentez et illustrez en vous appuyant sur l'histoire de votre
pays.

Recherche

La Constitution de la Ve République. En quoi diffère-t-elle de celle
de la IVe?

15 prétendument: faussement

Chapitre 28

La Presse et la télévision

La Presse

La presse, sans doute, a largement sa part de responsabilité dans cette «défiance de la raison» qui continue de plus belle. Mais il faut voir d'où elle vient, la presse française, et pourquoi elle n'a aucune tradition d'information contrairement à la presse anglaise
5 et américaine.

Elle n'a pas deux cents ans. Pendant ces deux cents ans il y a eu, en France, treize ou quatorze régimes, chacun en remettant sur le précédent pour se débarrasser des journaux et envoyer les journalistes aux galères. Souvenez-vous de la définition de la
10 censure que donne Bonald: «Établissement sanitaire fait pour protéger la société de la contagion des fausses doctrines, tout semblable à celui qui éloigne la peste.»

Le journalisme n'a pas consisté à informer, mais à combattre, à accuser, à enflammer . . . Les pouvoirs n'ont cessé de penser

---

2 de plus belle: plus fort qu'avant

7 en remettant *vb.* en remettre *fam.: to add on*

9 galères *f. pl. galleys;* ici, *sens fig.*

12 éloigne *vb.* éloigner: éliminer

14 les pouvoirs n'ont cessé = les pouvoirs n'ont pas cessé

15 que s'ils avaient des difficultés avec leur opposition, ce n'était jamais le fait de leur politique mais celui de la presse.

C'est une infernale dialectique au bout de laquelle vous
trouvez tout naturellement, en 1970, des braves gens pour vous
dire que la guerre d'Indochine et la guerre d'Algérie ont été
20 perdues par les journalistes, et en 1953 un ministre, M. Pleven,
pour faire saisir «L'Express» parce qu'il contenait le rapport des
généraux Ely et Salan sur l'état des opérations en Indochine. C'est-
à-dire l'intolérable, le «vrai».

Saisir un journal, c'est un réflexe extraordinaire! Un acte de
25 pure illégalité de surcroît. Ça a été le premier d'une longue série.

Et aujourd'hui, quand on voit, dans «Match», les photos de la
sanglante répression de Sétif, qui a précédé le déclenchement de
l'insurrection, et que l'on vous dit froidement: «Ces photos, nous
ne pouvions évidemment pas les publier quand nous les avons
30 eues . . .», que faut-il penser? Que pensez-vous, vous? Moi, cela
me donne envie de changer de métier. Pourquoi ne pas les
publier? Qui sait ce que cela aurait pu changer dans le cours des
choses . . .

Et ce que disait Raymond Aron, qu'on peut difficilement tenir
35 pour un esprit subversif. Savez-vous qu'il est le premier à avoir osé
écrire un petit mémorandum sur ce que pourraient être les conditions de l'indépendance de l'Algérie? Il avait envoyé ce mémorandum à Jacques Chevallier, le maire libéral d'Alger, en lui de-
mandant quelle possibilité il y avait, selon lui, de faire accepter son
40 plan par les Français d'Algérie. Ce devait être en 1956 puisque
Chevallier avait demandé à Jean-Jacques de venir en parler avec
lui à la mairie d'Alger, à dîner, avant de répondre à Raymond
Aron. Vous n'avez jamais vu trace de ce mémorandum dans un
journal, n'est-ce pas? même pas celui qui s'honorait de l'avoir
45 parmi ses collaborateurs réguliers.

Je doute qu'il existe pour la presse un crime d'indiscrétion.
Mais il existe un crime de silence. Mauriac a écrit cela.

Entre les journaux qui ont peur de faire de la peine à leurs
lecteurs et la télévision qui a peur de faire de la peine à l' U.D.R.,
50 on peut dire que pour être informés, il faut que les Français en
aient vraiment envie!

Ce que j'appellerai pour la commodité de la conversation la
presse Prouvost et la presse Lazareff—puisque ce sont elles qui ont

21 faire saisir (un journal): faire
 cesser la publication

27 sanglante: *bloody*
 déclenchement *m.:* com-
 mencement

marqué leur temps—qu'est-ce que c'était? Des journaux à grande
55 diffusion qui apportaient au public des classes moyennes, pour
Prouvost, et au public populaire, pour Lazareff, toute la rumeur
du monde et de la vie, une presse qui ouvrait des fenêtres sur des
continents, des mœurs, des paysages, qui embauchait comme
reporters les meilleurs écrivains et les envoyait sillonner la terre.
60 Qui ne donnait pas à réfléchir, mais à voir. A voir ce qui se passait
à Hollywood aussi bien que dans les bas-fonds, et aussi chez le
voisin par le truchement de faits divers; l'un et l'autre posant pour
principe absolu que les idées n'intéressent personne - ou très peu
de gens—si elles ne s'incarnent pas. C'était une presse de distrac-
65 tion, et de profusion. Ceux qui la faisaient n'étaient nullement des
cyniques ou de simples marchands de papier, mais des gens
contents d'eux comme on l'est quand on apporte une brassée de
fleurs à une vieille dame solitaire. Ils étaient politiquement conser-
vateurs, évidemment, mais enfin, on a le droit!
70   Seulement ces fleurs, la presse écrite a cessé d'en avoir le monopole, d'abord avec le transistor, ensuite avec la télévision. Quant
à leur technique d'information: «Il était 14 h 35 quand M. Dupont, vêtu de bleu, avec une cravate rouge, est monté dans sa
Citroën grise»—tous détails qu'il faut donner mais qui n'ont aucun
75 rapport avec l'information «signifiante»—, elle est apparue très
vite insignifiante à la nouvelle génération qui arrivait, très
éduquée par rapport à ses parents.
       Mais quand je cherche ce qui, depuis vingt ans, a marqué un
renouvellement, traduit une nouvelle sensibilité, répondu au
80 besoin d'une nouvelle couche de lecteurs, je ne vois qu'une véritable création: c'est «Charlie Hebdo».
       La presse n'est pas une industrie comme les autres. Ne pas
émettre d'opinion, c'est en émettre. Faire «France-Dimanche» ou
«Ici Paris» ou «Jours de France», c'est avoir une conception de
85 l'homme et de la femme dans la société, donc soutenir une attitude
politique au sens large.
       Certains journaux exercent aussi une fonction que j'ap-
pellerai thérapeutique. Ils soulagent des haines, dont il vaut mieux

---

56 rumeur *f.*: ici, murmure, bruit
58 embauchait *vb.* embaucher: engager
61 bas-fonds m. pl.: sous-prolétariat
62 truchement *m.*: *medium*
67 brassée *f.* bouquet

75 signifiante: qui a une véritable signification, *relevant*
79 renouvellement *m.*: changement
sensibilité *f.*: *sensitivity*
83 émettre: exprimer
88 soulagent *vb.* soulager: calmer

qu'elles s'expriment par la lecture d'un journal que par l'action
90 personnelle; d'autres consolent d'être laid, seul, abandonné, raté,
en vous apprenant que la reine Elisabeth, il ne faut pas croire, elle
est trompée aussi la pauvre, et le martyre de Farah Diba si vous
saviez. On soigne, on empoisonne, ou on fortifie, on nourrit en
tout cas autant avec du papier imprimé qu'avec des légumes.
95 Donc, cette responsabilité ne peut jamais être éludée ou niée,
quelle que soit la manière dont on entend la remplir.

Et même quand le profit, comme on dit maintenant pour faire
dégoûtant, au lieu de dire les bénéfices, même quand le profit est
le seul objectif apparent, il se double forcément d'une action.
100 Mais j'y insiste: l'action qui n'est pas appuyée sur un journal
mis en situation de vivre et de prospérer et de se développer
relève, aujourd'hui, de l'irresponsabilité plus que du désintéresse-
ment.

Notes

1. **défiance de la raison:** Citation tirée d'un discours du roi Charles
   X, en juillet 1830, devant la Chambre des Députés.
2. **Bonald, Vicomte Louis de (1754–1840):** Écrivain et philosophe.
   Émigré en 1791, il rentra en France sous le Directoire. Défenseur
   de la monarchie traditionnelle et de la religion et théoricien reconnu du parti ultra (conservateur). Les œuvres de Bonald
   constituèrent l'arsenal idéologique du conservatisme politique.
3. **Pleven, René (né en 1901):** Sa carrière politique commence
   quand il rejoint le général de Gaulle à Londres en 1940. Plusieurs
   fois ministre sous la IVᵉ et la Vᵉ République. Président du Conseil
   en 1950 et en 1951. En 1953, il était Ministre de la Défense nationale. (N.B. de 1954 à 1962, «L'Express» a été saisi 17 fois, pour
   des articles sur l'Indochine et sur l'Algérie.)
4. **Le général Ely:** Paul Ely (né en 1897). En 1953, Chef d'état-
   major général des forces armées. Au lendemain de Diên-Biên-
   Phu en 1954, il part pour l'Indochine comme haut commissaire et
   commandant en chef. En 1959, premier Chef d'état-major de la
   Défense nationale.
5. **Le général Salan:** Voir p. 109.

90 raté *fam.:* qui n'a pas réussi
92 elle est trompée: *she is betrayed*
93 nourrit *vb.* nourrir: faire
   vivre, *to nourish*

96 quelle que soit la manière:
   whatever the manner
100 appuyée *vb.* appuyer: soutenir
102 relève *vb.* relever: être du
   domaine

6. **Sétif:** Ville d'Algérie, dans le Constantinois. Le 8 mai 1945, les troupes françaises répriment brutalement une rebellion nationaliste où 21 Européens sont tués. (Plusieurs milliers de morts parmi la population arabe, 2000 condamnations, dont 151 à mort, 28 exécutions).

7. **Raymond Aron (né en 1905):** Journaliste, rédacteur en chef de «La France Libre» à Londres (1940–1944). Éditorialiste au «Figaro» et professeur de sociologie au Collège de France.

8. **U.D.R.:** Union des démocrates pour la Ve République. Organisation gaulliste, fondée en novembre 1967. A succédé à l'Union pour la nouvelle République, U.N.R., fondée en septembre 1958.

9. **Prouvost:** Voir p. 205.

10. **Lazareff:** Voir p. 25.

11. **M. Dupont:** L'équivalent français de John Smith.

12. **Citroën:** Marque de voiture française.

13. **«Charlie Hebdo»:** Journal politique satirique «bête et méchant», célèbre pour sa violence et son mauvais goût. Connaît un grand succès depuis mai 1968, malgré de nombreuses saisies. Dans le style de «Mad».

14. **«France-Dimanche», «Ici Paris», «Jours de France»:** Trois journaux de la presse dite d'évasion. «France-Dimanche»: Hebdomadaire à gros tirage, se spécialise dans la vie privée des vedettes et des célébrités et les scandales. «Ici Paris»: Même style et principal concurrent de «France-Dimanche». «Jours de France»: Hebdomadaire illustré, se consacre à la mode, aux distractions et aux dessins humoristiques.

15. **Elisabeth:** Elisabeth II, reine d'Angleterre.

16. **Farah Diba:** Impératrice d'Iran.

17. **la reine Elisabeth . . . si vous saviez:** Parodie du style de reportage de ces journaux.

Questions

1. Qu'est-ce qui distingue la presse française de la presse anglaise et américaine?

2. Quelle attitude ont eue les différents régimes politiques français à l'égard de la presse?

3. D'après la définition de Bonald, quelle est la fonction de la censure?

4. A quoi servait alors le journalisme?

5. De quoi a-t-on accusé les journalistes?
6. Pourquoi «L'Express» a-t-il été saisi en 1963?
7. Quel exemple d'auto-censure donne-t-elle?
8. Qu'avait écrit Raymond Aron en 1956? Quand cela a-t-il été publié?
9. Quel crime existe pour la presse, selon Mauriac?
10. Pourquoi les Français sont-ils mal informés?
11. Quel est le public de la presse Prouvost et de la presse Lazareff?
12. Quel rôle jouait cette presse vis-à-vis du grand public?
13. Quel était son principe absolu et ses tendances politiques?
14. Quand la presse écrite a-t-elle cessé d'avoir le monopole de l'information?
15. Comment se caractérise la nouvelle génération d'étudiants?
16. De quoi ce nouveau public a-t-il besoin?
17. Pourquoi la presse n'est-elle pas une industrie comme les autres?
18. Quelle est la fonction de certains journaux?
19. Quels exemples en donne-t-elle?
20. Quelle est la double obligation de tout journal?

Discussions

1. Quelle doit être, selon vous, la mission de la presse?
2. La «presse d'évasion» dans votre pays.
3. La presse et la télévision.
4. L'évolution actuelle de la presse.
5. La liberté de la presse et le droit à l'information.

Le Développement de la télévision

Il s'était passé quelque chose de très important, pour la presse, dans les dix années qui venaient de s'écouler. C'est le développement de la télévision, outre l'usage que de Gaulle avait su en faire. Vous savez comment ça s'est passé? La première fois qu'il a
5 parlé, en 1958, il a lu un texte. Dans l'heure, Marcel Bleustein, le

2 s'écouler: se passer

publicitaire, a téléphoné pour lui demander audience. De Gaulle l'aimait bien et l'a reçu immédiatement. Bleustein lui a dit simplement: «Mon général, quand vous venez chez moi, je n'ai pas envie de vous voir de profil, avec des lunettes, en train de lire. A la télévi-
10 sion, vous venez chez moi.» De Gaulle n'a pas réagi. Mais il n'a plus jamais parlé autrement que de mémoire, après avoir écrit les textes qu'il apprenait par cœur.

La télévision, donc, monopolisée par l' U.D. R. qui s'appelait U.N.R.—pourquoi diable ont-ils changé de sigle? je ne me
15 souviens pas—, les radios périphériques qui se sont, elles aussi, beaucoup développées . . . Nous étions arrivés à une sorte de bombardement de nouvelles assez incohérent et qui finit par annihiler complètement la réflexion personnelle, voire la compréhension des événements.
20 Donc, hiérarchiser, trier, discriminer l'important du futile, mettre de l'ordre devenait vraiment le premier service à rendre. Personne ne peut recevoir la somme d'informations qui est diffusée quotidiennement sans devenir à moitié fou. Ce qui est exactement le contraire de la véritable information.

Notes

1. **dans les dix annés qui venaient de s'écouler:** Entre 1950 et 1960.
2. **Marcel Bleustein (né en 1906):** Publicitaire, fondateur de l'agence Publicis et de la chaîne des drugstores Publicis.
3. **les radios périphériques:** A côté des divers postes de la radio d'État, il y a quatre stations périphériques, c'est-à-dire qui ont leurs émetteurs en dehors du territoire national. Ces stations sont: Europe I, Radio Monte-Carlo, Sud-Radio, et Radio-Télé-Luxembourg (nouvelles, musique et chansons, publicité).

Questions

1. Quel moyen d'information a pris de l'importance en France entre 1950 et 1960?

6 audience *f.:* rendez-vous (avec un personnage officiel)
9 lunettes *f. pl.: eyeglasses*
10 n'a pas réagi *vb.* réagir: *to react*
14 sigle *m.:* groupe de lettres initiales employé comme abréviation

18 voire: *and even*
20 hiérarchiser: classer trier: sélectionner
23 à moitié: à demi

2. Quel usage de Gaulle a-t-il fait de la télévision?
3. Quand et comment est-il apparu la première fois?
4. Quelle anecdote raconte-t-elle à ce propos?
5. Quelles stations de radio se sont développées?
6. Quelles en ont été les conséquences?
7. Dans ces conditions, quel service devait rendre la presse?
8. Quel est le contraire de la véritable information?

Discussions

1. Comment vous tenez-vous au courant de l'actualité (par la radio, par la télévision, par les journaux)?
2. L'objectivité de l'information à la télévision.

Chapitre 29

La Situation actuelle des travailleurs

En France et concrètement, si je compare ma situation quand j'étais sténodactylo avec celle d'une fille d'aujourd'hui touchant un salaire équivalent, il n'y a simplement aucun rapport. Et pas seulement à cause de la Sécurité sociale, à quoi on est moins sensible quand on est très jeune. Bien que je me souvienne d'une certaine appendicite . . . Un mois de vacances: je n'ai jamais su ce qu'étaient les vacances. Les charters et les voyages organisés: ce n'était même pas de l'ordre du rêve. Le livre de poche, la litho qu'on achète à «Prisunic», le blue-jean et le T-shirt, la purée de pommes de terre faite en trois minutes, le transistor à trois sous, le copain qui a une 2 CV d'occasion et on part à quatre à la campagne. Et la pilule, excusez du peu! Ce n'est pas mieux. C'est un autre univers.

L'analyse de Marx ne s'est pas vérifiée puisqu'on a assisté à l'augmentation et des profits et des salaires. Que les techniques de production mettent à la disposition générale des biens de consommation à bas prix. Que le niveau de vie a augmenté de 54% en dix

---

2 touchant *vb.* toucher: recevoir
7 ce n'était même pas de l'ordre du rêve: on ne pensait pas à y rêver
8 livre de poche *m.:* livre bon marché

8 la litho = la lithographie
9 purée de pommes de terre: *mashed potatoes*
11 d'occasion: qui n'est pas neuf
12 execusez du peu: *is that all!*
15 que = puisque

ans en Europe. Que l'économie de marché peut trouver—a trouvé
en Suède—un correctif par l'impôt pour que les profits soient
20 largement transformés en biens collectifs.

Peut-on dire encore que la «classe» se définit par rapport au
poste qu'on occupe dans la production? Personne ne parle plus
d'ailleurs de la classe ouvrière, mais des «travailleurs» dont le
moins qu'on puisse dire est qu'ils ne constituent pas une classe
25 homogène, même si aucun d'eux n'a la propriété des moyens de
production.

On ne voit pas d'ailleurs que le conflit autour de l'appropria-
tion par l'État de ces moyens de production rende compte des
véritables antagonismes d'aujourd'hui qui dressent, fonda-
30 mentalement, contre la «société», plus que contre le capitalisme.

Mais quand on a souhaité—et je l'ai souhaité et je ne suis pas
la seule!—voir le plus grand nombre accéder à l'instruction, et à
toute une série de satisfactions, je ne vais pas davantage pleurer
parce qu'une grande partie de la masse y accède, que je ne vais
35 m'étonner de la voir néanmoins grondante. Au contraire. A la
limite, plus la masse s'intellectualise, plus il devrait y avoir revendication, essentiellement la revendication de la participation effective à la formation de la volonté collective, la recherche de la
conquête du pouvoir économique et du pouvoir par l'action sur les
40 consciences.

Notes

1. **la Sécurité sociale:** Voir p. 13.
2. **Prisunic:** Voir p. 10.
3. **2CV:** La «deux chevaux», modèle le meilleur marché des voitures
   Citroën.
4. **l'analyse de Marx:** Karl Marx (1818–1883). Économiste et
   philosophe allemand, il avait annoncé dans ses œuvres («Le
   Manifeste communiste», 1848, et «Le Capital», 1867) la lutte
   des classes et le triomphe final du prolétariat.

Questions

1. Quel rapport voit Françoise Giroud entre sa situation dans les
   années 30 et celle d'une sténodactylo aujourd'hui?

27 d'ailleurs: *besides*

29 dressent *vb.* dresser: ici,
   mettre en opposition

32 instruction *f.:* ici, éducation

35 m'étonner *vb.* s'étonner: être
   surpris
   grondante: ici, menaçante

40 consciences *f.:* ici, esprits

2. Quels avantages sociaux cite-t-elle?
3. Quelles améliorations dans la vie quotidienne?
4. En quoi l'analyse de Marx ne s'est-elle pas vérifiée?
5. Comment se définissait l'appartenance à une classe sociale autrefois?
6. Est-ce toujours vrai? Quel exemple donne-t-elle?
7. Où se situe maintenant le véritable antagonisme?
8. Pourquoi n'est-elle pas étonnée de constater que les gens restent insatisfaits?
9. Quelle devrait être la conséquence logique de l'intellectualisation de la masse?
10. Quelles devraient être ses revendications?

Discussions

1. Les facilités offertes aux jeunes aujourd'hui (études, travail, voyages, vêtements).
2. L'insatisfaction permanente des travailleurs. Partagez-vous l'opinion de Françoise Giroud qu'il y a toujours des améliorations à souhaiter? Lesquelles, par exemple?

Grammaire

Les interrogatifs

Ordre normal avec un interrogatif long:

Qu'est-ce que vous voulez?

Inversion avec un interrogatif court:

Que voulez-vous?

Complétez les phrases à l'aide d'un interrogatif choisi dans la liste qui suit. Faites l'accord si nécessaire:

qui	qu'est-ce que
que	combien
quoi	comment
quel	pourquoi
lequel	où
qu'est-ce qui	

1. A ____ pense-t-elle le jour de la Libération? *(2 possibilitiés)*
2. ____ se trouve l'Odéon?
3. ____ de Gaulle quitte-t-il le pouvoir? *(2 possibilités)*
4. Chez ____ va-t-elle la nuit du 13 mai?
5. ____ de fois «L'Express» a-t-il été saisi?
6. ____ de ces «Portraits» préférez-vous? *(2 possibilités)*
7. ____ pense-t-elle de la Constitution actuelle?
8. ____ vous intéresse le plus dans la vie de Françoise Giroud?
9. De ____ a-t-elle peur à propos de Mitterrand?
10. ____ réagissent les deux sœurs en pension?
11. ____ arguments emploie Mendès France dans son discours à la Chambre?
12. A ____ ressemble Hélène Lazareff? *(2 possibilités)*
13. ____ décision prend-elle à quinze ans?
14. ____ de Gaulle a fait en 1940?
15. ____ a fait de Gaulle en 1940?

Chapitre 30

Le Passé
et l'avenir

Le Passé

Songez qu'en ces vingt ans on a assisté à la déstalinisation, à la décolonisation, à la création du Marché commun, au schisme soviéto-chinois, c'est-à-dire à la fin d'un monde bipolaire. États-Unis d'un côté, U.R.S.S. de l'autre. Songez qu'à l'intérieur de cette
5 période se situe le lancement du premier «Spoutnik», gros comme un ballon, et l'arrivée d'un homme sur la lune. La trajectoire tranchée de Kennedy. Celle de Castro à Cuba. La rentrée et la sortie de de Gaulle, avec son produit le plus net: le régime semi-présidentiel. L'engagement mortel des États-Unis au Vietnam, et
10 l'ébranlement—il se serait produit en tout cas, mais peut-être moins vite—, l'ébranlement fantastique et probablement fécond provoqué dans la société américaine, l'obligation pour ce pays de s'ajuster au fait de n'être plus toute la richesse et toute la force du monde. Songez qu'il y a eu cette explosion de la jeunesse des pays
15 nantis, de la jeunesse qui n'a jamais connu ni la pénurie ni la

1 songez *vb.* songer: penser
  a assisté *vb.* assister: être
    présent comme spectateur
5 lancement *m.: launching*

6 ballon *m.: ball*
7 tranchée *vb.* trancher: couper
  rentrée *f.:* retour
15 nantis: riches

244

guerre et qui cherche son combat. Songez que le niveau de vie des Français a plus que doublé en vingt ans, et quelle accélération cela a entraîné dans le développement des classes moyennes. Comment on a vu, on voit leur désir d'accession au type de vie «modèle
20 bourgeois de luxe» buter, en se réalisant, contre le nombre. Parce que dès qu'il y a nombre, il n'y a pas luxe, ou si vous préférez, privilège, et on se retrouve bloqués sur dix kilomètres d'autoroute, roulerait-on en Rolls, et la vie des villes s'arrête au mois d'août, et un licencié en sociologie ou en lettres, quand il y en a par dizaines
25 de milliers, ça gagne moins qu'un plombier, vu que les plombiers, on en manque . . .

Notes

1. **Marché commun:** Voir p. 186.
2. **le premier «Spoutnik»:** Premier satellite russe lancé le 6 octobre 1957.
3. **le trajectoire tranchée de Kennedy:** Se réfère à l'assassinat de John F. Kennedy en 1963.

Questions

1. De tous les événements cités par Françoise Giroud, lequel vous semble le plus important?
2. Quelle est la conséquence permanente du passage de de Gaulle au pouvoir?
3. Quelle a été l'influence de la guerre du Vietnam sur la société américaine?
4. Qu'a fait la jeunesse des pays nantis? Pour quelles raisons?
5. Quelles classes sociales ont le plus bénéficié de l'amélioration du niveau de vie en France?
6. Qu'arrive-t-il dès qu'il y a nombre?

16 niveau de vie *m.: standard of living*
20 buter: se trouver arrêter
22 autoroute *f.: highway*
23 roulerait-on = même si on roulait
24 licencié *m.:* titulaire d'une licence, diplôme universitaire
25 plombier *m.: plumber*
26 on en manque: *there is a shortage*

7. Quelles en sont les conséquences pratiques?

8. Pourquoi la vie des villes s'arrête-t-elle au mois d'août?

Discussion

«Dès qu'il y a nombre, il n'y a pas luxe ou privilège.» Quels en sont les exemples dans la société d'aujourd'hui?

L'Avenir

Je ne sais pas ce que seront nos prochaines aubes . . .
Lumineuses ou sanglantes. Mais aucune lumière dorée n'est plus
capable aujourd'hui d'embellir un certain crépuscule . . . faut-il
dire «de l'Occident»? Je n'aime pas trop ces grandes idées
5 générales derrière lesquelles on se réfugie pour ne rien faire dans
l'instant, et pour savourer un château-lafite bien chambré dans
une salle à manger Louis XIV, entre une cyclade et un Picasso en
se disant que, de toute façon, puisque tout cela est foutu, mieux
vaut en profiter, n'est-ce pas, que de se tourmenter parce qu'il y a
10 du chômage en Lorraine . . .

Ces perpétuelles funérailles d'une culture, d'une civilisation et
de quelques autres petites choses que j'apprécie autant que
quiconque; ces perpétuelles funérailles auxquelles ne cessent de
nous convier les gens qui ont lu Spengler et aussi ceux qui n'en ont
15 jamais entendu parler, c'est l'alibi à l'impuissance. A la stérilité. A
la peur, aussi, devant le vide.

Trop tard pour Dieu, trop tôt pour l'Être; c'est une façon plus
belle qu'une autre de le dire. Que quelque chose s'achève, c'est
évident, mais c'est en 1940 que le gong a sonné. Depuis, nous

---

2 aucune . . . ne: *no*
  dorée: *golden*
3 embellir: rendre beau
  crépuscule *m.*: *twilight*
6 un château-lafite: un grand
  vin de Bordeaux
  chambré: *at room temperature*
7 Louis XIV = de style Louis
  XIV

7 une cyclade = une île grecque
  de l'archipel des Cyclades
  un Picasso = un tableau de
  Picasso
8 foutu *vulg.:* fini, terminé
13 quiconque: *anybody*
14 convier: inviter
18 s'achève *vb.* s'achever: se
  terminer

20 sommes dans la parodie en attendant que naisse autre chose. Et ce
qui naît est autrement fascinant que ce qui meurt.

Du moins, je le sens ainsi, en comprenant que l'on puisse individuellement avoir horreur de cette époque. Soit parce que l'on
appartient à une classe sociale protégée et qu'un certain nivelle-
25 ment détruit toutes sortes de choses auxquelles on peut tenir, y
compris les barrières de protection. Soit parce qu'on ne sait rien
du passé, et que le cœur vous manque devant la misère, le
malheur du travail servile, la complicité tacite des maîtres, qu'il
s'agisse des maîtres de l'économie dans un pays, ou des maîtres du
30 monde, les massacres alimentés par les armes que nous fabriquons
et autres abominations.

Je comprends l'une et l'autre position—ou peut d'ailleurs,
paradoxalement, adhérer aux deux—mais je ne peux pas faire
semblant de réagir à tout cela par le défaitisme, puisque je ne
35 l'éprouve pas, même si le doute, parfois . . .

A condition de ne pas mêler la métaphysique à l'organisation
sociale, le défaitisme n'est pas plus raisonnable que l'optimisme, et
le second a la vertu d'être tonique.

Si nous commençons à nous interroger sur le sens de la vie, le
40 scandale de la souffrance et l'absurdité de la condition humaine, je
n'ai aucune réponse à vous proposer ni pour aujourd'hui ni pour
dans mille ans, à supposer que d'ici là quelque bombe atomique
. . . Il faut s'y faire, fût-ce à l'aide de quelque analgésique.

Nous appartenons à une espèce bizarre qui a besoin de croire
45 que la vie a un sens. Est-ce que les éléphants se posent des questions à ce sujet? Ils sont vivants, cependant, eux aussi. Ils ont une
organisation sociale, elle demeure identique depuis la nuit des
temps des éléphants, ils pratiquent la division du travail et la domination d'une minorité sur la masse, sans que l'on ait jamais en-
50 tendu dire qu'il y ait de la contestation chez les éléphants. Et les
castors, ces bons constructeurs, n'ont jamais fait un pouce de

20 naisse: subjonctif présent du
   verbe naître
21 autrement *fam.:* bien plus
   meurt *vb.* mourir: *to die*
22 comprendre que l'on puisse:
   comprendre que + subjonctif
   du *vb.* pouvoir
24 nivellement *m.:* réduction vers
   le niveau le plus bas
27 le cœur vous manque: *your
   heart misses a beat*

33 faire semblant: donner l'appa-
   rence de
36 à condition de: pourvu que,
   provided that
43 fût-ce: subjonctif imparfait du
   verbe être = même à l'aide
   analgésique *m.:* médicament
   qui supprime la douleur
51 castors *m.:* *beavers*
   pouce *m.:* *one inch*

progrès dans l'art de la construction depuis qu'il y a des castors. Pas de langage, donc pas de transmission de savoir, donc pas de progrès. Mais pas d'angoisse.

55   Nous ne sommes pas des éléphants. Nous payons très cher ce qui fait que nous avons inventé la roue et le tutu des ballerines, depuis qu'un certain Prométhée, dégoûté parce que les femmes donnaient la vie et pas lui, s'en est allé dérober aux dieux le feu. Que faire sinon s'y faire . . . Mais laissons la condition humaine.

60   Il y a la condition quotidienne des hommes et des femmes, et des enfants. Et devant celle-là, nous ne sommes pas impuissants, j'en refuse l'idée en tout cas.

Ne remontons pas aux famines du Moyen Age. Nous sommes en train de survoler, en gros, un demi-siècle, celui que j'ai vécu.

65   Les pays qu'on appelle aujourd'hui sous-développés n'étaient pas, il y a cinquante ans, en meilleure position. Et que l'existence du tiers monde ait émergé dans la conscience occidentale ne peut être tenu que pour un progrès. L'humanité ne se pose que les problèmes qu'elle peut résoudre. Mettons que nous soyons au mo-

70   ment désagréable où les problèmes sont posés. Et cela est probablement aussi exact à propos de tout ce qui concerne l'écologie, l'épuisement des matières, premières, etc.

Notes

1. **en Rolls:** La Rolls Royce, voiture anglaise de très grand luxe.
2. **la Lorraine:** Province de l'est de la France.
3. **Spengler, Oswald (1880–1936):** Philosophe allemand, auteur du «Déclin de l'Occident» (1918).
4. **Prométhée:** Dieu grec qui vola le feu à Zeus pour le donner aux hommes.

56 roue *f.: wheel*
58 dérober: voler
59 sinon: *except*
63 remontons *vb.* remonter: revenir
64 survoler: examiner rapidement et de haut
   en gros: sans entrer dans les détails
66 et que l'existence = et le fait que l'existence + subjonctif

67 tiers monde *m.: Third World*
68 être tenu: être considéré
69 mettons = disons
71 exact: juste, correct
72 épuisement *m.:* le fait d'épuiser, *exhaustion*
   matières premières *f.: raw materials*

Questions

1. A quel moment de son histoire se trouve l'Occident?
2. Pourquoi n'aime-t-elle pas les idées générales?
3. Comment se consolent ceux qui pensent qu'on ne peut rien faire pour changer le monde?
4. Quelle est l'idée centrale de la philosophie de Spengler?
5. A quoi mène-t-elle?
6. Quand le gong a-t-il sonné et à cause de quel événement?
7. Où sommes-nous depuis? Qu'attendons-nous?
8. Quelles catégories d'individus peuvent avoir horreur de notre époque?
9. Comment réagit-elle en face de ces deux positions?
10. Pourquoi préfère-t-elle l'optimisme?
11. Quelle est sa réponse sur le sens de la vie?
12. En quoi l'espèce humaine diffère-t-elle de l'espèce animale?
13. Quel rôle a joué le langage dans l'évolution de l'espèce humaine?
14. Devant quoi ne sommes-nous pas impuissants?
15. Que considère-t-elle comme un progrès?
16. Quelles sortes de problèmes se pose l'humanité?
17. A quel moment sommes-nous maintenant?
18. Quels sont quelques-uns de ces problèmes?

Discussions

1. La condition humaine. Croyez-vous avec Françoise Giroud qu'il faut s'y faire? Peut-on s'y faire?
2. Améliorer la condition quotidienne de l'humanité. Cela vous suffit-il comme objectif?
3. Quelles sont les angoisses du monde moderne?
4. Comment voyez-vous l'avenir du monde occidental? Quel rôle y jouera le Tiers Monde?
5. Arrivé(e) à la fin de ce livre, faites un portrait de Françoise Giroud.

Vocabulaire

ABRÉVIATIONS

abbr.	abbreviation	*n.*	noun
adj.	adjective	*pl.*	plural
derog.	derogatory	*p.p.*	past participle
f.	feminine	*vb.*	verb
fam.	familiar	*vulg.*	vulgar
m.	masculine		

abdiquer to abdicate; to renounce
aberration *f.* aberration
ablutions *f. pl.* **faire ses** — to wash
abonné *m.* subscriber
abonnement *m.* subscription
abouti successful, brilliant
accablant overwhelming
accabler to overwhelm; to hold responsible
accroître (*p.p.* **accru**) to increase
achever to end; to complete; **s'** — to draw to a close
acier *m.* steel
action *f.* action, share
affaire *f.* business deal; **les** —**s** business
affluer to flock
affres *f. pl.* anguish, agony
affreux *adj. m.* (*f.* **affreuse**) horrible

affrontement *m.* confrontation
agaçant irritating
agacer to irritate
agenouillé kneeling down
agenouiller: s' — to kneel down
agglomération *f.* village
agir to act; **il s'agit de** it is a matter of; **il s'agissait** (imperfect)
agneau *m.* lamb
agrégé: professeur — teacher who has passed the agrégation examination permitting teaching in state secondary schools
ahuri dazed
ahurissant amazing
aigri embittered
aile *f.* wing
ailleurs elsewhere; **d'** — besides

250

alimentaire: cinéma — cinema as a means of livelihood
alléguer to invoke
alors then; **— que** although
amant *m.* lover
âme *f.* soul
amoncellement *m.* pile
ampleur *f.* importance, scope
analgésique *m.* painkiller
anéantir to annihilate, destroy
angoisse *f.* anxiety, anguish
annonce *f.* notice; **petites annonces** *f. pl.* classified ads
antiquaire *m. f.* antique dealer
a-passion *f.* absence of passion
appareil *m.* political machine
appui *m.* support
appuyer to support, back up
âprement bitterly
ardoise *f.* writing slate
armateur *m.* shipowner
armure *f.* armor
arranger (*fam.*) to treat badly; **s'—** to manage
arrêté fixed
arrière *m.* rear; **en —** behind
arriver to happen
arriviste *m. f.* social climber, careerist
artisan *m.* craftsman; **artisanat** *m.* crafts
assister (à) to witness
assommant very boring
assumer to take charge; **s'—** to accept oneself
atelier *m.* workshop; **— protégé** public work project
atteler to harness; **s'— à** to settle down to a task
attentat *m.* criminal attempt *(with plastic bomb)*
aube *f.* dawn
aucun *adj.* no + *noun*
au delà beyond; **— de toute expression** beyond words
au-devant half-way: **venir —** to meet people half-way
atteinte *f.* reach; **— à** breach
aussi (+ inversion) consequently, therefore
autant so much (many), as much (many); **— dire** one might as well say; **d'— mieux** all the better; **d'— plus que** all the more so since; **sans pour —** yet without
autocrate *m.* autocrat
autoroute *f.* highway
autrement otherwise, much more; **pas — not** so

autrui other, others
avaler to swallow, devour; **faire —** to have people accept
avatar *m.* transformation, change
avènement *m.* establishment, appearance
avérer: s'— to turn out
avertir to warn; **être averti** to be in the know
aveugle blind
avion *m.* plane; **— de ligne** airliner
aviser: s'— to realize
avoir to have; **y — de quoi** to have good reasons; **— raison de** to get the better of

bac *m. abbr.* **baccalauréat** *secondary-school degree giving access to the university*
bagarre *f. fam.* brawl; **aimer la —** to love a fight
bain: mettre dans le — to put in a bind
baiser *vulg.* to make love; **un — a** kiss
balader: se — fam. to wander around
balai *m.* broom
balance *f.* scale
ballon *m.* ball
ballottage *m.* **mettre en —** to force to a run-off ballot
bancale disorderly
bande *f.:* **— dessinée** comic strip
bandelettes *f. pl.* wrappings
banlieusard *m.* commuter
baroudeur *m.* born fighter
barrage *m.* dam
barreau *m.* bar
bas-fonds *m. pl.* lower depth (of society)
basculer to tip over
bataille *f.* battle; **cheval de —** well-worn subject
bâtardes: lettres — script
bavardage *m.* idle talk, discussion
belle: de plus — worse than ever
besogne *f.* task
beurre *m.* butter; **— en branche** *fam.* nonexistent; **compter pour du —** to count for nothing
bibelot *m.* curio
bibliophile *m. & f.* rare-book lover
bide *m. fam.* flop
bien well; **les gens — — fam.** the right people; **tant — que mal** somehow or other
bien-pensant conformist
biens *m. pl.* property, goods; **— meubles** personal assets
bilan *m.* inventory
bille *f.* marble
blesser to injure

blindé armored
bloc *m.* **faire —** to unite
boches *m. pl. derog.* Germans
boîte *f.* box
bonnement: tout — quite simply
boue *f.* mud
bouffer *vulg.* to eat; to gorge
bougnoule *m. derog.* Arab
bouleverser to shake, sway
bourse *f.* purse
bousiller *fam.* to kill, bump off
bout *m.* extremity, end; **en connaître un
— *fam.*** to know a great deal about; **un
— de chemin** a little way
boutade *f.* quip
bouton *m.* pimple
brancher to bring together; to connect
brassée *f.* bouquet
Brie-Coulommiers *m. Brie cheese from
the region of Coulommiers*
brocanteur *m.* second-hand dealer
brouille *f. fam.* quarrel
bruit *m.* noise; **grand —** great fuss
brûlé: être — *fam.* to have one's
reputation ruined
buffet *m.* sideboard
bulle *f. fam.* zero (grade)
buter to come up against

cabochard stubborn, pig-headed
cache-nez *m.* muffler
cadeau *m.* gift
cadre *m.* framework; **s'inscrire dans un
—** to fall within certain bounds
cafouiller *fam.* to flounder
camarade *m. & f.* friend; **— de promotion** member of the same graduating
class

camionnette *f.* small truck
camp: foutre le — *vulg.* to take off,
"split"
canarder to pop away, pepper
canasson *m. fam.* nag
candide naive, innocent
canevas *m.* outline, rough sketch
caracoler to gambol
cartable *m.* schoolbag
carton *m.* cardboard
cas: pour le — où in the event that
casse-croûte *m. fam.* snack
casser to break, to destroy
casserole: passer à la — *fam.* to kill,
do someone in
castor *m.* beaver
cauchemar *m.* nightmare
caution *f.* approval, support

cavaler *fam.* to sprint
cellulaire: voiture — police van
cellule *f.* cell
cendrier *m.* ashtray
central (téléphonique) *m.* switchboard
cerner to define
cerveau *m.* brain
chair *f.* flesh
chamade: battre la — to beat wildly
chambré at room temperature
champ: sur le — immediately
chance *f.* luck, good fortune; **une —
que** it was a lucky thing that
chantage *m.* blackmail
chantier *m.* work yard
chaparder *fam.* to snitch, steal
chapellerie *f.* hatmaking
char *m.* tank, wagon
charançon *m.* weevil
charge *f.* burden, expense; **à la — de
qui** at whose expense
chargeur *m.* clip
charisme *m.* charisma
chasser to hunt
chaud hot; **avoir —** to have a narrow escape
chaussée *f.* roadway
chef *m.* leader; **de son propre —** on his
(her) own initiative; **— d'entreprise**
business manager
cher dear, expensive; **donner —** to give
a lot
cheval *m.* horse; **— de bataille** well-
worn subject; **à — sur** on the backs of
chevalier *m.* knight
chèvre *f.* goat
chic: avoir le — to have the knack
chier: faire — *vulg.* to bug
chiffre *m.* figure, number
chômage *m.* unemployment; **en —**
unemployed
circonstance *f.* case, occasion; **de —**
suited for the occasion
citer to mention; to quote
classe *f.* class; **— moyenne** middle class;
— ouvrière working class; **un
deuxième —** a private (in the army)
clin *m.* **— d'œil** in the twinkling of an
eye, in an instant
clique *f.* drum and bugle band
clou *m.* **mettre au —** to pawn
cœur *m.* heart; **s'en donner à — joie** to
enjoy oneself to the full; **le — vous
manque** your heart misses a beat
cogner: se — to hit oneself
colis *m.* package
coller *fam.* to stick with

colombe *f.* dove
comble: le — de the height of
commode convenient; **oiseau pas —** a tough customer
composante *f.* component
compris: y — including
comptabilité *f.* bookkeeping
compte *m.* account, calculation; **rendre — to** justify, account for
compter to count
comptine *f.* counting-out rhyme
condition *f.* condition; **à — de** provided that
conduite *f.* behavior; **avoir des —** to put on airs; **— d'échec** failure syndrome
congés payés *m. pl.* vacation with pay
conjonction *f,* conjunction, union
connaissance *f.* knowledge; **en — de cause** with full knowledge of the facts
connaître to know; **ne — rien à** to be ignorant; **s'y —** to know what's what
conscience *f.* conscience, mind
consigner par écrit to write down
consortium *m.* consortium, association
constater to notice, to remark
conte *m.* story, tale
contestation *f.* fundamental challenge, protest
continuité *f.* continuity; **solution de —** gap
convenir to be suitable
convier to invite
copain *m. fam.* buddy, pal
cordon *m.* string
corniaud: faire le — *fam.* to play the fool
correct well-behaved
corrompre to corrupt
corset *m.* corset
coterie *f.* coterie, clique
couche *f.* layer
coucou *m.* daffodil
coudre to sew; **— à gros points** to sew with big stiches
coup *m.* blow; **— de foudre** love at first sight
coupable guilty
coupe *f.* cut
couper to cut; to separate
cour *f.* royal court, entourage
courant *m.* electrical current; **brancher sur —** to connect
courrier *m.* mail
courroie *f.* strap
course *f.* race
court short; **tout — in** general

coutelas *m.* cutlass
coutellerie *f.* cutlery
couvre-feu *m.* curfew
craquelé cracked, wrinkled
craquer to crack, to break
crémier *m.* *(f.* **crémière)** owner or manager of a dairy
crépuscule *m.* twilight
crever le plafond to break the record
crevette *f.* shrimp
criée: à la — hawking it on the street
crispé contracted, tense
croiser to meet, to encounter
croix *f.* cross; **— gammée** swastika
cuisine *f.* kitchen; dirty tricks *(in politics);* **faire la —** to cook
cuve *f.* vat

davantage more
dé *m.* thimble
débarquement *m.* the Allied landing, D-Day
débarrasser: se — de to get rid of
débattre to discuss
débiter des sottises to talk nonsense
déboire *m.* failure, disappointment
débrouiller: se — to manage; to get out of a tight spot shrewdly
décaper to take the finish off
décharger: se — to go off
déchirant heart-gripping, poignant
déchirer to tear; to rip
déclenchement *m.* opening, launching
décoller to take off; **faire —** to get (France) moving
déculotter: se — to take off one's pants
décupler to multiply
dédouaner to clear out of customs
défi *m.* challenge
défilé *m.* march
défoulement *m.* liberation
dégât *m.* damage; **entraîner des —** to cause damage
dégustation *f.* enjoyment
déguster to enjoy; to taste
délacer to loosen, unfasten
délai *m.* respite, reprieve
délier to loosen
demi-litre *m.* half a litre *(less than a pint)*
démission *f.* abdication, resignation
démographie *f.* demography
demoiselle *f.* young lady; **— des postes** postal clerk
démuni deprived
démunir to deprive
dépenser to spend
dépit *m.: en — de* in spite of

déraper to skid; to be off target
dérèglement *m.* disorder
dérision *f.* mockery, derision
dérisoire ridiculously low
dérober to steal; **se —** to escape; to avoid
déroutant baffling
désarroi *m.* confusion
dessin *m.* design
dessous: le — des cartes behind the scenes
devanture *f.* shop front
dévissé turned sharply
diable *m.* devil
dialectique *f.* dialectics
différer to delay
diffuser to spread, circulate
diffusion *f.* diffusion, circulation
dilapider to squander
dingue *fam.* crazy, nuts
diplômé: être — to have a degree
dire to tell, say; **ne rien —** to mean nothing
discipline *f.* course of study
disloquer: se – to disband
don *m.* present; **— de double vue** second sight
donner to give; **s'en — à cœur joie** to enjoy oneself to the full; **— cher** to give a lot, to give one's eyeteeth
doré golden
dossier *m.* case
drap *m.* cloth
dresser to set against
droit right; **la droite** the right wing *(in politics)*
droit *m.* **faire du —** to go to law school; **— fil** along the grain
durer to last

éblouir to dazzle
ébranlement *m.* shock, rocking
ébranler to shake, to rock
écarquiller les yeux to open one's eyes wide
échappée *f.* interval, escapade
échec *m.* failure; **conduite d'–** failure syndrome; **tenir en –** to stymie
échecs *m. pl.* chess
échelle *f.* level, scale
échine *f.* spine
échouer to fail
éclair *m.* flash of lightning
éclat *m.* radiance
éclatant striking
éclater to burst out, explode

écouler: s'— to go by
écran *m.* screen; **interpréter à l'—** to play a part in a film; **porter à l'—** to make into a film
écraser to crush
écume *f.* froth, foam
éditer to publish
effarant incredible, startling
effleurer to cross one's mind
effondrement *m.* collapse
effondrer: s'— to collapse
efforcer: s'— to attempt; to strive
effrayer to terrify
effronté impudent
égaré disoriented, confused
égorger to slit the throat
éloigner to drive away, eliminate
embaucher to hire
embellir to embellish
embêtant annoying
émettre to express
empêcher to prevent
employé *m.* white-collar worker
employer to use; **s'— à** to apply oneself to
emprunter to borrow
encadrer to frame
enceinte *f.* enclosure
encore still, more; **et —** and even that; **— que** although
en deçà within
énergumène *m.* crazy fool
enfance *f.* childhood
enfer *m.* hell
enfiler to string; **— un vêtement** to put on
enfler: s'— to swell
enfuir: s'— to flee, to run away
engagement *m.* commitment
engager to engage; **s'—** to commit oneself, make a commitment
engourdir: s'— to become sluggish
enjoliver to embellish
ennuyer to bore; to annoy; **s'—** to be bored
enquête *f.* survey
ensorcelant enchanting
entasser to pile, cram together
enterrement *m.* funeral
en-tête *f.* letterhead
entourer to surround
entraîner to cause, bring about
entraver to hinder
entretien *m.* interview, conversation
entretenir to maintain, support
envie *f.* envy; **avoir — de** to feel like
épargner to spare

épicier *m.* (*f.* **épicière**) grocer; slob
épidermique instinctive
épopée *f.* epic
épouvantable horrible
éprouver to experience; **s'—** to test oneself
épuisement *m.* exhaustion
équilibrer to balance, counterbalance
équipe *f.* team, crew
errer to wander, roam
escale *f.* stopover
espèce *f.* species, kind
esquiver to avoid
estampiller to stamp; to brand
estoc *m.* narrow sword; **porter l'—** to strike the blow
estomper to blur
étanche insulated
étape *f.* stage
état *m.* state, condition
éteindre: s'— to disappear, vanish
étoile *f.* star; **— jaune** yellow star (of David)
étonnant astounding
étonner: s'— to be surprised
étouffer to suffocate
étroit narrow
évanoui vanished
évasion *f.* escape
exact correct
exécrer to loathe
exigeant demanding
exiger to demand
exposé *m.* report
extravagant absurd, wild

facteur *m.* mailman
factieux seditious
faiblard *fam.* weakish
faille *f.:* **sans —** without fault
faire to do; to make; **— bloc** to unite; **se — à** to get used to; **— au lit** to urinate in bed; **— semblant** to pretend
faisceau *m.* bundle
faiseur *m.* (*f.* **faiseuse**) maker, producer
faits divers *m. pl.* news items
fantasme *m.* hallucination
fauché *fam.* broke
faute *f.* error, mistake; **— de** for lack of; **— de mieux** for lack of something better
fellagha *m.* (*Arabic*) North African guerrilla
femme *f.* woman, wife; **— de ménage** cleaning woman
fer *m.* iron

ferme firm; *adv. fam.* a lot
fichu *fam.* done for
figé rooted, spell-bound
fil *m.* thread
filet *m.* net
fin *f.* end
finir to complete; to end; **en — to make an end to**
flairer to suspect, scent
flancher *fam.* to knuckle under
flanquer to flank, accompany
flatter: se — to flatter oneself; to be sure
flèche *f.* arrow; **être en —** to be on the rise
fleur *f.* flower; **à — de** on the surface
fleurer to smell
fleuri: style — florid, ornate style
foi *f.* faith
fois *f.:* **une —** once; **une — pour toutes** once and for all
foncer to forge ahead
fonctionnaire *m. & f.* civil servant
fond *m.* bottom; **à —** thoroughly; **au — fundamentally; mouvement de — groundswell**
forcément necessarily
for intérieur *m.* heart of hearts
foudre *f.* lightning
foudroyant with lightning speed
foudroyer to strike with lightning speed
foule *f.* crowd
fourbu dead tired, dead beat
fourche *f.* fork; **—s caudines** Caudine forks
fourrier *m.* harbinger
foutre le camp *vulg.* to take off, "split"
foutu *vulg.* done for, over
foyer *m.* home; **renvoyer dans ses — to send back home**
fracas *m.* roar
frais *m. pl.* expenses
frapper to strike, hit
frein *m.* brake; **donner un coup de — to jam on the brakes**
fréquentable pleasant to be with, socialize with
front *m.* forehead; battle front
frotter: se — à to associate with
fructueux *adj.* (*f.* **fructueuse**) profitable
fuite *f.* escape, flight
fulgurant illuminating

gâcher to waste
gachis *m.* mess
gagner to win; **— sa vie** to earn a living

galères *f. pl.* **envoyer aux —** to send to the galleys
gambader to gambol, caper
gamme *f.* gamut, range
garde-robe *f.* wardrobe
gars *m. fam.* guy
geignard whining
gênant bothering, annoying
gêner to bother, annoy
génie *m.* genius; **le — du verbe** the gift of the well-turned phrase
genre *m.* sort, kind
gifler to slap
glisser: se — to slip in; to creep
gorge *f.* throat; **remonter à la —** to catch at one's throat
gosse *m. & f. fam.* kid
greffe *m.* record office
grêle: voix — *f.* high-pitched voice
grelotter to shiver, tremble
grève *f.* strike
griffe *f.* claw
grille *f.* gate
grondant threatening, growling
gros big; **en —** roughly
guérir to cure
guetter to be on the watch for
gueule *f.* animal's mouth; **casser la —** *vulg.* to beat up someone
gueuler *vulg.* to bawl, shout

haïr to hate
haler to tow
hasard *m.* chance; **à tout —** just in case
hasarder: se – to take a chance
hebdomadaire *m.* weekly publication; *adj.* weekly
hérissé disheveled
hérisser to irritate
hiérarchiser to classify
hirsute unkempt, shaggy
hors except; **— de toute mesure** larger than life
hurler to yell

idée *f.* idea; **— reçue** preconceived notion
ignare totally ignorant
ignorer to ignore, be unaware
imbrication *f.* overlap
immanquablement without fail
immeuble *m.* apartment building; real estate
impôt *m.* tax
imprenable staunch, fool-proof
imprimer to print

incarner to embody; **s'—** to become embodied
incendie *m.* fire
incliner: s'— to give in, to yield
inculper to indict
incurie *f.* negligence, incompetence
indéfectible enduring
indemne free, undamaged
inébranlable unshakable
infaillible infallible, certain
infarctus *m.* heart attack
infirmier *m.* (*f.* **infirmière**) nurse
infléchir to bend; to change course
infranchissable impassable
ingrat ungrateful
injurier to insult
inlassablement untiringly, ceaselessly
inouï extraordinary, unheard of
inquiétant alarming, worrying
inquiéter: s'— to worry
insaisissable elusive
inscrire: s'— to enroll, register
insigne remarkable
instruction *f.* education
interdire to forbid, prevent
interne *m. & f.* boarder (in a school); *adj.* resident
investir to invest; **se faire —** to be inducted

jaillir to flash; to gush forth
jamais never; **le — dit** what had never been said before
jaune yellow
jeton *m.* token; **enfants —** robot children
jeu *m.* game
jeunet *adj.* (*f.* **jeunette**) youngish
jojo: affreux — outrageous brat
jongler to juggle
jouir to enjoy
journal *m.* newspaper; diary; **tenir un — to keep a diary**
juché perched
Juif *m.* (*f.* **Juive**) Jew; *adj.* Jewish

kachabia *f.* (*Arabic*) long coat with a hood
kilo *m. abbr.* **kilogramme** kilogram (2.2 lbs)

laboureur *m.* tiller
lâchage *m. fam.* abandonment
lâcher to abandon, let go
lâche cowardly
lâcheté *f.* cowardice

laid ugly
laisser to let; to allow; **se — voir** to allow to be seen
lambeau *m.* (*pl.* **lambeaux**) shred
lampadaire *m.* lamp post
lancement *m.* launching
larme *f.* tear; **verser des —s** to cry, shed tears
leçon *f.* lesson; **— particulière** private lesson
ledit the said
légende *f.* caption
légionnaire *m.* member of the Foreign Legion
leurrer: se — to delude oneself
libellé *m.* content
libraire *m.* & *f.* bookseller
librairie *f.* bookshop
licencié *m.* holder of a university degree called **licence**
lieu *m.* (*pl.* **lieux**) place
limite *f.* limit; **à la —** in the final analysis, ultimately
linéaire linear
lingot *m.* gold bar
livre *m.* book; **— de poche** pocket book
livrer to reveal
loge *f.* dressing room
logement *m.* housing
longueur *f.* length; **— d'avance** head-start
loup *m.* wolf
loupiot *m. fam.* kid
louvoyer to zig-zag around
lunettes *f. pl.* eyeglasses
lutter to fight, struggle

maîtriser to dominate
majuscule: lettre — capital letter
malentendu *m.* misunderstanding
malin shrewd
malingre sickly, puny
malthusien follower of Malthus, Malthusian
manger to eat; **être mangé** to be eaten up, absorbed by
manifestation *f.* public demonstration
manquer to miss, be missing; **— de** to lack
maquette *f.* model
marchander to bargain
marcher to walk; to work; **ça .marche** it works; *fam.* to believe
marine *f.* navy; **la — marchande** merchant marine

matière *f.* material; **—s grasses** fats; **—s premières** raw materials
maure Moorish
maussade glum
mec *m. vulg.* guy
médecine *f.* **faire —** to study medicine, go to medical school
mêler to mix; **se — à** to mingle with; **se — de** to interfere with
ménagère *f.* housewife
mener to lead, conduct; **— bataille** to carry on a fight; **— grand bruit** to make a great fuss
mensonge *m.* lie
menu tiny
méprendre: se — to be mistaken
mépris *m.* contempt; **au — de** in defiance of
mépriser to hold in contempt, scorn
merde *f. vulg.* shit
mesure *f.* measure; **dans la — où** in so far as; **outre —** excessively
métaphysique *f.* metaphysics
métier *m.* profession
métropole *f.* Metropolitan France
mettre to put; to put on; to lay; **— en œuvre** to implement; **— en question** to call something into question, question; **se — à** to begin; **mettons** let's say that, granted that
mi-clos half-closed
midinette *f.* young dressmaker (*usually at a Paris couturier*)
miens: les — my family
milicien *m.* militiaman
milliard *m.* billion
mitraillette *f.* machine pistol
mode *f.* fashion; **à la —** in style
moindre: le, la — the least; **la — des choses** the very least
moins less; **à — for** less; **à — que** unless; **au —** at least
moitié *f.* half; **à —** half, partly
montage *m.* editing (*of a film*)
montant *m.* amount
monter to climb; to edit (*a film*)
montre *f.* watch
mordant baiting, incisive
mordre to bite
mort (*p.p. of* **mourir**) dead
mot *m.* word; witticism
mouillé damp, wet
moule *f.* mussel; **une brave —** a jellyfish
mourir to die
mouvement *m.* movement, motion; **— de fond** groundswell

mouvoir (*p.p.* **mû**) to move, stir
moyen *m.* way, means; *adj.* middle, average; **classe moyene** middle class
moyennant quoi in return for which
mû (*p.p. of* **mouvoir**) moved, stirred
munir to supply with
mûr middle-aged
murer to wall up
musulman *n. m.* & *adj.* Moslem
muter to transfer
myosotis *m.* forget-me-not

naître (*p.p.* **né**) to be born
nanti affluent
nappe *f.* layer
naufrage *m.* shipwreck; ruin
navet *m.* flop
navrant deplorable
néanmoins nevertheless
négoce *m.* trade
niais simple-minded
nier to deny
niveau *m.* level; **— de vie** standard of living
nivellement *m.* levelling
nom *m.* name; **— propre** proper name, last name
noria *f.* (*Spanish*) chain-bucket device
notable *m.* important person in a small town
nourrir to feed, nourish
nuire to harm
nuit *f.* night; **— des temps** from time immemorial
numéro *m.* number; issue (of a magazine)

obtempérer to comply with
occasion *f.* occasion, opportunity; **d'—** second hand
occulter to hide
occuper to occupy; **s'— de** to be in charge of
œil *m.* (*pl.* **yeux**) eye
ombre *f.* shadow
ordinateur *m.* computer
orgueil *m.* pride
ourler to hem
ours *m.* bear; **—en peluche** teddy bear
outre in addition, besides; **— mesure** excessively
ouvrier *m.* (*f.* **ouvrière**) factory worker, worker; **—qualifié** skilled worker

pactiser to come to terms
pagaille *f. fam.* mess, confusion
paille *f.* straw

paisible peaceful
panache *m.* dash
parer: se — to adorn oneself with; to parade; to embellish
paria *m.* pariah
paroi *f.* partition
partageux *m.* (*f.* **partageuse**) sharer
particulier special, peculiar
parure *f.* adornment
pas *m.* step; **au —** in formation
passer to spend; to pass; **— à la casserole** *fam.* to do someone in; **— la main** to give up; **se —** to happen, to take place; **y —** to come up next
pâtissier *m.* (*f.* **pâtissière**) baker
patron *m.* (*f.* **patronne**) boss
patronage *m.* Catholic youth club
patte *f.* paw; **à pattes** *fam.* on foot
pavé *m.* paving stone
pécher to sin
pédéraste *m.* pederast, homosexual
pègre *f.* underworld
peine *f.* pain, difficulty; **à —** hardly, scarcely
pellicule *f.* film
peluche *f.* plush; **ours en —** teddy bear
pension *f.* bording school, boarding-school fees
pénurie *f.* scarcity
percée *f.* success, emergence
père *m.* father; **le — X** old so and so
péricliter to be in a bad way, in jeopardy
péripétie *f.* incident, adventure
permission *f.* leave
perte *f.* loss; **en — de vitesse** losing ground
pesant heavy, weighty
peste *f.* plague
peu little; **pour un —** very nearly
phare *m.* lighthouse
piéger to trap
pierre *f.* stone
piétiner to mark time, to advance slowly
pilule *f.* the pill
pire worse
pistolet *m.* pistol; **— mitrailleur** automatic pistol
placement *m.* investment
plafond *m.* ceiling; **crever le —** to break the record
plaindre to take pity on; **se —** to complain
plan *m.* plan; blueprint; level; **sur un autre —** on another level
planificateur *m.* planning expert
planifier to plan

planquer: se — *fam.* to go into hiding, take cover
plaquer to press against
pli *m.* letter
plombé leaden
plombier *m.* plumber
plongeon *m.* dive, plunge, leap
poids *m. (sg. & pl.)* weight
poignée *f.* handful
poilu *m.* World War I French soldier
poing *m.* fist
poitrine *f.* chest
polissonnerie *f.* naughty behavior
poste *f.* post office; **demoiselle des —s** postal clerk
poste — de commandement *m.* headquarters
pot *m. fam.* luck; **avoir du —** to be in luck
pote *m. vulg.* buddy, "man"
pouce *m.* thumb, one inch
pouffer to giggle
poulette *f. fam.* honey, dearie
pourrissement *m.* deterioration
poussé advanced
poussée *f.* attack, eruption
pousser to push
préau *m.* (covered) playground
précautionneux prudent
prendre to take; **– conscience to realize; s'y —** to go about
président *m.* president; **— du Conseil** Prime Minister (Premier)
pressentir to suspect
prétendre to claim
prétendument purportedly, falsely
preuve *f.* proof, evidence
prévaloir to prevail
prévenir to warn; to prevent
prier à to invite
priver to deprive
prix *m.* prize; cost; **à tout –** at all costs
problématique *f.* problem structure
proie *f.* prey
promouvoir to promote
pronostic *m.* prediction, prevision
propos *m.* argumentation
propre clean; **— + *noun*** own
proprement properly
propreté *f.* cleanliness
pudique modest
purée *f.: — de pommes de terre** mashed potatoes
putsch *m.* military coup

qualifié competent, skilled; **ouvrier —** skilled worker

quand when
quant à as for
que that, which; **qu'est-ce qui? qu'est-ce que? what?**
que . . . que whether . . . whether
quel, quelle what, which; **— que soit** whoever, whatever
quelconque any, whatsoever; ordinary
quereller to quarrel
question *f.* question; **mettre en —** to involve; **remettre en —** to reexamine
quiconque anybody
quoi what, which; **il y avait de —** it was warranted
quotidien *m.* daily newspaper; *adj.* daily

rabattre to lower
racoler to recruit; to enlist
rafale *f.* burst
rafle *f.* round-up
raidir to stiffen
raison *f.* reason; **avoir — de** to get the better of
râler to gasp
rallier to join; **se — à** to join, to concur
ramasser to gather, pick
ramassis *m.* pack, set
rame *f.* ream
ranger to tidy
rappeler to recall; **se — to** recall, remember
rapport *m.* report; connection; **—s humains** human relationships; **par – à** in relation to; **se mettre en —** to get in touch with
rapporter to show a profit
ras *m.* **au — de** flush with
raser to shave
ratatiner: se — to shrivel
raté *m.* (*f.* **ratée**) failure *(person)*
ravitaillement *m.* food supply
rayé striped
réagir to react
réalisateur *m.* (*f.* **réalisatrice**) cineast, film maker
rebattre les oreilles to say the same thing over and over
recette *f.: faire —** to be a success, a hit
reconnaissant: être — à to be grateful
recouvrir to cover; to recover
recto verso printed on both sides
reçu (*p.p. of* **recevoir**) received; **idée —** preconceived notion
rédaction *f.* editorial board
redouter to fear
regarder to look; to concern

relation *f.* relationship, rapport; *pl.* connections

relever to depend; to amount to; — **un défi** to accept the challenge; — **le front** to have one's spirits raised; — **une remarque** to pick up a remark

relief *m.* personality, character

remanier to revise

remarque *f.* remark

remarquer to remark; to notice

remettre to put back; **en —** to add on; — **en question** to reexamine

remonter to go back to

remuer to move; to touch

rendre to return; — **compte** to account for; **se — compte** to realize, to understand

rengaine *f.* old refrain, cliché

renouvellement *m.* renewal, change

renseigner: se — to make inquiries, investigate

rentabilité *f.* profitability

rentrée *f.* return

repli *m.* retreat

replier: se — to fall back; to retire

reprise *f.*: **à deux —** on two occasions

requis preoccupied

réseau *m.* network

résoudre to solve; **se —** to bring oneself to do something

ressentir to feel; to experience; to react

ressort *m.* moral strength, endurance

ressusciter to ressuscitate

retenue *f.* detention

retournement *m.* reversal

retrouvailles *f. pl.* reunion

revendication *f.* demand

revers *m.* lapel

rhodanien pertaining to the Rhone

ricaner to sneer

rigoler *fam.* to laugh; to have fun

rizière *f.* rice field

romancier *m.* (*f.* **romancière**) novelist

ronronner to purr

roue *f.* wheel

rouler en voiture to ride in a car, to drive

rudesse *f.* coarseness

rugissement *m.* roar

rumeur *f.* rumor, din

rupture *f.* break

rustique rustic, robust

sac *m.* bag; — **à main** handbag

sacré damned, bloody

sacrer to crown

saint sacrement *m.* blessed sacrament; **porter comme le —** to carry reverently

saisir to seize; to catch; — **un journal** to suppress publication

saisissant startling

salubre salubrious, healthy

sanglant bloody

saucissonner to slice up; to make mincemeat of

sauter: faire — to blow up; — **le pas** to make a risky decision

sauvage wild, without planning

scénario *m.* scenario, script

scénariste *m. & f.* script writer

secouer to shake; to get rid of

sein *m.*: **au — de** within, in the midst of

séisme *m.* earthquake, cataclysm, upheaval

semelle *f.* sole

semer to sow, to spread

sensible sensitive, perceptible

sensibilité *f.* sensitivity

serré concise

seuil *m.* point of excitement

si if; *in reply to a negative statement:* yes

sifflet *m.* whistle

sigle *m.* acronym

significant significant

sillage *m.* track

sillon *m.* furrow

sillonner to scour; to girdle (the earth)

simulacre *m.* sham

singulièrement particularly

sinon except

soie *f.* silk

soit . . . soit either . . . or

sol *m.* soil, earth

solution *f.* solution; — **de continuité** gap

sombrer to sink, fall into

sommaire *m.* news summary

songer to muse, consider

sonné traumatized, shell-shocked

sonner to ring

sortir to go out, leave; **s'en —** to manage

sot stupid

sottise *f.* nonsense

sou *m.* one cent; **trois —** worth very little

souci *m.* worry

soucier: se — de to preoccupy oneself with

souder: se — to weld; to unite

soulager to relieve, calm

source *f.* spring

sourd deaf

sourdine *f.* mute; **mettre une —** to lower the tone

sournois sly

sous-titré with subtitles
soustraire: se — to elude, evade
soutenir to support
soutenu sustained
soutien *m.* support
stade *m.* phase
stock *m.* inventory
subir to endure; to go through
subventionner to subsidize
suie *f.* soot
suite *f.* continuation; **de —** in succession
superbe noble
suppléer to replace; to substitute
supporter to put up with
surcroît: de — in addition, besides
sûreté *f.* safety; **— nationale** national security
sur-le-champ immediately, instantly
surprendre to surprise, catch unawares
surveillant *m.* playground supervisor
survoler to fly over, take a bird's eye-view
syndicaliste *m. & f.* union member
syndicat *m.* trade union

tablier *m.* smock
taie *f.* leucoma
taille *f.* waist; height
taire: faire — to silence; **se —** to remain silent
taloche *f. fam.* slap
talon *m.* heel; **être sur les —s** to follow on the heels of
tant so much, so many; **— bien que mal** somehow or other; **— pis** too bad
taper *fam.* to borrow money; to take someone for
tare *f.* blemish, fault
téléphone *m.* telephone; **— arabe** word of mouth
témoignage *m.* testimony
témoin *m.* witness; **prendre à —** to take someone to witness
temps *m.* time; **nuit des —** from time immemorial
tendre la main to hold out one's hand
tenir to hold; to consider; **— à** to insist, be keen on; **— lieu** to replace; **se — à** to limit oneself to
tenu (*p.p. of* **tenir**) considered
tête *f.* head; **— chercheuse** scanner
théâtre *m.* theater; theatrical attitude
tiers *m.* third party; **— monde** third world
tirage *m.* circulation
tirer to shoot; **— le meilleur** to get the best out of people
titres *m. pl.* securities, stocks and bonds

ton *m.* tone, hue, color
tonique stimulating
tortiller: se — to squirm
toucher to touch; **— un salaire** to earn a living
toujours always, still; **— est-il** the fact remains that
tour *m.* turn; trick; ballot; **à — de rôle** in turn; **premier —** first ballot; **second —** run-off ballot; **— de cartes** card trick
tourner to turn; **— court** to be brought up short; **— un film** to shoot a film
tournure *f.* course, turn
tourbillon *m.* whirlwind
Toussaint *f.* All Saints Day
tout any, every, all; **— à l'heure** a while ago
toutefois however
Tout-Paris *m.* the upper crust of Paris
trahir to betray
train *m.* train; **prendre le —** to adopt a schedule
traînant drawling
traîner to wander about; to linger
trait *m.* trait; **— d'union** hyphen
traitement *m.* salary, compensation
trajectoire *f.* ascension
tranchée *f.* trench
trancher to cut; to cut short; to cut off
transistor *m.* transistor radio
travailliste: le parti — Labor party
travers: à — through, thanks to
traviole: de — *fam.* obliquely
tricher to cheat
trier to sort out
tromper to betray, deceive; **se —** to be mistaken
trottoir *m.* sidewalk
trouille *f. fam.* fear, blue funk
truchement *m.* through the medium
truquer to falsify, misrepresent
turlupiner *fam.* to worry; to bug

ultra-rigoriste very strict
une *f.* **la — d'un journal** page one of a newspaper
unicité *f.* uniqueness
universitaire *m. & f.* university professor; *adj.* pertaining to University
user to wear out
usine *f.* factory, plant

vacarme *m.* din, uproar
vaciller: faire — to shake; to threaten
valoir to be worth; to deserve
veille *f.* eve
velours *m.* velvet
vendre to sell

venin *m.* poison

venir to come; — **au devant** to meet people half-way; — **de** to have just; **voir** — to face the future with some confidence

vente *f.* sale

ventre *m.* stomach; **à plat** — flat on one's stomach, cringingly

verbe *m.* **le génie du** — the gift of the well-turned phrase

vergogne *f.* shame; **sans** – shamelessly

vérole *f.* pox

verser to pour; — **des larmes** to shed tears

veste *f.* jacket

vider to empty

vierge blank

vif sharp; **à** — to the quick

vitesse *f.* speed; **en perte de** — losing groung

vizir *m.* vizir

vœu *m.* (*pl.* **vœux**) wish, desire

voie *f.* way, course

voir to see: — **venir** to face the future with confidence

voire and even, indeed

voiture *f.* car; — **cellulaire** police van

volée *f.* **sonner à toute** – to peal out

voler to fly; to steal; **ne pas l'avoir volé** to deserve

vouloir to want, to wish

vraisemblable probable

yeux *m. pl.* (*sg.* **œil**) eyes

youpin *m. derog.* Jew

zazou *m.* post-World War II youngster, hippy